유라시아의 중심국

카자흐스탄 이야기

유라시아의 중심국 카자흐스탄 이야기

초판 1쇄 2022년 9월 15일

지은이 전승민

출판책임 박성규
편집주간 선우미정
편집 이동하·이수연·김혜민
디자인진행 고유단
마케팅 전병우
멀티미디어 이지윤
경영지원 김은주·나수정
제작관리 구법모
물류관리 엄철용

펴낸이 이정원
펴낸곳 도서출판 들녘
등록일자 1987년 12월 12일
등록번호 10-156
주소 경기도 파주시 회동길 198
전화 031-955-7374 (대표)
031-955-7381 (편집)
팩스 031-955-7393
이메일 dulnyouk@dulnyouk.co.kr

ISBN 979-11-5925-216-7 (03900)

값은 뒤표지에 있습니다. 파본은 구입하신 곳에서 바꿔드립니다.

유라시아의 중심국

카자흐스탄 이야기

전승민 지음

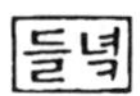

일러두기

괄호( ) 안의 연대 표시는 군주의 재위기간 또는 왕조의 존속기간을 나타내는 숫자입니다.

머리말

카자흐스탄은 국토가 세계에서 아홉 번째로 큰 나라다. 이 거대한 영토에 원유와 가스 등 에너지 자원과 원소주기율표에 나오는 대부분의 광물자원들이 풍부하게 매장되어 있다. 지리적으로도 아시아와 유럽을 잇는 중간 지점에 위치하고 있어 새로운 실크로드 시대를 맞이하여 크게 주목을 받고 있다.

내가 카자흐스탄을 처음 알게 된 것은 아제르바이잔에 있는 우리나라 대사관에서 근무할 때(2010-2013)이다. 아제르바이잔은 카스피해를 사이에 두고 카자흐스탄과 이웃한 국가인데, 몽골제국 시대에 카자흐스탄에 들어선 킵차크 칸국과 페르시아[1]에 들어선 일 칸국이 아제르바이잔 지역을 놓고 싸우기도 했다. 아제르바이잔 대사관에 근무하면서 카자흐스탄 국경일 행사나 전통문화 행사에 초대받아

---

1 인도유럽어계에 속하는 아리안족의 일파로 이란 남서부에 살던 사람들을 그리스인들이 파르스(Fars)라 부른 것에 기원하며, 이 지역에서 흥기한 아케메네스왕조를 비롯한 여러 왕조가 이를 국호로 사용하다가, 1935년 팔레비왕조 때 아리아인이 세운 나라라는 뜻의 이란으로 국호가 바뀌었다.

가곤 했지만, 당시만 해도 카자흐스탄에 대한 지식이 없었다. 그런데 이런 행사에 가서 만난 카자흐스탄 사람들을 보고 깜짝 놀랐다. 외모가 우리와 너무나 비슷했기 때문이다. 이들의 문화도 호기심을 자극했다. 유목민들의 이동식 가옥인 유르트 안에 차려진 양고기, 말고기, 쿠미스 등 전통음식들은 난생처음 보는 음식이었고, 나와 비슷하게 생긴 사람들이 나와는 전혀 다른 음식을 먹으니 신기하다는 생각이 들었다.

이들의 외모와 문화에 대한 호기심은 이들의 나라가 광대하다는 사실을 알게 되자 대수롭지 않게 되었다. 카자흐스탄은 동서로는 알타이산맥에서 카스피해 북부, 남북으로는 트란스옥시아나[2]에서 서시베리아 남부의 삼림지대에 걸쳐 있는 나라다. 국토의 최대 동서 길이는 2,930km, 최대 남북 길이는 1,545km로 면적이 2,724,900km^{2}에 달한다. 이 면적은 한반도의 12배, 남한의 27배나 되는 크기인데, 떠돌이 생활을 하는 유목민이 어떻게 이러한 거대한 영토를 유지할 수 있었는지 경이로웠다.

카자흐스탄은 몽골고원에서 남러시아 초원, 중앙아시아로 들어가는 관문에 위치하고 있어 고대부터 유목민이 세력을 형성했다. 흉노, 돌궐, 몽골이 대표적으로 그랬다. 흉노는 1세기 말 중국의 한나라에 망한 후 천산 북방으로 이주해 카자흐스탄을 자신들의 세력 범위

2 아무다리야와 시르다리야 사이의 지역을 뜻하나, 협의의 중앙아시아 또는 서(西)투르키스탄 지역을 의미하는 용어로도 사용된다.

하에 두었다. 5세기 중반 유럽을 공포로 몰아넣었던 훈족을 이들 흉노의 후예라고 보는 학자도 있다.

6세기 중반 흥기한 투르크계 왕국인 돌궐은 동돌궐과 서돌궐로 나뉘어 유라시아 초원을 지배했는데, 서돌궐의 중심지가 바로 천산 북방의 일리[3]에서 카자흐스탄에 이르는 지역이었다. 칭기즈칸이 이끄는 몽골족[4]은 13세기 초에 카자흐스탄 동부지역에 살던 카를룩 등 투르크계 부족의 지원을 받아 페르시아(이란)와 중앙아시아를 지배하던 호라즘왕조를 무너뜨리고 카자흐스탄에 킵차크 칸국을 세웠다.

카자흐스탄은 지금은 투르크계 국가이지만 고대에는 이란어[5]계 사람이 다수 거주하는 지역이었다. 이러한 상황은 6세기 중반 돌궐제국이 건설되자 바뀌기 시작했다. 돌궐제국은 투르크인의 연대의식을 일깨우며 영토를 몽골고원에서 카스피해까지 넓혔고, 알타이산맥 인근에 거주하던 오구즈와 킵차크 같은 투르크족의 일부가 카자흐스탄으로 이주해 와 살면서 카자흐스탄은 점차 투르크족이 다수 점하는

---

3 일리강과 일리분지 일대를 가르키는 두 가지 의미로 사용된다. 일리강은 천산산맥에서 발원하여 카자흐스탄의 발하슈호로 흘러들어가는 길이 약 1500km의 강이고, 일리분지는 천산산맥과 이 산맥의 지맥인 보로호로산맥으로 둘러싸인 지역으로 일리강 상류에 있다. 서돌궐, 차가다이 칸국, 준가르제국 등 천산북방 유목 세력의 중심지였으나 1757년 청나라가 준가르제국을 제압하고 이곳을 차지하였다. 중국은 1954년 이 지역의 지명을 따 신장위구르자치구 내 일리카자흐자치주를 설립하였으며 행정 중심지는 이닝(쿨자)이다.

4 몽골족과 투르크족은 유라시아 초원의 주인공들이었다. 이들을 구분하는 종족, 언어, 거주 지역, 상호 관계 등 정체성에 대해 명확하게 알려진 것이 많지 않지만, 14세기 초반 『집사(集史, Jami al Tawarikh)』를 저술한 일 칸국의 재상이자 학자인 라시드 앗 딘은 그 책의 한 부분인 『집사1 부족지』에서 몽골족은 투르크족의 한 부류고 외모와 언어도 비슷하다고 하였다.

5 인도유럽어족 중 인도이란어파에 속한다.

지역으로 바뀌어갔다. 8세기 중반 돌궐이 붕괴하고 같은 투르크계인 위구르제국이 세워졌고, 9세기 중반 위구르제국이 붕괴한 후에는 카자흐스탄에 거주하던 오구즈계 투르크족 등이 트란스옥시아나와 이란으로 이동해 세력을 넓혔다. 오구즈계 투르크족은 트란스옥시아나, 이란, 아제르바이잔을 거쳐 아나톨리아[6]로 들어가 오늘날 터키의 모체가 되는 오스만제국을 건설했다.

아제르바이잔은 원래 이란의 영향권 아래에 있던 나라였는데 투르크족이 이동하며 투르크계 국가로 바뀌었고, 그 결과 터키와는 형제와 같은 관계를 유지하고 있다. 아제르바이잔과 비슷하게 이란계 주민이 차지했던 트란스옥시아나도 투르크족이 다수 거주하는 지역으로 바뀌어 이 지역에 들어선 중앙아시아 5개국[7] 중 타지키스탄만 제외하고 모두 투르크계 국가가 되었다.

유라시아는 지역이 방대하고 수많은 군소 유목 왕조들이 흥망성쇠했다. 유목민은 늘 이동하는 데다 고유 문자가 없어 기록해놓은 자료가 많지 않다. 이들의 역사나 삶의 모습은 주로 중국이나 로마 또는 아랍, 페르시아, 러시아 사가들이 기록한 자료에 의존하게 되는데, 사정이 이러다 보니 이들의 역사를 체계적으로 이해하기란 쉽지 않다. 더구나 카자흐스탄처럼 여러 민족의 이동이 잦은 가운데 후대에 들어선 국가에 대한 역사는 더더욱 그렇다.

---

6 흑해와 지중해로 둘러싸인 약 75만km² 크기의 반도로 소아시아라고도 불리며, 터키 공화국 영토의 대부분을 이룬다.

7 카자흐스탄, 우즈베키스탄, 투르크메니스탄, 키르기스, 타지키스탄.

카자흐스탄과 같이 유목민이 세운 국가의 역사는 거대 유목 세력 역사의 일부분이었다. 과거 카자흐스탄은 자신만의 왕조나 국가를 세우지 못하고 흉노, 돌궐, 몽골제국 등에 일부분으로 속해 있었기 때문이다. 카자흐스탄 자체에 대한 자료는 부족하지만 다행히 이들 유목 세력에 대한 자료는 제법 있다. 이 책은 유목 세력에 관한 자료에서 카자흐스탄과 직간접으로 관계된 부분 및 카자흐스탄에 근무하면서 경험한 것들을 바탕으로 기술했다.

과학자들에 의하면 지구의 나이는 약 46억 년이고 인류가 등장한 것은 약 5백만 년 전이라 한다. 이렇듯 장구한 지구와 인류의 역사에 비해 우리에게 알려진 인간의 역사는 고작 1만 년 내외의 것이다. 오늘날 우리가 알고 있는 유라시아나 카자흐스탄의 역사는 오랜 인류의 역사에 비추어보면 장님이 코끼리 만지는 격일 수도 있다. 그러나 이러한 불완전성에도 불구하고 인간의 과거 삶과 역사를 알아보는 과정은 흥미롭고 유익하다. 과거를 알면 현재를 좀더 이해하게 되고, 이는 미래로 나아갈 방향을 정하는 데 도움을 주기 때문이다.

기차와 자동차가 달리는 신(新)실크로드 시대, 유라시아 협력 시대를 맞이하여 우리나라와 카자흐스탄의 교류와 협력은 더욱 커질 것이다. 카자흐스탄의 역사와 문화에 대한 이해가 양국 간 협력을 증진시키는 데 도움이 되었으면 한다.

2022년 8월

전승민

차례

제2장 카자흐스탄의 3대 정체성

제3장 루와 주즈(혈연과 지연)

제4장 칭기즈칸과 카자흐스탄

제5장 카자흐 칸국

제6장 카자흐스탄공화국

제7장 카자흐스탄의 문화와 국민 특징

제1장

유라시아와 카자흐스탄

1. 유라시아

유라시아와 중앙유라시아

유라시아(Eurasia)는 우리가 유럽과 아시아로 구분하여 부르는 두 개의 대륙을 하나로 간주하고 부르는 대륙 명칭으로 지구 육지 면적의 약 40%를 차지하고 있다. 두 대륙이 육로로 연결되어 있음에도 불구하고 아시아 대륙과 유럽 대륙으로 구분하는 것은 인종적·종교적·문화적 차이 때문이다. 하나의 대륙을 두 대륙으로 나누는 기준선은 대략 우랄산맥과 흑해와 카스피해 사이에 걸쳐 있는 캅카스산맥을 잇는 선이다.

인종적으로 유럽 대륙에는 코카소이드(Caucasoid, 백인종)가, 아시아 대륙에는 몽골로이드(Mongoloid. 황인종)가 주로 거주하고 있다. 이들은 언어와 종교에서 큰 차이를 보인다. 코카소이드가 주로 인도유럽어나 셈어 계통의 언어를 사용하는 반면, 몽골로이드는 알타이어와 중국티베트어(Sino-Tibetan languages) 계통의 언어를 사용한다. 또 코카소이드가 대부분 기독교를 믿는 반면, 몽골로이드는 불교 등 다양한 종교를 갖고 있다. 두 대륙의 사람들은 의식주, 산업 발전, 민주화 등에서도 차이를 보인다.

아시아 대륙은 아라비아반도에서 만주 지역에 이르기까지 워낙 광대해 이 대륙 내에서도 인종적, 종교적 차이가 있다. 아라비아반도를 중심으로 한 중동 및 서아시아 지역에는 인종적으로는 코카소이드에 속하고, 종교적으로는 이슬람을 믿는 사람들이 살고 있다. 원주지가 알타이산맥 인근으로 몽골족과 함께 유라시아 초원을 누볐던 투르크족은 몽골로이드에 속한다고 보는 게 일반적이지만, 터키 사학자들은 서구 학자들의 알타이학 연구 결과를 토대로 투르크족을 코카소이드로 분류한다.[1] 이들은 중동 사람들과 마찬가지로 대부분 이슬람을 믿는다.

소련(소비에트사회주의공화국연방) 붕괴 후 러시아는 붕괴 이전에 소련을 구성했던 나라들과 협력을 강화하기 위해 '유라시아경제공동체' 또는 '유라시아경제연합'에서와 같이 유라시아라는 명칭을 사용하고 있다. 이 명칭은 두 대륙 간 교류의 역사를 바탕으로 상호 협력을 증진할 목적으로 사용되기도 하는데 '유라시아 철도'라는 용어가 대표적이다. 이는 고대에 말과 낙타가 다니던 실크로드를 철도로 연결시키려는 구상이다. 우리나라도 한반도를 유라시아 철도망에 연결시켜 그 지역과의 협력을 강화하기 위해 북방 정책의 일환인 '유라시아 이니셔티브' 같은 정책을 추진하고 있다.

---

1 이희수, 『터키사』 (대한교과서, 2005), 15쪽.

중앙유라시아(Central Eurasia)는 1960년대에 헝가리계 알타이학 연구자 데니스 사이노어(Denis Sinor)가 처음 사용했다.[2] 이는 말 그대로 유라시아 중에서도 중심부를 말한다. 그 중심 범위는 대략 동쪽으로 몽골고원의 싱안링산맥에서 서쪽으로는 남러시아 초원, 북쪽으로는 시베리아 남부의 삼림지대, 남쪽으로는 투르키스탄[3]·호라산(이란의 동북부지역)·티베트에 이르는 지역이다.

이 지역에는 몽골고원에서 남러시아 초원에 이르기까지 7,000km에 달하는 초원 띠가 있다. 히말라야산맥, 힌두쿠시산맥, 자그로스산맥, 쿤룬산맥, 치롄산맥 등 이 지역의 남쪽에 있는 산맥들이 인도양에서 올라오는 습기를 품은 바람을 막아줌으로써 그 너머에 위치한 지역에 건조한 기후대가 형성되었다. 이에 따라 타림분지 내의 타클라마칸사막, 카자흐스탄과 우즈베키스탄에 걸쳐 있는 키질쿰사막, 투르크메니스탄의 카라쿰사막, 몽골의 고비사막 등이 생겨났다. 한편 중앙유라시아의 북쪽에는 북극해에서 내려오는 습기로 타이가 삼림지대가 만들어졌는데 초원 띠는 이러한 건조지대와 타이가 삼림지대 사이에 형성되었다.

이 지역의 광활한 초원지대는 유목민을 탄생시켰다. 이 유목민은 주로 투르크족과 몽골족이었다. 그들은 광활한 초원을 이동하며 다른 초원지대에 사는 사람과 교류하면서 독특한 유목문화를 만들어냈다. 이동 가옥인 유르트, 주음식인 양고기와 쿠미스, 말 타기와 활

---

2 고마츠 히사오 등 저, 이평래 역, 『중앙 유라시아의 역사』 (소나무, 2005), 19쪽.

3 중앙아시아 5개국과 타림분지.

쏘기 기술 등이 대표적인 유목문화라 할 수 있다.

유목민은 다른 지역의 유목 세력과 연합하여 유목국가를 세우기도 했다. 우리에게 잘 알려진 스키타이, 흉노, 돌궐, 몽골이 그렇다. 특히 몽골제국을 구성했던 킵차크 칸국은 남러시아 초원을 지배하고 러시아 대공(大公)의 임명에 간섭하며 러시아의 정치에 영향력을 행사했다.

이 지역에는 유목민 이외에 오아시스 도시에 사는 정주민도 있었다. 유목민들이 몽골로이드였던 반면, 이들은 이란어, 토하라어 같은 인도유럽어 계통의 언어를 사용하는 코카소이드였다. 오아시스 도시는 타림분지의 남쪽과 북쪽에 형성되어 실크로드의 중간 기착지 역할을 했다. 이곳 정주민은 중국의 영향 아래 놓이기도 했지만, 근세 이전까지는 대체로 흉노, 돌궐, 몽골 같은 유목 세력의 지배와 보호를 받으며 실크로드 무역에 종사했다.

중앙유라시아의 유목민은 동쪽 방면에서는 중국, 서쪽 방면에서는 러시아와 동유럽, 그리고 중간 지점인 중앙아시아에서는 페르시아의 정주세계와 이웃하며 이들과 평화와 전쟁을 주기적으로 반복했다. 대략 16세기 이전까지는 기마술과 활쏘기 기술을 가진 유목민이 정주민에 대해 우위를 보였다. 특히 13세기에 건설된 몽골제국은 유목민의 우위를 보여주는 결정판이었다. 그러나 이는 16세기에 대포가 본격적으로 등장하면서 역전되었다. 몽골이 대포를 앞세운 러시아와 청나라에 무너지고 내몽골·신장위구르·티베트는 중국에, 남러시아 초원 지역은 러시아의 수중에 떨어졌다.

이렇듯 과거 유목 세력이 우위를 보이던 지역이 대부분 러시아나 중국의 수중에 떨어졌지만, 이러한 운명을 피한 곳이 카자흐스탄이 속한 중앙아시아 지역이다. 이 지역은 18세기 중반부터 러시아의 지배를 받았지만 20세기 말 구소련의 해체와 함께 독립하여 카자흐스탄·우즈베키스탄·투르크메니스탄·키르기스 같은 투르크계 국가와, 페르시아계인 타지키스탄공화국이 들어섰다.

유라시아 중심지 카자흐스탄

카자흐스탄은 세계에서 아홉 번째로 큰 나라이지만 과거에는 이보다 더 컸다. 몽골제국의 킵차크 칸국 시대에는 지금의 영토에 남러시아 초원과 서시베리아 지역이 추가되었다.

카자흐스탄은 영토가 넓을 뿐만 아니라 지리적으로도 유라시아의 중심부에 위치해 있다. 동쪽으로는 제티수 지역이 천산 북방의 초원을 바라보며 열려 있어 이곳을 통해 타림분지[4], 몽골고원, 중국으로 연결된다. 서쪽으로는 카스피해 북부를 거쳐 볼가강을 건너면 남러시아 초원, 비잔티움, 로마로 이어지고 남쪽으로는 트란스옥시아나 및 페르시아의 정주세계와 연결된다. 이러한 지리적 특성으로 카자흐스탄에는 고대부터 스키타이, 흉노, 돌궐, 몽골 같은 강력한 유목국가가 등장했다. 이 유목국가들은 동쪽의 몽골고원에서 서쪽의 남러시아 초원으로 진출하거나 정주 지역인 트란스옥시아나로 나아갈

---

4 북으로는 천산산맥, 남으로는 쿤룬산맥으로 둘러싸인 분지로 신장위구르자치구 내에 있으며 크기는 약 70만km²이다.

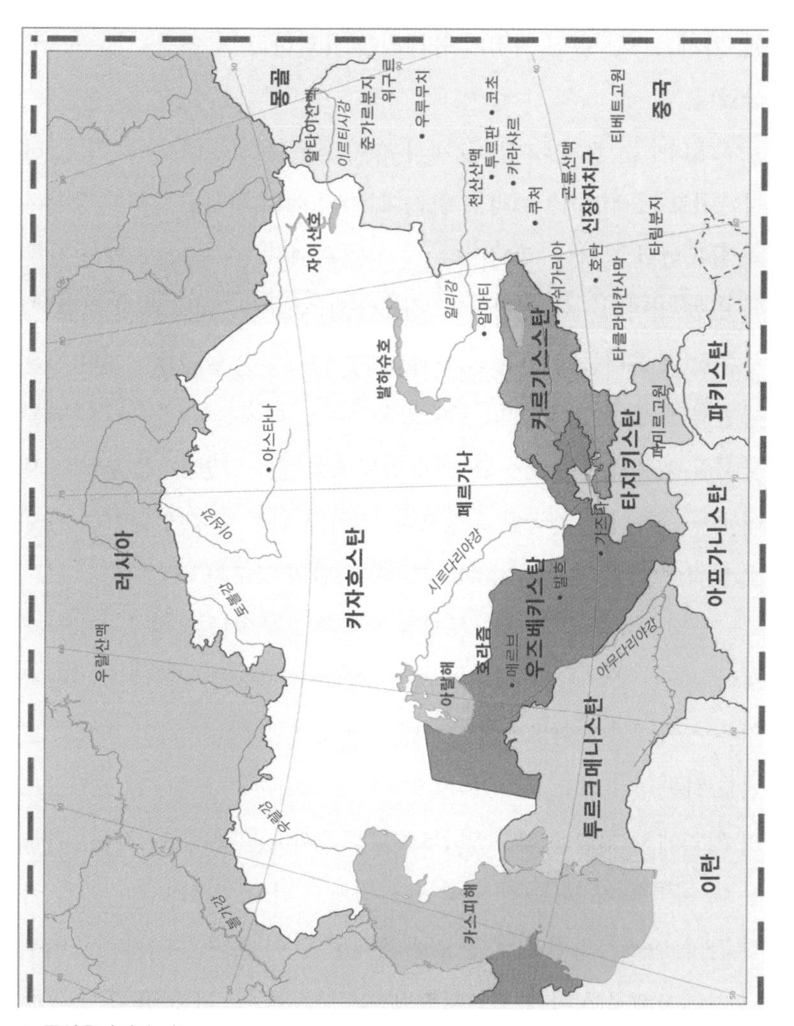
러시아
우랄산맥
몽골
알타이산맥
이르티시강
준가르분지
위구르
우루무치
천산산맥
투르판
코초
카라샤르
쿠차
곤륜산맥
신장자치구
티베트고원
중국
자이산호
일리강
알마티
발하슈호
아스타나
이심강
토볼강
카자흐스탄
페르가나
시르다리야강
키르기스스탄
카쉬가리아
호탄
타클라마칸사막
타림분지
타지키스탄
파미르고원
파키스탄
아프가니스탄
가즈니
발흐
우즈베키스탄
호라즘
메르브
아랄해
아무다리야강
투르크메니스탄
이란
카스피해
우랄강
볼가강

▲ 중앙유라시아 지도

때, 카자흐스탄 초원 지역의 유목민을 규합하고 이 초원을 발판으로 삼았다.

제티수는 카자흐어로 '7개의 강이 흐르는 곳'이라는 뜻이다. 러시아어로는 세미레치예라고 하는데, 과거 여러 투르크족들이 활발하게 활동했던 지역 중 하나이다. 이 지역은 대략 카자흐스탄의 동남부에 있는 알마티주에 해당되며, 천산(톈산)에서 발원한 7개의 강은 발하슈호[5]로 흘러들어간다. 현재 강 2개는 없어졌고 일리 등 5개의 강은 여전히 흐르고 있다. 제티수는 비옥하여 고대에는 스키타이 문명을 꽃피웠고 중세에는 서돌궐, 카라한왕조의 중심지였다. 몽골제국 시대에는 차가다이 칸국에 속했으나, 킵차크 칸국 이후에 들어선 카자흐 칸국이 이 지역을 차지하며 카자흐스탄의 영토가 되었다.

남러시아 초원은 대략 동서로는 흑해 북부의 초원에서 우랄산맥 사이, 남으로는 캅카스산맥의 북부지역까지 달하는 지역이다. 이 지역은 스키타이의 고향이기도 하며, 4세기 후반에는 흉노의 후예로 보기도 하는 훈족의 거점이었다. 카자흐스탄의 '루'[6]의 하나인 킵차크도 이 지역에서 세력을 갖고 있었으며, 몽골제국을 구성한 킵차크 칸국은 이 지역을 약 240년간 지배했다. 킵차크 칸국이 크리미아 칸국, 카잔 칸국, 아스트라한 칸국 등으로 해체된 후 이 지역은 16세기 중반부터 차례차례 러시아에 편입되었다. 투르크와 몽골의 문명 흔적은 캅

---

5 발하슈호(Balkhash Lake): 동서 길이 605km, 최대 폭 74km의 길쭉한 모양의 호수로 담수와 염수로 이루어져 있다.

6 루(Ru)는 우리의 김, 박, 이 등 성씨와 비슷한 개념으로 볼 수 있고 20여 개의 종류가 있다.

카스 지역의 체첸과 다게스탄공화국 같은 투르크 계통의 이슬람자치 공화국, 그리고 카스피해 북쪽 연안에 위치하고 불교를 믿는 칼미키야공화국 등에 여전히 남아 있다.

트란스옥시아나는 아무다리야[7]와 시르다리야[8] 사이의 지역을 말하는데 그리스와 로마 시대 사람들이 부르던 이름이다. 이 지역은 원래 이란어계 사람들의 세력이 강했다. 그러나 6세기 중반 돌궐제국이 등장하며 투르크족들 간에 연대 의식이 형성되고, 돌궐을 계승한 위구르제국이 9세기 중반에 붕괴한 후 투르크족들이 이합집산하는 가운데, 오구즈족을 주축으로 한 투르크계가 알타이산맥 인근과 카자흐스탄에서 이 지역으로 이주하면서 트란스옥시아나는 투르크인이 다수를 이루는 땅으로 바뀌었다. 부하라, 사마르칸트 같은 유서 깊은 실크로드 도시가 이 지역에 있었고, 이 도시들을 중심으로 소그드인이 동서 무역에 종사했다.

타림분지 역시 이란어계 사람들이 다수를 이루는 가운데 실크로드 도시가 발달해 있었다. 그러나 이 지역도 트란스옥시아나와 비슷한 과정을 거쳐 투르크화되었는데, 이 지역을 트란스옥시아나와 함

---

7 아무다리야(Amu Darya River): 파미르고원에서 발원하여 아프가니스탄과 투르크메니스탄을 거쳐 우즈베키스탄 관할의 아랄해로 흘러들어가는 길이 2,540km의 강이다. 다리야(Darya)는 페르시아어로 '강, 호수, 바다'라는 뜻이어서 아무(Amu)강이라고도 부르며, 고대 그리스에서는 옥수스(Oxus)강이라고 불렀다.

8 시르다리야(Syr Darya River): 천산산맥에서 발원하여 키르기스스탄, 우즈베키스탄을 거쳐 카자흐스탄 관할의 아랄해로 흘러들어가는 길이 2,212km의 강이다. 고대 그리스에서는 약사르테스(Jaxartes)강이라 불렀다.

께 묶어 '투르키스탄'이라고 부르기도 한다.

고대 실크로드인 서역북로와 서역남로가 지나가는 카쉬가리아[9]는 9세기 후반 무렵 카자흐스탄 동남부에 들어선 카라한왕조에 속했는데, 이는 제티수 지역이 트란스옥시아나와 타림분지 내 도시들과 긴밀하게 교류했음을 보여준다.

이처럼 유목 세력의 이동로에 위치한 카자흐스탄은 고대부터 자연스럽게 유목세계와 정주세계를 연결했고, 실크로드 교역의 한 축을 담당했다. 오늘날 신실크로드 시대를 맞이하여 카자흐스탄의 지정학적 중요성이 더 높아져, 중국과 EU를 연결하는 중국횡단철도(TCR)와 서유럽-서중국고속도로(WEWC)가 모두 카자흐스탄을 지나가고 있다.

---

9 카슈가르, 야르칸드, 호탄 등의 실크로드 도시가 있는 타림분지 서부지역을 말한다.

2. 실크로드

고대의 실크로드

실크로드(Silk Road)는 고대에 유라시아 지역 간 인적·물적 교류의 통로였다. 중국의 역사가 사마천(B.C.145?-B.C.86?)은 자기와 동시대의 인물인 장건(?~B.C.114)이 기원전 2세기 후반 서역을 왕래하며 취득한 정보를 바탕으로 이곳에 대한 기록을 『사기』에 남겼다.

Silk Road(비단길)라는 단어는 19세기 독일의 지리학자 페르디난트 폰 리히트호펜(Ferdinand von Richthofen)이 사용한 'Seiden Strasse'를 영어로 번역한 것이다. 이는 중국에서 생산된 비단이 가장 많이 그리고 인기 있게 운반된 길이어서 이 이름을 붙인 것 같다. 고대에는 주로 말과 낙타를 이용하여 실크로드를 왕래했다. 중앙아시아 곳곳에 아직 카라반 사라이라는 건물이 남아 있는데 이는 왕래하는 상인들의 숙소였다.

고대에 중국과 몽골고원에서 로마, 이란, 인도로 가는 핵심 중간 실크로드는 크게 천산산맥 북쪽의 천산북로, 천산산맥의 남쪽이자 타림분지 북쪽의 서역북로(천산남로), 그리고 타림분지 남쪽의 서역남로 3개가 있었다. 천산북로, 서역북로, 서역남로는 각각 떨어진 단선적인 길이 아니라 거미줄같이 연결되어 있어 어디서 출발하든 중국, 몽골, 페르시아, 로마에 도달할 수 있었다.

타림분지는 동쪽으로는 중국을 향해 열려 있고, 서쪽으로는 파미르고원 너머의 중앙아시아와 연결된다. 분지의 중앙에 타클라마칸 사막(약 37만km^2)이 있지만, 분지의 남쪽(서역남로)과 북쪽(서역북로)으로는 오아시스 도시들이 발달했다. 이는 타림분지를 둘러싸고 있는 천산산맥과 쿤룬산맥의 만년설이 물을 공급해준 덕분이다.

천산북로는 몽골고원에서 천산산맥 북방의 준가르분지[10]를 거쳐 카자흐스탄 제티수 지역으로 이어지는 길을 말하는데, 흔히 '초원길'이라고도 한다. 이 길에는 알타이산맥에서 발원한 이르티시강과, 천산산맥에서 발원한 일리강과 추강 등이 있다. 이 강들은 자이산호와 발하슈호 같은 호수를 만들고 풍부한 물을 제공해 초원을 풍요롭게 해줌으로써 가축을 키우기에 적합한 환경을 조성해준다.

유목민들은 제티수에서 오트라르 같은 시르다리야 유역의 실크

10 준가르분지(Dzungarian Basin): 신장위구르자치구 북부지역인 준가리아에서 타르바가타이산맥, 준가르스키 알라타우산맥, 알타이산맥, 천산산맥으로 둘러싸인 부분을 말한다. 준가리아와 준가르분지 두 용어가 신장 북부지역을 뜻하는 비슷한 용어이기는 하지만 투르판과 하미가 준가리아에는 포함되는 반면 준가르분지에는 포함되지 않는 차이가 있다. 준가리아라는 명칭은 고대에는 없던 것으로 17-18세기 이 지역에서 세력을 떨친 준가르제국에서 나온 것으로 추정된다.

로드 도시를 경유해 트란스옥시아나나 페르시아로 갈 수 있었다. 칭기즈칸이 1219년 호라즘왕조와 전쟁을 하기 위해 선택한 길도 이 길이었다. 또 시르다리야 지역을 경유하지 않고 제티수에서 카자흐스탄 초원으로 곧바로 서진하여 우랄산맥의 남단을 거쳐 흑해 초원과 동유럽으로 가기도 했다.

천산북로는 환경 특성상 유목 전사의 길이었고 천산북로를 차지한 세력이 타림분지의 오아시스 도시들을 장악했다. 흉노, 돌궐, 몽골, 준가르가 그런 경우다.

서역북로(천산남로)는 중국 돈황(둔황)에서 출발해 천산산맥 밑자락에 위치한 오아시스 도시인 하미, 투르판, 카라샤르, 쿠처, 카슈가르로 이어지는 길이다. 카슈가르에서는 페르가나를 거쳐 타슈켄트, 사마르칸트, 부하라 같은 트란스옥시아나 지역의 도시로 갈 수 있었다. 트란스옥시아나에서는 메르브와 니샤푸르 등 호라산 지역의 도시를 거쳐 페르시아로 들어갔고, 페르시아에서는 바그다드와 타브리즈를 거쳐 아나톨리아나 비잔티움, 로마로 갔다.

카슈가르는 서역북로와 서역남로가 만나는 요충지였다. 이곳에서는 파미르 고개를 넘어 아프가니스탄과 인도로도 갈 수 있었다. 이 길을 통해 인도의 불교가 타림분지의 오아시스 도시와 중국에 전파되었다.

서역남로 역시 돈황에서 출발한다. 그러나 이후의 경로는 서역북로와 반대 방향이다. 즉, 천산산맥이 아닌 쿤룬산맥 밑자락에 형성된 오아시스 도시인 호탄, 야르칸드를 통과해 카슈가르와 만나고, 카슈가르 다음에서는 천산북로에서와 마찬가지로 트란스옥시아나, 인도, 페르시아, 로마로 이어졌다.

중국에서 타림분지의 오아시스 도시들을 통과하려면 하서회랑(河西回廊)을 지나야 한다. 하서회랑은 황하의 서쪽에 있는 실크로드란 뜻으로 기련(치롄)산맥과 고비사막 사이에 있으며 약 1,000km에 달한다.

하서회랑은 타림분지로 진출하는 요충지이자 몽골고원의 유목민과 티베트인 간 교류의 통로였다. 이는 토욕혼왕국(4세기 중엽-663)[11]과 탕구트왕국(1038-1227)[12]이 이 지역에 들어선 사실로 알 수가 있다.

---

11 316년 서진(西晉)의 멸망을 전후하여 요서 지방에 있던 선비계 부족인 모용부의 일파가 청해(코코노르) 지방으로 이주하여 세운 왕조로, 오늘날의 칭하이성(青海省)과 간쑤성(甘肅省) 남부를 지배하다가 635년 당나라의 공격을 받고 친당 정권이 들어섰다. 이에 티베트가 663년 토욕혼을 침략하여 병합시켰고, 당나라는 토욕혼을 되찾기 위해 670년 설인귀가 이끄는 대군을 파견했으나 실패했다.

12 티베트계 강족(羌族)의 일파인 탕구트족이 11세기 초에 세운 왕국으로 서하(西夏)라고도 불렸다. 탕구트는 원래 티베트 북동부(티베트와 토욕혼 사이)에 거주했다. 티베트가 흥성하여 663년 토욕혼을 정복하고 청해 지방을 영유하자 탕구트도 티베트에 흡수되어 그 지배하에 들어갔으나 일부 탕구트족은 8세기 후반부터 거주 지역을 떠나서 감숙(甘肅), 영주(靈州), 오르도스 방면으로 이동했다. 이 중 오르도스 방면으로 이동한 무리의 수령인 탁발사공이 당나라 말기에 일어난 황소(黃巢)의 난을 진압한 공으로 하주정난공절도사에 임명되고 이씨 성을 받았으며, 그 자손들은 절도사 직을 세습하였다. 탕구트는 당나라 이후 들어선 송나라에 계속 복속했으나 거란이 등장한 후 이계천 때 송나라로부터 독립하고 1038년 이계천의 손자 이원호에 의해 탕구트 왕국이 공식적으로 선포되었다. 오늘날의 닝샤후이족자치구(宁夏回族自治区)를 기반으로 한 탕구트는 1026년경 하서 위구르왕조와 1036년경 돈황의 토착 한인 조씨 정권을 복속시키고 하서회랑의 실크로드를 장악하며 발전해나갔으나, 1205년부터 몇 차례에 걸친 칭기즈칸의 침입을 받고 굴복했다. 그러나 탕구트는 칭기즈칸의 호라즘왕조 침공을 위한 병력 동원 요청을 거부했다가 1226년 칭기즈칸의 보복 공격을 받고 1227년 멸망했다.

한나라가 기원전 2세기 말에 이곳에 설치한 하서사군(무위·장액·주천·돈황) 중 하나인 주천군은 흉노와 티베트의 교류를 끊기 위한 것이기도 하였다.[13]

실크로드 격돌

타림분지와 하서회랑은 실크로드가 지나는 요충지여서 고대부터 몽골고원의 유목 세력과 중국 간의 쟁탈지였다.

진시황 때 오르도스[14]에서 몽골고원으로 밀려난 흉노는 진나라의 붕괴(B.C.206)와 한나라의 건국(B.C.202)으로 이어지는 중국의 혼란을 이용하여 이 지역을 되찾으며 세력을 확장해나갔다. 한나라(전한: B.C.202-A.D.8)를 세운 유방(B.C.202-B.C.195)은 흉노를 제압하기 위해 전쟁을 일으켰으나 오히려 평성의 백등산에서 흉노에 포위되었다가 가까스로 탈출하는 수모를 겪었다. 흉노는 이러한 군사적 우위를 바탕으로 기원전 2세기 전반에 하서회랑과 타림분지의 실크로드를 지배했다. 이는 기원전 176년 선우(흉노의 왕) 묵특(B.C.209-B.C.174)이 한나라 문제에게 보낸 서한을 통해 알 수가 있다.

"하늘이 세운 흉노의 대선우는 삼가 묻노니, 황제께서는 무탈하십

---

13 사마천 저, 김원중 역, 『사기열전 2』(민음사, 2018), 362쪽.

14 쿤룬산맥에서 발원하여 동쪽으로 흐르다 방향을 바꾸어 북쪽으로 흐르는 황하가 인산산맥의 남쪽 기슭에서 활모양으로 굽어지는데, 이 굽어지는 부분과 만리장성으로 둘러싸인 고원지대로 중국과 몽골고원의 유목 세력 간 공방의 요충지였다.

니까? …(중략)… 하늘의 가호와 정예 병사와 강력한 말로써 서쪽 월지를 전멸시키고 그들을 모두 베어 죽여 항복시켰으며 누란, 오손, 호걸(呼揭) 및 그 곁의 스물여섯 나라를 평정하여 모두 흉노에 귀속시켰습니다."[15]

월지는 하서회랑 인근에서 흉노와 이웃하며 이 지역의 패권을 놓고 흉노와 다투던 유목 세력으로, 한때는 묵특이 왕자일 때 그를 볼모로 잡고 있을 정도로 우위를 점했다. 그러나 월지는 나중에 묵특에게 제압당했고, 묵특의 후계자인 노상 선우(B.C.174-B.C.161경) 대에는 그들 왕의 두개골이 술잔으로 만들어지는 참화를 겪었다. 이후 이들은 하서회랑을 떠나 대완(페르가나)을 거쳐 아무다리야 북부로 이동하여 기원전 130년대 대하(박트리아)를 제압하고 정착하였다. 월지는 인도유럽어계에 속하는 토하라어를 사용했으며, 쿠샨왕조(1세기-226)의 건설 주체로 알려졌다.

오손은 천산 북방의 이식쿨에서 일리강 유역에 걸쳐 거주하며 흉노에 복속하던 유목 세력이다. 이 부족 역시 인도유럽어계에 속한다고 알려졌으며, 오늘날 카자흐스탄의 '루'를 이루고 있다.

호걸(또는 호게)은 감숙 북서쪽 방면에 거주하며 돌궐과 싸웠던 오구즈의 전신으로 알려졌지만 실체는 명확하지 않다.[16]

누란은 서역남로에 위치한 왕국으로 원래 이름은 크로라이나이

15 사마천 저, 김원중 역, 『사기열전 2』, 342-343쪽.

16 사와다 이사오 저, 김숙경 역, 『흉노: 지금은 사라진 고대 유목국가 이야기』(아이필드, 2007), 37-38쪽.

며, 기원전 77년 한나라의 지배를 받으면서 국명이 선선으로 바뀌었다. 이 왕국은 돈황에서 이어지는 실크로드의 요충지였으나 4세기 이후 왕국 부근에 있던 롭노르 호수가 고갈되고 도시가 모래에 파묻히며 사라졌다. 20세기에 이 왕국에 대한 탐사가 이루어져 서북 인도의 쿠샨왕조에서 사용하던 카로슈티문자(아람문자에서 기원)로 쓰인 문서가 다수 발견되었다.

누란, 오손, 호게 및 그 곁의 인접국 26개국은 타림분지에 있는 오아시스 도시로서 중국은 이 지역을 트란스옥시아나와 함께 '서역(西域)'으로 불렀다.

한 무제(B.C.141-B.C.87)는 흉노와의 전쟁에서 우위를 차지하기 위해 흉노에 원한을 갖고 있는 월지와 흉노의 오른팔 격인 오손과 동맹을 맺으려 장건을 파견했다. 장건은 기원전 129년 월지에, 기원전 119년에는 오손에 들어갔다. 한 무제는 또 장군 위청[17]으로 하여금 흉노를 공격하게 하여 이들을 고비사막 북쪽으로 몰아내고 기원전 127년 오르도스 지역에 삭방군을 설치했다.

오르도스를 되찾자 한나라는 하서회랑에 적극적인 공세를 펼쳤다. 곽거병(위청의 첫째 누이 위유의 아들) 장군이 이끄는 군대는 기원전 121년 봄, 언지산[18]을 지나 1천여 리를 진격하여 수만 명의 흉노인을 포로로 잡거나 살해하고, 그해 여름에도 기련산에서 비슷한 전과

17 원래 노비 신분이었으나 셋째 누이 위자부가 한 무제의 후궁이 된 덕분에 대장군 직위에까지 올랐다.

18 연지산으로도 불리며 연지풀이 많이 난다고 한다.

를 거두었다. 이 지역을 지키던 흉노의 혼야왕이 전쟁 패배에 대한 질책을 두려워하여 그해 가을에 한나라에 투항했다. 이렇게 하여 한나라는 하서회랑을 차지하고 하서사군(무위·장액·주천·돈황)을 설치했다. 흉노가 하서회랑의 언지산과 기련산에서 쫓겨난 후 흉노 사회에서는 흉노인의 슬픔을 보여주는 노래가 유행했다고 한다.

> "우리가 기련산을 잃어 가축을 먹일 수가 없고, 우리가 연지산을 잃어 여인들의 얼굴을 물들일 수도 없다."[19]

연지산에서 나는 연지꽃으로 흉노의 여인들이 얼굴에 화장을 했다는데 우리나라의 '연지' 풍습은 이 같은 흉노의 풍습에서 유래했을 것이라는 설이 있다.

한나라는 흉노를 몰아낸 후 본격적으로 서역으로 진출하기 시작했다. 기원전 109년경 장군 조파노가 누란왕을 사로잡고 거사(투르판)를 격파했다. 기원전 100년경에는 장군 이광리가 천마(한혈마)가 많이 난다고 하는 대완을 복속시키고 트란스옥시아나까지 진출했다.

기원전 60년, 한나라가 타림분지 전체를 차지할 수 있는 절호의 기회가 왔다. 흉노는 서역을 통치하기 위해 일축왕을 두고 있었는데, 기원전 60년 선현탄이라는 일축왕이 선우위 계승에 불만을 품고 부족민과 함께 한나라에 투항해 왔다. 한나라는 흉노 내부의 분란을 이용해 타림분지로 진격하여 오루성(카라샤르와 쿠처의 중간에 위치)에 서역

---

19 사와다 이사오, 앞의 책, 61쪽.

도호부를 설치하고 이 지역을 지배했다.

중국의 타림분지에 대한 경영은 220년 후한이 붕괴되면서 끝이 났고, 이런 상황은 위진남북조시대[20]를 거쳐 618년 당나라(618-907)가 들어설 때까지 지속되었다. 이 기간 동안에 타림분지에서는 선비, 유연, 돌궐 등 몽골고원의 유목 세력이 중국보다 우세했다.

당나라가 들어선 후 타림분지는 과거 흉노와 한나라가 각축을 벌였던 것과 비슷하게 돌궐과 당나라의 패권 경쟁에 휘말렸다. 다른 점이 있다면 7세기 초 송첸 감포가 세운 티베트왕국이 패권 경쟁에 끼어든 것이다. 당나라는 630년 동돌궐을 제압하고 635년에는 토욕혼에 친당 정권을 수립한 후 타림분지로 진출하여 640년 투르판, 648년 쿠처를 정복했다. 당나라는 이후 카라샤르·쿠처·카슈가르·호탄에 안서사진을 설치하고 쿠처에 안서도호부를 두었다. 당나라는 또한 서돌궐을 공략하기 위해 640년 천산북로에 위치한 베쉬발릭에 정주(庭州)라는 행정구역을 만들고, 657년에는 서돌궐을 제압해 돌궐에 대한 정복을 완료했다.

티베트는 당나라가 토욕혼에 친당 정권을 세우고 안서사진을 설치하여 타림분지를 장악하자 반격을 했다. 티베트는 우선 토욕혼을 정복하고(663년), 이어 당나라의 안서사진을 공격하여 안서도호부를 쿠처에서 투르판으로 철수하게 만들었다(670년). 티베트가 안서사진

20 220년 후한이 멸망한 후 589년 수나라가 통일할 때까지 약 370년간의 혼란기로, 이 시기에 중국은 위·촉·오 삼국시대(220-280), 서진(西晉)시대(265-316), 5호16국시대(304-439)와 남북조시대(439-589)를 겪었다.

을 공략할 때 서돌궐의 협조가 있었다.

당나라는 측천무후[21] 때 나라가 안정되며 티베트로부터 안서사진을 탈환하고 쿠처에 안서도호부를 부활시켰다(692년). 이어 702년에는 정주에 북정도호부를 설치하여 천산 북방에 군사력을 강화시켰다.

당나라와 티베트는 타림분지의 반대편인 파미르고원에서도 인도와 아프가니스탄으로 통하는 실크로드를 두고 격돌했는데, 고구려 유민의 후예인 고선지 장군이 이 지역을 747년 원정하여 티베트 세력을 몰아내었다.

돌궐과 티베트를 제압하고 실크로드의 주인이 된 당나라는 751년 탈라스 전투에서의 패배와 안사의 난을 겪으면서 세력이 약화되었다. 티베트는 이 기회를 이용하여 780년대 당나라로부터 돈황을 빼앗고, 790년 안서도호부와 북정도호부를 함락시키고, 792년에는 투르판마저 빼앗았다. 이렇듯 티베트는 하서회랑과 타림분지의 실크로드를 장악하고 천산 북방까지 진출하며 한동안 번성했으나 9세기 중반 귀족들의 반란과 불교에 대한 과보호로 인해 쇠퇴했다.[22] 그 결과 848년 토착 한인 호족인 장의조에게 돈황을 빼앗긴 후 실크로드에서 영향력을 상실해갔다.

당나라와 티베트가 물러난 후 이 지역에 카라한왕조, 코초(천산)위구르왕조, 탕구트왕조가 들어섰으나 이들은 13세기 초 몽골 초원

---

21 당나라 고종의 황후였지만 병든 고종을 대신하여 정무를 보며 궁정의 실권을 장악한 후 690년 국호를 주(周)로 고치고 스스로 황제가 되어 15년간 통치했다.

22 고마츠 히사오, 앞의 책, 155쪽.

을 통일시킨 칭기즈칸에게 모두 흡수되었다.

타림분지는 몽골제국 시대에는 차가다이 칸국에 속했다. 1368년 원나라가 몽골고원으로 쫓겨난 후에는 최후의 유목국가인 준가르가 천산 북방의 일리에 근거를 두고 타림분지의 오아시스 도시를 지배했다. 그러나 1757년 준가르가 청나라에 정복되고 이로부터 2년 후 카슈가르가 청나라에 투항함으로써 타림분지 전체가 청나라의 수중에 떨어졌다.

청나라는 준가르분지와 타림분지 두 지역을 새로운 땅이라 하여 신장[新疆]이라 명명했다. 타림분지의 무슬림들은 몇 차례 중국에 저항하며 독립운동을 벌였지만 실패했고 중국은 1955년 이곳을 중국 내 신장위구르자치구로 지정했다.

장건의 실크로드 개척과 카자흐스탄 방문

장건은 중국 역사상 최초로 중국이 타림분지의 오아시스 도시 및 트란스옥시아나 지역과 국가 차원의 교류와 통상을 할 수 있도록 토대를 쌓은 인물이다. 한 무제는 월지, 오손과 동맹을 맺어 흉노와의 전쟁에서 우위를 차지하기 위해 장건을 파견했는데, 장건은 이 왕국들을 찾아가면서 훗날 실크로드로 알려진, 중국에서 서역으로 가는 길을 개척하고 서역의 정세를 중국에 알려주어 중국이 이 지역에 진출하는 데 크게 기여했다.

장건은 카자흐스탄과도 인연이 있다. 그가 카자흐스탄 지역을 2차례 방문했기 때문이다. 장건의 카자흐스탄 여행은 월지와 오손을 찾아가면서이다. 장건이 이 왕국들을 찾아갈 당시에 카자흐스탄이라는 명칭은 없었지만 그가 기원전 129년 (대)월지를 찾아가면서 방문한 대완(대원), 강거, 대하 가운데 강거가 오늘날의 카자흐스탄 영역내(아랄해 인근)에 있었으며, 기원전 119년에 방문한 오손은 천산 북방의 일리와 이식쿨에서 제티수 지역에 걸쳐 세력을 형성하고 있었다.

기원전 139년 한 무제의 명을 받고 월지를 찾아가던 장건은 하서회랑 부근에서 흉노에 붙잡혀 10년간 억류되었다가 기원전 129년경에 탈출하여 대완과 강거를 경유, 월지를 방문했다. 월지는 아무다리야 유역에 왕정을 세우고 대하를 지배하며 흉노에 대한 과거의 원한을 잊고 정착하고 있어 흉노를 포위 공격하자는 한나라의 제안에 관심이 없었다. 장건은 기원전 126년 귀국했는데 비록 월지와 동맹을 맺는 임무는 실패했지만 자신이 방문한 대완·강거·월지·대하와, 이들 왕국에 인접한 오손·안식(파르티아)·신독(인도) 등의 나라에 대한 정보를 알리는 데 크게 기여했다. 이들 왕국에 대한 정보는 사마천이 쓴 『사기열전 2』에 장건이 한 무제에게 보고하는 형식으로 다음과 같이 나와 있다.[23]

대완: "대원은 흉노의 남서쪽, 한나라의 정서(正西) 쪽에 있으며 한나라에서 만 리쯤 떨어져 있습니다. 그들의 풍속은 한곳에 머물면서 살고 밭을 갈아 벼와 보리를 심고 포도주를 생산합니다. 좋은 말이 많은데 말이 피땀을 흘린다고 합니다. 그 말은 본래 천마의

23 사마천 저, 김원중 역, 『사기열전 2』, 651-654쪽.

새끼라고 합니다. 이 나라에는 성곽과 가옥이 있으며, 속읍으로는 크고 작은 70여 성에 인구는 수십만 명쯤 됩니다. 무기로는 활과 창이 있으며 말 타기와 활쏘기에 능합니다. 그 북쪽에는 강거, 서쪽에는 대월지, 서남쪽에는 대하, 동북쪽에는 오손, 동쪽에는 우미와 우전이 있습니다."

오손: "대원의 동북쪽으로 2천 리쯤 떨어진 곳에 있습니다. 유목국가로 가축을 따라서 이동하며 흉노와 풍속이 같습니다. 활을 쏘는 군사가 수만 명으로 매우 용감하게 싸웁니다. 원래 흉노에 복속되어 있었지만 세력이 강대해지면서 형식적으로 흉노를 섬길 뿐 흉노의 조회에 참가하려고 하지는 않습니다."

강거: "강거는 대원의 서북쪽으로 2천 리쯤 떨어진 곳에 있습니다. 유목국가로 월지와 풍속이 같습니다. 활을 쏘는 군사가 8~9만 명이나 되고 대원과 인접한 나라입니다. 강거는 나라가 작아 남쪽으로는 월지를 섬기고, 동쪽으로는 흉노를 섬기고 있습니다."

대월지: "대원의 서쪽으로 2~3천 리쯤 떨어져 있고 규수 북쪽에 살고 있습니다. 그 남쪽에는 대하, 서쪽에는 안식, 북쪽에는 강거가 있습니다. 이들은 유목국가로 가축을 따라 옮겨다니고 흉노와 풍속이 같습니다. 활을 쏘는 군사가 10~20만 명가량 되는데 옛날에는 강대함을 믿고 흉노를 업신여겼습니다. 묵돌 선우가 흉노 왕의 자리에 오르자 월지를 깨뜨렸고, 노상 선우 때 월지의 왕을 죽

이고 그 두개골로 술잔을 만들었습니다. 처음에 월지는 돈황군과 기련산 사이에 살았으나, 흉노에게 패하자 멀리 대원을 지나 서쪽의 대하를 쳐서 신하로 삼은 뒤 규수 북쪽에 도읍하여 왕정(王庭)으로 삼았습니다. 같이 떠나지 못한 소수의 무리는 남산에 있는 강족(羌族)의 땅을 지키고 보존하면서 소월지라 부르고 있습니다."

대하: "대하는 대원의 남서쪽으로 2천여 리 떨어진 규수 남쪽에 있습니다. 그들의 풍속은 한곳에 머물며 살고 성곽과 집이 있어 대원과 풍속이 같습니다. 대군장은 없고 가는 곳마다 성읍에 소군장이 있습니다. 이 나라의 군사는 약하고 싸움을 두려워하지만 장사는 잘합니다. 대월지가 서쪽으로 옮겨간 뒤로 이 나라를 깨뜨려 신하로 복속시켰습니다. 대하의 인구는 많아서 100만여 명이나 됩니다. 그 수도를 남시성이라 하고, 시장이 있어서 여러 가지 물건을 사고팝니다. 그 동남쪽에는 신독국이 있습니다. 신이 대하에 있을 때 공(邛)의 대나무 지팡이와 촉의 옷감을 보고 '어디서 이것들을 얻었소?'라고 물으니, 대하 사람이 '우리나라 장사꾼들이 신독에 가서 사왔습니다.…(중략)' 라고 대답했습니다."

위 내용을 통해 다음과 같은 사실을 알 수가 있다.

첫째, 이들 왕국의 위치이다. 현재의 카자흐스탄과 우즈베키스탄을 중심에 놓고 비교해보면 대완은 카자흐스탄의 동남부에 위치한 페르가나(키르기스에 속함), 강거는 아랄해 인근의 초원, 대월지는 우즈베키스탄 서쪽을 흐르는 규수(아무다리야) 북쪽, 대하는 우즈베키스탄 남부에 왕국을 두었다. 이 왕국들은 지금의 우즈베키스탄을 중심으로 이웃했다. 오손은 오손이 대완의 동북쪽에 있다고 한 사실에 비추어, 천산 북방의 일리와 이식쿨에서 제티수 지역의 일부에 걸쳐 있던 것으로 보인다.

둘째, 이들 왕국의 특성이다. 오손, 강거, 대월지가 유목국가인 반면, 대완과 대하는 정주국가라는 점이다. 고대에는 우즈베키스탄 지역에 유목 세력과 정주 세력이 이웃해 있었다. 이는 중국의 북부지역에서 몽골고원의 유목 세력과 중국의 정주 세력이 대치하는 것과 비슷한 상황이었다. 대하는 알렉산드로스 대왕의 후예인 그리스인이 발흐를 수도로 삼아 세운 박트리아(B.C.246?-B.C.138?)의 중국식 이름이다. 영토는 힌두쿠시산맥에서 아무다리야에 달했으며 주민은 대부분 이란어계였다. 장건은 이들이 장사 수완이 뛰어나다고 소개했는데 당나라 때 활발히 활동한 소그드인은 이들의 후예일 가능성이 높다.

셋째, 흉노와 오손, 흉노와 강거의 관계다. 천산 북방의 오손과 카자흐스탄의 강거가 흉노에 복속해 있다고 했는데, 이는 고대부터 카자흐스탄의 유목 세력과 수천 킬로미터 떨어진 몽골고원의 유목 세력 간에 긴밀한 교류가 있었음을 보여준다.

넷째, 중국의 사천 지방에서 티베트를 거쳐 인도와 박트리아로 이어지는 실크로드의 존재이다. 신독(인도)에서 공(사천성에 살던 오랑캐 이름)의 대나무 지팡이와 촉(사천성 서부지역)의 옷감이 거래된 사실이 이 실크로드의 존재를 증명하고 있으며, 이 길은 인도의 불교가 티베트, 중앙아시아, 중국으로 전파되는 통로이기도 했을 것이다.

장건은 이후 한나라의 위청 장군이 기원전 123년 흉노를 정벌하러 나갈 때 흉노 땅의 지리를 잘 안다 하여 위청 장군의 군대에 합류했고, 기원전 121년에는 이광[24] 장군과 함께 우북평군[25]에서 출발하여 흉노를 공격했다. 그러나 그는 이광의 군대가 흉노와 격돌했을 때 자신 휘하의 부대를 이끌고 전장에 늦게 도착하는 실수를 범하였다. 이는 참형에 해당하는 죄였으나 속죄금을 내고 평민으로 강등되었다.

장건이 평민으로 있던 중에도 한 무제는 장건에게 서역에 대한 정세를 물었다. 장건은 오손이 흉노에 복속하며 흉노의 서쪽 국경을 지키고 있으므로 오손과 동맹을 맺는 것은 흉노의 오른팔을 자르는 것과 같다고 대답했다. 한 무제는 이 말이 옳다고 여겨 장건을 중랑장에 임명하고 기원전 119년 오손에 파견했다.

오손이 흉노를 두려워하여 오손과 동맹을 맺는 것은 실패했지만, 장건은 오손에 머무는 동안 대완·강거·월지·대하·안식·신독·우전(호탄)·우미 등지에 부사를 파견하여 한나라가 중앙아시아뿐만 아니라 서아시아의 여러 나라와 교류할 수 있는 물꼬를 텄다. 오손에 약 4년 머물고 기원전 115년에 귀국한 장건은 그다음 해에 사망했다.

장건이 한나라로 돌아올 때 많은 오손의 사람들을 데리고 와서 한나라의 문물을 견학시켰고, 대완과 강거 등 다른 지역에 나간 사절들도 비슷한 일을 했다. 이렇게 하여 한나라와 서역의 나라들은 서로

---

24 집안이 보잘것없어 큰 자리에 오르지는 못했지만 풀 속에 있는 바위를 호랑이로 잘못 알고 쏜 화살이 바위를 뚫을 정도로 궁술이 뛰어났다고 한다.

25 연나라가 동호와 고조선을 물리치고 세운 5개의 군 중 하나이다.

에 대해 알며 교류를 증진시켜나갔다.

소그드인

소그드인은 이란어계에 속한 민족으로 소그디아나에 기반을 두고 실크로드 교역에 종사했다. 소그디아나는 파미르고원에서 발원한 제라프샨강이 트란스옥시아나를 흐르는 인근 지역으로 그 중심지는 사마르칸트·부하라·타슈켄트였다. 제라프샨은 '황금을 뿌린다'라는 의미를 갖고 있는데 그 의미처럼 비옥하여 고대부터 문명이 꽃을 피웠다.

고대에 소그드인이 속한 이란어계인은 소그디아나를 비롯하여 유라시아의 초원지대, 타림분지의 오아시스 도시에 광범위하게 거주했다. 유라시아 초원의 스키타이, 호탄, 카슈가르 등 타림분지 내 오아시스 도시의 주민이 바로 이들이었다.

소그디아나는 동서로 중국과 로마를, 남북으로 카자흐스탄 및 천산 북방과 페르시아-인도를 연결하는 중심지였다. 소그드인은 이러한 지리적 이점과 뛰어난 상술로 실크로드의 상거래를 주도했다. 소그드인의 탁월한 장사 수완은 『구당서(舊唐書)』에 잘 묘사되어 있다.

"소그드인은 아이가 태어나면 아기의 입 안에 설탕을 머금게 하고 손에는 아교의 재료가 되는 풀을 쥐어준다. 그것은 아이가 성장했을 때 설탕처럼 좋은 말만 하고 아교가 손에 달라붙듯이 한번 쥔

돈은 절대 놓지 않기를 바라기 때문이다."[26]

소그드인은 상거래뿐만 아니라 문화 교류에도 큰 역할을 했다. 불교, 네스토리우스파 기독교, 조로아스터교, 마니교를 중국에 전하고 중국의 비단, 나침반, 화약을 서양에 전했다.

소그드인이 활발하게 활동을 한 시기는 중국의 수나라와 당나라 시대이다. 이들은 실크로드 연변은 물론 중국 북부의 주요 도시에 근거지를 만들고 집단으로 거주하며 상업 네트워크를 구축했다. 이 네트워크를 통해 소그드인들은 중국, 페르시아, 동로마제국(비잔티움)을 서로 연결시키며 실크로드 무역을 장악했다. 중국인과 소그드인의 혼혈인으로 알려진 당나라의 시인 이백과 소그드계로 국경 수비대장까지 맡았던 안녹산은 소그드인이 중국 내에서 활발히 활동했음을 보여주는 사례다.

소그드인은 출신 도시별로 성(姓)을 가졌다. 사마르칸트 출신은 강(康), 부하라는 안(安), 타슈켄트는 석(石)씨 등을 사용했다. 안사의 난을 일으킨 안녹산은 원래 강녹산이었으나 투르크계 모친이 부하라인에게 재가하여 안씨로 바뀌었다고 한다. 녹산(祿山)은 소그드어 Roxsan을 전사한 것으로 '빛나는 사람'이라는 뜻이다.

돌궐을 무너뜨리고 위구르제국(744-840)을 세운 위구르인은 자신

26 미야자키 마사카츠 저, 오근영 역, 『하룻밤에 읽는 중국사』(알에이치코리아, 2001), 114쪽.

의 문화적·정치적 토대로서 중국이 아닌 소그드인의 모델을 택했다. 이런 연유로 소그드문자[27]가 차용되었고, 소그드인은 위구르제국의 행정에 봉사했다. 위구르의 뵈귀 카간(759-779)은 안사의 난 진압을 돕기 위해 당나라에 왔다가 762년 낙양에서 소그드인과 접촉한 후 마니교[28]로 개종하고 마니교를 위구르의 국교로 삼았다.

위구르인이 행정 모델로 당나라 것이 아닌 소그드인 것을 채택한 배경에는 당나라에 대한 경계심이 작용했을 가능성이 높다. 이는 동돌궐이 당나라에 망한 후 제2돌궐제국(682-744년)을 세운 쿠틀룩의 아들인 퀼 테긴과 빌게 카간이 그들의 비문에서, '중국인의 달콤한 말과 부드러운 물자를 주의하라'라고 경고한 것에서 짐작할 수가 있다.

소그드인은 교역뿐 아니라 교역을 통해 축적된 경제력, 그리고 실크로드를 오가며 취득한 정보를 바탕으로 주변의 정세에 개입하기도 했다. 아바스 혁명이 그 예인데, 아바스 혁명을 지원한 서투르키스탄인이 바로 소그드인이었다. 이들의 상당수는 안사의 난 때 안녹산의 군대에도 들어갔다.

그러나 6세기 중반 돌궐제국 등장 이후 소그디아나에서의 소그드인 우세는 서서히 투르크인의 우위로 바뀌게 된다. 9세기 중반 위구르제국의 붕괴 후 카자흐스탄 초원에 거주하던 오구즈 투르크족 등이 트란스옥시아나로 내려와 셀주크왕조를 세우며 이 지역이 투르

---

27 페니키아문자에서 발달한 자음문자인 아람문자를 개조한 것으로 3-10세기 동안 중앙아시아에서 통용되며, 고대 투르크문자, 위구르문자, 몽골문자 등의 기원이 되었다.

28 예언자 마니가 3세기 페르시아에서 창시한 종교로, 그는 자신이 아담과 노아, 아브라함과 부처, 조로아스터와 예수의 뒤를 잇는 최후의 예언자이며, 힘들고 고통스러운 세상으로부터 구원받는 길은 오직 지혜 또는 영(靈)을 통해서만 가능하다고 했다.

크화됨에 따라 소그드인은 투르크 사회에 동화되고 점차 역사에서 사라졌다.

미래의 실크로드

고대부터 실크로드에서 핵심 중간 기착지 역할을 하던 준가르분지와 타림분지가 18세기 중반 청나라에 편입됨으로써 실크로드를 통한 동서양 교류는 크게 위축되었다. 아울러 트란스옥시아나도 19세기 중반에 러시아의 지배에 들어가며 실크로드의 역할을 상실했다. 더욱이 러시아와 중국이 공산화되며 서방세계와 진영 간 대결이 지속됨에 따라 이들 지역은 외부 세계와 철저히 단절되었다.

그러나 이렇게 오랫동안 잠을 자고 있던 실크로드가 중앙아시아의 칸국들이 소련으로부터 해방되고, 중국도 개방정책을 취함에 따라 부활하고 있다. 식민지 시대 때 건설된 철도와 21세기에 새로 건설된 철도와 도로가 나라와 나라를 이어주고 있다. 새 시대를 맞이하여 다시 열리는 실크로드는 이제 말이나 낙타가 아니라 철도와 자동차로 달리는 길이 되었다. TSR[29], Trans-Caspian Railway[30], Trans Aral

---

29 Trans Siberian Railroad(시베리아횡단철도): 블라디보스토크와 모스크바를 잇는 9,288km의 시베리아횡단철도로 1891년에 착공하여 1916년 완공되었으며 모스크바에서 유럽의 각 도시로 연결된다.

30 투르크메니스탄, 우즈베키스탄(부하라, 사마르칸트), 키르기스(안디잔)를 관통하고 지선을 통해 타슈켄트, 이란, 아프가니스탄 등으로 연결되어 '중앙아시아철도'로도 불린다. 1880년 착공되어 1888년 사마르칸트까지 약 1448km 구간이 완공된 후, 1899년 안디잔까지 구간이 연장었다.

Railway[31], Turkestan-Siberia Railway[32], TCR[33], WEWC[34], BTK[35] 등이 대표적인 신실크로드(국제실크로드)이다. 특히 TCR과 WEWC는 중국 롄윈강(연운항)[36]에서 출발, 카자흐스탄을 거쳐 유럽으로 이어지는 것으로 국제실크로드에서 카자흐스탄이 핵심 역할을 하고 있음을 보여준다.

신실크로드는 아직 100% 활용되지 못하고 있다. 이에는 철로 궤도(철로의 폭)의 차이[37], 국경 통관에 따른 검역 및 행정 절차의 복잡성, 고비용 등 여러 요인이 있다. 그러나 이러한 불편함에도 불구하고 신

---

31 러시아의 오렌부르크를 출발해 카자흐스탄 서남부지역을 거쳐 우즈베키스탄의 타슈켄트로 이어지는 약 1,930km의 철도로 1900년 착공하여 1904년 완공되었다. '오렌부르크-타슈켄트철도'라고도 불린다.

32 러시아의 노보시비르스크를 출발해 카자흐스탄 동부를 거쳐 타슈켄트로 이어지는 약 2,500km의 철도로 기존의 알타이 철도와 세미레치예 철도를 연결시킨 것이다. 두 철도 노선을 연결시키는 공사가 소련의 제1차 산업화 5개년 계획에 따라 1928년 시작되어 1930년 완공되었다. 노보시비르스크는 TSR(시베리아횡단철도)과 Turkestan-Siberia Railway가 만나는 지점으로 1937년 고려인 동포들이 연해주에서 중앙아시아로 강제 이주될 때 TSR과 Turkestan-Siberia Railway를 이용했다.

33 Trans China Railroad(중국횡단철도): 중국 롄윈강에서 출발하여 신장위구르 북부의 도시인 징헤에서 두 개의 노선으로 갈라진다. 이 중 하나는 국경 도시 아라산커우를 거쳐 카자흐스탄의 도스틱과 아스타나를 경유해 예카테린부르크에서 TSR과 만나 모스크바로 연결되고, 다른 하나는 호르고스 경제특구를 지나 카자흐스탄의 제티겐에서 Turkestan-Siberia Railway와 만나 아스타나, 알마티, 중앙아시아 및 이란과 연결된다.

34 Western Europe-Western China Highway(서유럽-서중국고속도로): 중국 롄윈강을 출발하여 호르고스 경제특구, 카자흐스탄의 남부와 북서부지역을 거쳐 상트페테르부르크로 이어지는 8,445km의 고속도로로 10년간의 공사 끝에 2018년 9월 전 구간이 개통되었다.

35 '아제르바이잔의 바쿠-조지아의 트빌리시-터키의 카르스'를 연결하는 철도로 2007년 3국 정부가 건설하기로 합의한 후 2017년 완공되었으며 터키 보스포루스해협을 건너 불가리아를 거쳐 유럽 전역으로 연결이 가능하다.

36 중국 장쑤성(江苏省) 북동부에 위치하며 황해에 면해 있는 수륙 교통의 요지이다.

37 우리나라, 중국, EU의 철로는 표준궤로 1,435㎜, 러시아와 카자흐스탄 등 중앙아시아 지역은 광궤로 1,524㎜이다.

실크로드는 선박을 이용할 경우보다 운송 기간이 짧아 발전 전망은 매우 밝다. 궤도의 차이로 국경에서 바퀴를 교체하거나(대차교환) 화물을 환적해야 하는 불편함을 해소하기 위해 신기술이 개발 중이고, 국경 통관절차의 간소화를 위해 관련 국가들이 계속 협의를 하고 있다. 이러한 것들이 해결되면 운송 화물이 많아지게 될 것이고 운송비도 내려가는 선순환적인 결과가 일어날 것이다. 화물도 단순 상품에서 유라시아에서 풍부하게 생산되는 광물, 원유, 천연가스, 석탄, 식량, 육류 등으로 확대될 것이다. 우리나라를 비롯한 여러 나라에서 이들을 수송하기 위한 특수 컨테이너 용기를 개발 중이다.

신실크로드는 관광산업도 촉진시킬 것이다. 유라시아에는 아직 때묻지 않은 관광자원이 많이 있다. 목가적인 풍경, 오염되지 않은 자연, 고대 유적지, 유목민의 문화 체험 등은 도시인을 유인하기에 충분히 매력적인 것들이다. 카자흐스탄도 관광객을 유치하기 위해 도로와 숙박 시설을 정비하고 전통문화를 관광상품으로 개발하려고 노력하고 있다.

우리나라는 남북 분단과 바다로 둘러싸인 지리적 제약으로 인해 국제 교통 인프라에 직접적으로 연결되지 못하고 있다. TSR이나 TCR을 이용하기 위해서는 1차적으로 선박을 이용해 블라디보스토크나 중국 롄윈강으로 이동해야 하는데, 이런 불편함 때문에 TSR이나 TCR을 통한 물동량은 해상 물동량보다 적어 운송료가 비싸다. 그러나 남북한 상황이 개선되어 남북한 철도가 복원되면 한반도 철도가 TSR이나 TCR에 직접 연결될 수가 있다. 일본의 상품도 배로 대한 해협만 건너면 남북한 철도를 이용하여 유럽이나 중앙아시아로 갈 수가 있으므로 남북한 철도의 연결은 실크로드의 활성화에 획기적으로 기여하게 될 것이다.

남북한 철도가 연결되기 전까지 레일 페리의 운항을 생각해볼 수도 있다. 레일 페리란 화물 기차를 실을 수 있도록 제작된 특수 선박을 말한다. 레일 페리를 이용할 경우 배에서 화물을 내릴 필요가 없으므로 출발지 화물 기차가 도착지 항구에서 목적지까지 바로 이동할 수가 있다. 레일 페리는 철도와 선박 운송을 합한 개념으로 카스피해와 흑해에서 많이 사용되고 있다.

신실크로드는 극동아시아, 중앙아시아, EU 간 인적·물적 교류를 촉진시킬 뿐만 아니라 자원, 식량, 관광 등 많은 분야에서 우리에게 큰 기회와 희망을 줄 것이다.

3. 카자흐스탄 초원에 등장한 유목 세력

스키타이

스키타이(Scythai)는 중앙유라시아 초원에 거주하던 유목민 집단이었다. Scythai에서 'Scyth'는 원시인도이란어 Skuda에서 유래했는데 이는 '활 쏘는 사람'이라는 뜻이다. 페르시아에서는 Saka(사카)라 불렸고, 중국에서는 새(塞)라 기록되었다.[38]

중앙유라시아에는 스키타이 이외에도 투르크-몽골 계통의 유목 집단이 있었다. 스키타이를 투르크 계열의 유목민으로 보는 학자도 있지만 통상 이란어계로 본다.

그리스 역사가 헤로도토스에 의하면, 아락세스강(볼가강) 동쪽에서 거주하던 스키타이가 아랄해 동남부에 살던 또 다른 스키타이

38 크리스토퍼 벡위드 저, 이강한·류형식 역, 『중앙유라시아 세계사』 (소와당, 2014), 652-653쪽.

계통인 맛사게태[39]의 공격을 받고 서쪽으로 이주하여 기원전 750-700년경, 흑해 북안의 인도유럽어계로 추정되는 킴메르인을 몰아냈다. 스키타이는 킴메르인을 추격하면서 중동 지방까지 진출해 기원전 628년경 페르시아의 메디아왕조[40]를 일시 정복했으나 메디아인이 반발하자 다시 흑해 초원으로 되돌아갔다.

스키타이는 기원전 3세기 후반 같은 이란어계의 유목민으로 아랄해 북방에 거주하던 사르마트인의 침입을 받고 크리미아 쪽으로 쫓겨난 후 역사에서 사라졌다. 먼 훗날, 제베와 수베에테이가 이끄는 몽골 군대가 킵차크 초원의 이르티시강 인근에서 칭기즈칸과 합류하기 위해 1221년 캅카스산맥을 넘어갈 때 알란인이 저항했는데 이들이 바로 사르마트 계열의 종족이었다.

페르시아 아케메네스왕조(B.C.559-B.C.330)의 다리우스 대제(B.C.521-B.C.486)는 기원전 519년 피지배 부족의 반란을 평정하고 비시툰[41]에 비문을 세웠다. 이 비문에는 다리우스 대제가 조로아스터교의 주신인 아후라 마즈다의 도움을 받아 반란을 진압한 과정이 고대 페르시아어·엘람어·바빌로니아어로 쓰여 있고, 반란을 일으킨 아홉 명의 수령들이 사슬에 묶여 다리우스 앞으로 끌려나오는 모습이 부조되어 있다. 이 가운데 맨 뒤에 원뿔형 모자를 쓴 인물이 있는데 이

---

39 Massagetae는 이란어로 '어부'의 의미를 갖는 massyagata에서 유래했으며 알란인의 조상이라 보는 학자도 있다.

40 기원전 8세기경 이란고원의 서북부지역에서 생활하던 아리안계에 속하는 메디아인이 하마단을 중심으로 세운 왕조로, 기원전 550년 이 왕국의 왕 아스티게스의 외손자이자 아케메네스왕조의 시조인 키루스 2세에게 망했다.

41 이란 케르만샤 지방의 마을에 있는 절벽.

사람이 카자흐스탄 초원에서 생활한 '사카 티그라 하우다'였다. 티그라는 '화살'을, 하우다는 '모자'를 의미하기에 티그라 하우다는 '원뿔형 모자'라는 뜻이어서 '사카 티그라 하우다'는 '원뿔형 모자를 쓴 스키타이(사카)'라는 의미다.

카자흐스탄 초원에 거주하던 스키타이의 기록과 흔적은 뚜렷이 남아 있다. 카자흐스탄의 이슥[42] 지역에 있는, 기원전 5-4세기경으로 추정되는 쿠르간[43]에서 유골과 부장품들이 1969년에 발굴되었다. 이를 복원해보니 유골의 주인공은 황금 옷을 입고 4개의 화살로 장식된 원뿔형 모자를 쓴 청년으로 나타났다. 이 청년을 '황금인간'이라 부르는데, 원뿔형 모자를 쓴 것으로 보아 '사카 티그라 하우다'로 여겨지고 있다.

스키타이를 볼가강 서쪽으로 몰아낸 맛사게태는 기원전 530년경 페르시아의 키루스 2세(아케메네스왕조의 건국자)를 죽이고 그의 두개골로 트로피를 만들었다. 이 비극이 일어나고 약 10년이 지나 다리우스가 포로로 잡은 아홉 명의 수령 중 한 명이 '사카 티그라 하우다'임에 비추어 그 수령이 맛사게태 출신일 가능성이 높다.

티그라 하우다는 카자흐스탄의 문화에 전승되어오고 있다. 이 원뿔형 모자를 '샤우켈레'라 하는데, 나우르즈 등 전통 행사나 손님맞이 행사에서 여인들이 샤우켈레를 쓰고 춤을 추거나 악기를 연주한다.

---

42 알마티에서 동쪽으로 약 50km 떨어져 있는 마을.

43 스키타이인의 무덤으로, 우리나라 국립문화재연구소는 2015년부터 2018년까지 카자흐스탄 국립박물관과 함께 제티수 지역의 쿠르간 발굴 조사를 통해 쿠르간은 신라 시대의 적석목곽분과 형태가 유사하다고 했다.

▲ 나우르즈 축제에서 사우켈레를 쓰고 춤추는 카자흐스탄 여자들 (출처: 카자흐스탄 방송국에서 제공)

흉노

흉노(匈奴)는 북방 유목부족들의 연합체로 유라시아 동부 초원에 세워진 최초의 유목국가이다. '흉노'라는 이름은 흉노가 기원전 318년 중국 전국시대의 5개국(한·위·조·연·제)과 연합하여 진(秦)을 공격했다는 사마천의 『사기』 「진본기(秦本紀)」에 처음 언급되었다. 스키타이가 기원전 750-700년경 유라시아의 서부 초원(남러시아 초원)에 등장한 시기에 비해 동부 초원(몽골고원)에 흉노가 등장한 시기는 늦지만, 기원은 훨씬 오래전일 것이다. 왜냐하면 유목민 집단의 이름은 정주민에 의해, 또는 그 집단에 새로운 지도자가 등장함에 따라 수시로 바뀌었기 때문이다.

사마천은 『사기열전2』 「흉노열전」에서 "흉노는 이리저리 옮겨다니며 가축을 키우고, 문자나 책이 없어 말로 약속을 했으며, 어린아이도 양을 타고 활을 쏘아 새나 쥐를 잡을 줄 알고, 아버지가 죽으면 그 후처를, 형제가 죽으면 그 아내를 자기의 아내로 삼았다."라고 했다.

흉노의 거주 지역은 선우 자리를 놓고 내분이 일어나 1세기 중반 고비사막을 기준으로 남북 흉노로 나뉘어졌고, 또 하서회랑 부근에서 월지와 흉노가 이웃하고 있었다는 기록을 볼 때 몽골고원에서 고비사막을 거쳐 오르도스까지 달했던 것으로 보인다.

흉노가 유라시아 북방 초원을 중심으로 활동한 유목민이었다는 것은 분명한 사실이나 이들의 종족적 원류에 대해서는 확실하게 밝혀진 바가 없다. 흉노의 기반이 몽골고원이어서 흉노는 몽골로이드에 속할 것이라 생각되는데, 실제 발굴된 흉노 고분에서는 몽골로이드와는 다른 유골이 발굴되는 경우가 있다. 또 곽거병 장군의 묘 앞에 세워진 〈마답흉노(馬踏匈奴)〉 석상에 묘사된 흉노인은 눈이 크고 긴 수염을 하고 있어 몽골로이드하고는 거리가 있다. 이러한 사람은 하서회랑, 타림분지의 오아시스 도시에 거주하던 인도유럽어계와 몽골로이드 사이의 혼혈일 수도 있다. 또는 타림분지의 오아시스 도시에 살던 인도유럽어계 사람이 흉노의 지배하에 있었기에 그들을 흉노와 함께 묶어 흉노라 불러서 인도유럽어계 사람 같은 흉노인이 생겨났을 수도 있다.

몽골고원과 오르도스에 기반을 둔 흉노는 묵특 선우(B.C.209-B.C.174) 때 전성기를 맞았다. 그는 동에서는 동호, 서에서는 월지, 북에서는 격곤(키르기스)과 정령[44], 하남(오르도스)에서는 누번과 백양을 제

---

[44] 6-7세기 투르크족을 칭하던 철륵의 전신.

압했다. 이렇게 하여 흉노의 영토는 서쪽의 알타이산맥에서 동쪽의 싱안링산맥까지, 북쪽의 바이칼호에서 남쪽의 하서회랑에 달했다. 그런데 천산 북방의 오손과 아랄해 인근의 강거가 흉노에 복속하고 있었으므로 흉노의 실질적인 세력 범위는 카자흐스탄의 동남부까지 미쳤다. 흉노는 서역(타림분지)을 다스리기 위해 일축왕을 임명하고 그 휘하에 동복도위를 두었다.

오손과 강거를 신하로 두며 카자흐스탄 지역에 대해 간접적으로 영향력을 행사했던 흉노는 기원전 1세기 중반과 기원후 1세기 후반, 2차례에 걸쳐 서쪽으로 이동하며 카자흐스탄으로 진출했다. 이동 원인은 하서회랑과 타림분지의 실크로드를 둘러싸고 한나라와의 대결에서의 패배와 선우 자리를 놓고 벌어진 내분이었다.

첫 번째 이동은 기원전 44년경 질지라는 인물이 주도했다. 그는 선우 자리를 놓고 한나라의 지원을 받은 동생 호한야와의 대결에서 패한 후 추종자들을 이끌고 서쪽으로 이동했는데 이 무리를 서흉노, 몽골고원을 지배하는 호한야의 무리를 동흉노라 한다. 질지는 천산 북방 일리 지역의 오손과 에밀강[45] 유역의 호게, 아랄해 인근의 강거를 복속시키고 추강과 탈라스강의 초원에 아정을 세웠다.[46] 그러나 서흉노가 새로운 정복지에서 체제를 정비하기도 전에 한나라는 서흉노

45 타르바가타이산맥에서 발원하여 신장위구르자치구 내의 일리카자흐자치주에 있는 타르바가타이현을 지나 카자흐스탄의 알라쿨 호수로 들어가는 길이 250km의 강.

46 르네 그루쎄, 김호동·유원수·정재훈 역, 『유라시아 유목제국사』(사계절, 1998), 87쪽.

를 토벌하기 위해 기원전 36년 서역도호[47] 감연수를 파견했다. 질지는 강거 땅에서 감연수에게 살해되었고 이후 서흉노의 자취는 사라져버렸다.

흉노의 두 번째 이동은 동흉노의 분열과 관련이 있다. 동서 분열 때와 마찬가지로 선우 자리를 놓고 대립하다가 48년 일축왕 비가 추종자들을 이끌고 남하하여 중국(후한)에 내속(內屬)함에 따라 남북 흉노로 분열된 것이다. 이후 남흉노는 한나라가 흉노를 북방으로 몰아내고 내몽골 지역에 설치한 삭방군, 상곡군, 대군 등지에서 북흉노의 공격을 막는 수비대 역할을 했으며, 선우는 후한 황제의 신하임을 자임했다. 후한은 사흉노중랑장이라는 관리를 파견하여 남흉노를 감독했다.

남흉노가 후한에 내속함에 따라 북방 지역에서 한나라의 유일한 적은 외몽골을 다스리던 북흉노였다. 후한은 흉노에 복속해 있던 몽골계 집단인 선비(눈강 상류)와 오환(싱안링산맥 중부)을 충동질하여 북흉노를 공격하도록 했는데, 선비와 오환은 기원전 3세기 말 묵특의 공격을 받고 와해된 동호의 후예여서 흉노에 대해 원한을 갖고 있었다. 선비와 오환의 측면 공격을 받고 약화된 북흉노는 89년과 91년 후한의 군대에 대패하고 큰 타격을 입었다. 이 패배로 북흉노는 천산 북방 오손의 땅 일리 지역으로 이주하게 되고 선비가 흉노를 대신하여 몽골고원을 지배하게 되었다. 이렇게 하여 약 300년 동안 지속된 몽골

---

47 한나라가 타림분지를 통지하기 위해 기원전 60년 오루성에 설치한 서역도호부의 수장

고원에서의 흉노 패권은 무너지고 말았다.

일리로 이주한 북흉노는 바르쿨(Barkol)[48]과 흑해 사이를 이동하며 카자흐스탄에서 강력한 세력을 형성했다. 그러나 이들은 2세기 중반경 선비의 단석괴에 의해 오손의 땅에서도 쫓겨났다. 학자들은 오손의 땅에서 쫓겨난 이들을 훈족이라 보기도 한다. 학자들은 그 근거로 북흉노가 사라지고 훈이 등장한 시기의 비슷함, 외모의 유사성, 비슷한 명칭 등을 들고 있다. 흉노가 오손의 땅에서 쫓겨난 후 중국 측 기록에서는 사라진 반면, 170년대에 쓰인 프톨레마이오스의 『지리학』에는 돈강과 볼가강 부근에 훈(Hunnoi) 집단이 있다[49]고 언급되고 있다. 동로마인은 훈의 신체적 특징으로 평평한 코, 튀어나온 광대뼈, 단두(短頭), 짧은 다리 등을 언급했는데 이는 몽골고원에 살았던 흉노의 모습을 설명한 중국 기록과 유사하다.

훈족이 러시아 남부 초원에 등장했을 때 드네스트르강을 중심으로 동쪽에는 스키타이를 밀어냈던 사르마트족이, 그 서쪽에는 고트족이 그리고 사르마트족 계열에 속하는 알란족이 캅카스산맥 북쪽의 쿠반강과 테렉강 사이에 살았다. 고트족은 스웨덴에서 기원한 게르만족으로 200년경 폴란드 남부에 있는 비스툴라강에서 흑해 방면으

48 오아시스가 있어 천산북로의 요지였으며 현재는 신장위구르자치구의 동북쪽에서 몽골 서부의 호브도 지방과 국경을 이루고 있다.

49 김호동, 『아틀라스 중앙유라시아사』 (사계절, 2016), 59쪽.

로 이주해 사르마트를 압박하고 있었다.[50]

훈족은 375년경부터 흑해 북부 초원의 사르마트족과 고트족, 쿠반 지역의 알란족, 헝가리 평원의 게피대(게르만족의 일파)를 복속시키거나 몰아내고 우랄에서 다뉴브강, 그리고 헝가리평원에 걸쳐 세력을 형성하였다. 이들은 5세기 중반에는 아틸라라는 영웅의 영도 아래 동로마는 물론 서유럽까지 위협했는데, 이로 인해 아틸라는 '신의 채찍'이라 불릴 정도로 공포의 대상이었다. 훈족에 복속하지 않은 고트족은 다뉴브강을 건너 동로마의 영토로 들어가 로마제국의 국경수비대 역할을 하다가 서고트왕국[51]과 동고트왕국[52]을 세웠으며, 또 다른 게르만족(프랑크족)이 세운 프랑크왕국[53]과 함께 서유럽의 역사에 큰 영향을 미쳤다.

---

50 르네 그루쎄, 앞의 책, 130-131쪽.

51 서고트족이 훈족의 침입을 받고 376년 동로마 영내로 들어간 후 로마의 군대에 복무하며 에스파냐까지 갔다가 반달족 등 이민족을 퇴치한 공로를 인정받아 5세기 초 프랑스 서남부에 있는 아키텐을 보상받고 세운 왕국이다. 이 왕국은 6세기 초 프랑크족에 의해 피레네산맥 너머로 쫓겨나 영토가 절반으로 줄어든 가운데 711년 이슬람 군대의 침입을 받고 멸망했다.

52 동고트족의 수령 테오도리쿠스가 서로마제국을 멸망시킨 오도아케르를 493년 살해하고 서로마제국의 행정수도인 라벤나에 세운 왕조이나 동로마제국의 유스티니아누스 대제에 의해 553년 멸망했다.

53 게르만족의 일파인 프랑크족이 5세기 말 독일 서남부와 프랑스 동북부지역에 세운 왕국으로, 가톨릭을 받아들이며 서로마 교황과 긴밀한 관계를 유지했다. 정통 가톨릭을 믿지 않는 서고트족을 6세기 초 에스파냐 지방으로 몰아냈고, 732년에는 에스파냐의 서고트왕국을 정복하고 북상하는 이슬람 군대를 푸아티에에서 물리치며 유럽의 기독교 세계를 이슬람의 위협으로부터 구했다. 프랑크왕국이 가톨릭을 받아들이고, 서유럽의 기독교 세계에 대한 수호자 역할을 하자 프랑크인은 무슬림 등 비기독교인에게 기독교인을 뜻하는 용어로 사용되기도 했는데, 이는 사라센이 무슬림을 의미하는 것과 비슷했다. 프랑크왕국은 샤를마뉴대제 재위 시 영토가 서유럽, 중유럽, 남유럽에 달했으나 843년 베르됭조약에 의해 동프랑크왕국, 서프랑크왕국, 중프랑크왕국으로 분할되었으며 이 왕국들이 오늘날 독일, 프랑스, 이탈리아의 모태가 되었다.

453년 아틸라가 사망하자 복속해 있던 고트족과 게피대가 반란을 일으켜 훈족을 헝가리평원에서 남러시아 초원으로 쫓아냈다. 훈족은 이후 이 지역에 등장한 아바르[54]와 불가르[55]에 흡수되며 역사에서 사라졌다.

한편 1세기 후반 흉노를 대신하여 몽골 초원을 지배한 선비는 흉노처럼 중앙집권적인 국가를 세우지는 못했다. 선비는 3세기 초 후한의 멸망, 위·촉·오 3국의 정립, 그리고 팔왕의 난(291-306) 같은 혼란 속에 중국 북부로 이주했다. 팔왕의 난은 280년 중국을 통일한 진(晉)나라[56]의 사마씨 황족 8명이 제위를 차지하기 위해 일으킨 내란이다.

---

54 6세기 중반 돌궐에 망한 에프탈 또는 유연의 잔존 세력으로, 돌궐의 추격을 피해 비잔티움 영내로 들어가 피난처를 얻고 비잔티움과 연맹을 맺었다. 아바르는 비잔티움을 괴롭히는 훈족의 잔여 세력과 헝가리에 있는 게르만족인 게피대를 격퇴하였고, 이렇게 하여 6세기 후반 아바르의 세력 범위는 볼가강에서 다뉴브강 어귀, 그리고 헝가리평원에 달했다. 아바르는 비잔티움과 사산왕조의 전쟁에서 사산왕조 편에 섰다가 비잔티움에 패하고 지도자가 사망하기도 하였다(630년). 아바르는 이후 슬라브와 불가르의 압력을 받고 쇠퇴하다가 9세기 초 프랑크왕국의 지배하에 들어가며 역사의 무대에서 사라졌다. 아바르는 등자를 유럽에 전해주어 유럽 기사들의 전투력 향상에 기여했으며, 헝가리에서 나온 아바르의 청동 유물은 오르도스에서 발견된 흉노, 유연, 돌궐 시대의 것과 유사하다고 한다.

55 남러시아 초원으로 쫓겨난 훈족과 관련이 있는 투르크족으로 7세기 중반경 부족의 지도자인 쿠브라트의 영도 하에 캅카스 서북방(쿠반 계곡과 아조프해 사이)에 강력한 세력을 구축했다. 그러나 쿠브라트가 사망(642년)한 후 하자르족의 침입을 받고 둘로 나뉘었다. 이중 하나는 하자르족의 종주권을 인정하고 원래 지역에 있다가 훗날 볼가강 중류 쪽으로 이주하여 볼가 불가르를 건설했다가 13세기 중반 칭기즈칸 손자인 바투가 이끄는 몽골군에 정복당했다. 다른 하나는 679년 다뉴브강을 건너 모이시아(오늘날의 루마니아와 불가리아에 해당) 땅으로 들어가 아바르를 압박하고 기독교권의 유럽에 통합되며 오늘날 불가리아인의 조상이 되었다. 불가르족에 온오구르라는 부족이 있었는데 헝가리라는 국가 이름은 이 부족의 이름에서 유래했다고 보는 견해가 있다. (르네 그루쎄, 앞의 책, 265~267쪽; Bulgars from Wikipedia)

56 265년 사마염이 위나라의 황제로부터 제위를 빼앗고 세운 왕조이나 316년 장안과 낙양이 남흉노가 세운 전조(前趙)에 점령당하며 남경으로 쫓겨났으며, 쫓겨나기 전의 왕조를 서진,

이 황족들은 군대 증강을 위해 흉노·선비·저·갈·강 등 오호(五胡. 다섯 오랑캐 부족)를 끌어들였는데 이는 5호16국이 생겨난 원인이 되었다.

선비는 48년에 이미 북중국에 내려와 후한에 내속해 있던 남흉노와 북중국 지역을 놓고 대결했다. 이 패권 싸움에서 최종 승자는 선비였다. 선비 계통의 탁발부가 386년 북위(北魏. 386-534)를 세우고, 439년에는 중국 북부지역을 통일했다. 이렇게 하여 북위는 5호16국 시대를 끝내고, 동진(東晉. 317-420) 이후에 등장한 송·제·양·진 등의 남조와 함께 589년 수나라가 중국을 통일할 때까지 남북조시대를 이끌었다.

돌궐

돌궐(突厥. Kök Türk)은 투르크족으로 6세기 중반 유라시아 초원에 돌궐제국을 건설하였다. 돌궐제국은 흉노처럼 북방 유목부족의 연합체였다. 돌궐은 중국 측 기록에는 突厥로, 오르콘 비문[57]에는 쾩 튀르크(Kök Türk)로 나오는데 이는 '푸른 돌궐'이라는 뜻이다.

돌궐의 최대 영토는 동서로는 싱안링산맥에서 카스피해, 남북으로는 몽골고원에서 타림분지에 달했으며 여기에는 트란스옥시아나와 박트리아도 포함되었다. 흉노보다 서쪽으로 더 영토를 넓힌 것이

남경으로 쫓겨난 왕조를 동진이라 부른다.

57 제2돌궐 건국 주역인 톤유크(쿠틀룩이 682년 돌궐제국 재건 시 이를 지원한 인물로 빌게 카간의 장인이기도 하다), 퀼 테긴, 빌게 카간의 업적을 적은 비문을 비롯해 제2돌궐제국 시대에 만들어진 여러 비문들의 총칭이다.

다. 돌궐은 건국한 지 얼마 안 되어 동·서 돌궐로 나뉘어 잠시 당나라의 지배하에 놓이기도 했지만, 약 200년간 존속하며 흩어져 있는 투르크족들의 연대감을 일깨웠고, 이는 인도유럽어계가 다수였던 중앙아시아 지역을 투르크화시키는 데 밑거름이 되었다.

돌궐제국의 건설자는 '토문(土門)'이다. 그는 돌궐의 수령이었는데 같은 투르크계로 유연에 복속해 있던 고차(高車)가 반란을 일으키려 한다는 정보를 입수하고 선제공격을 하여 고차를 무너뜨렸다(546년경). 유연은 선비가 몽골고원을 떠난 후 거록회라는 인물이 4세기 전반에 몽골고원에 잔류하던 선비계 유목민들을 규합하여 조직한 유목세력이다. 유연은 402년 사륜이라는 인물이 구두벌 카간을 칭하며 왕국으로 발전했는데, 돌궐은 투르판 인근에 거주하며 유연에 복속해 있었다. 토문은 고차를 무너뜨린 대가로 유연의 군주 아나괴에게 그의 딸과의 결혼을 요구했으나 아나괴가 이를 거부하자 반기를 들었다. 552년 돌궐이 공격해 오자 아나괴는 자살했고, 이렇게 하여 돌궐이 유연을 대신해 몽골고원을 차지하며 돌궐제국을 세우게 되었다. 패망한 유연의 잔존 세력은 북중국과 남러시아 초원으로 이주하였다. 북중국으로 이주한 무리는 북제[58]의 국경 수비병력이 되었고, 남러시아 초원으로 이동한 무리는 아바르로 알려지게 되었다.

토문은 곧 사망했고 제국은 동돌궐과 서돌궐로 나뉘어 통치되었

58 439년 북중국을 통일한 북위가 6세기 초반 동위와 서위로 나뉘고, 몇 년 지나지 않아 동위는 북제, 서위는 북주가 되었다. 돌궐의 토문이 북주와 연맹한 반면, 유연은 북제와 연맹하였다.

다. 토문의 아들 무한은 카간(Qaghan)[59] 칭호와 함께 몽골고원을 물려받았는데 이를 동돌궐이라 한다. 동돌궐의 중심지는 오르콘강 상류[60]에 있었다. 토문의 동생 이스테미는 야브구(Yabghu)[61]라는 칭호를 갖고 준가르분지에서 카자흐스탄의 탈라스강 유역까지를 물려받았는데 이를 서돌궐이라 한다. 서돌궐의 수도는 추강 계곡에 있는 발라사군이었으며 이곳은 나중에 카라한왕조와 카라키타이왕조의 수도가 된다. 돌궐은 동·서로 나뉘기는 했지만 이는 통치상의 구분이었을 뿐 서돌궐은 동돌궐 카간의 최고 권위를 인정했다.

서돌궐의 이스테미는 에프탈을 격파하며 영토를 트란스옥시아나와 박트리아까지로 넓혔다. 에프탈은 5세기 중엽부터 동부 이란과 트란스옥시아나, 제티수의 일부 지역을 지배한 유목국가로 에프탈의 칸이 유연 카간의 고모와 결혼할 정도로 유연과 우호적인 관계였다. 이스테미는 에프탈을 공격하기 전에 페르시아 사산왕조의 왕 호스로우 1세에게 딸을 시집보내 우호 관계를 맺은 후 사산왕조와 함께 에프탈을 공격했다. 북쪽에서 서돌궐, 서남쪽에서는 사산왕조에 협공당한 에프탈은 565년경 붕괴되었다. 에프탈의 영토 중 제티수와 트란스옥시아나는 서돌궐이, 박트리아는 사산왕조가 취했다. 그러나 돌궐은 곧바로 박트리아 지방을 빼앗았고 두 나라의 우호 관계는 깨지

59 칸, 선우와 비슷한 개념으로 유목국가 최고 통치자의 칭호이며 유연이 처음으로 사용했다.

60 훗날 이 지역에 위구르제국의 수도 카라발가순(오르두발릭)과 몽골제국의 수도 카라코룸이 들어섰다.

61 카간의 권위 하에 왕국의 일부를 다스리는 지역 군주.

고 말았다.

이스테미는 동로마와의 교류도 개척했다. 그는 동로마와 중국 간의 비단 거래에 참여하려 했으나 독점권을 갖고 있던 페르시아가 이를 거부하자 567년 소그드인 마니악을 동로마 황제에게 보내 비단 거래에 관해 교섭하도록 했다. 동로마 황제 유스티니아누스 2세는 관심을 갖고 568년 마니악이 귀국할 때 제마르코스라는 사신을 동행시켰다. 두 제국은 이후에도 계속 사신을 파견하며 우호 관계를 유지해 나갔다.

582년 이스테미의 아들인 타르두가 후계자가 되었다. 그는 동돌궐의 권위를 부정하고 스스로 카간이라 칭함으로써 돌궐은 공식적으로 동돌궐과 서돌궐로 나뉘었다.

동서로 분열되면서 돌궐의 세력은 약화되었다. 당나라는 630년 내몽골 지역에서 힐리 카간을 생포하고 동돌궐을 정복했다. 이때 서돌궐에서는 카를룩 부족이 서돌궐의 통엽호 카간(타르두의 손자)에게 반란을 일으켜 그를 살해했다. 통엽호가 사망한 후 서돌궐은 이식쿨 호수를 중심으로 서남부(트란스옥시아나)와 동북부(일리) 지역으로 나뉘어졌다. 서남부지역은 '노실필', 동북부지역은 '돌육'이라 불렸다. 돌육의 카간 하로가 노실필로부터 인정을 받아 잠시 서돌궐을 통합시켰다. 당나라 장군 소정방이 657년 추강 근처에서 하로를 공격했다. 이 전투에서 패한 하로는 타슈켄트로 도망갔다가 체포되어 당나라로 압송되었고 서돌궐은 당나라에 복속되었다. 이후 당나라는 두 지역에 친당 인물을 수장으로 임명했으나 두 지역은 665년부터 당나라가 임명한 카간에 반란을 일으키고 독립했다.

당나라에 복속되고 50여 년이 지난 682년, 동돌궐 지역에서는 쿠틀룩이라는 인물이 내몽골에서 거병하여 일테리쉬 카간이라 칭했다. 이를 제2돌궐제국이라 부른다. 691년 일테리쉬 카간이 사망하자 그의 동생 북초르(묵철)가 제위에 오르며 카파간 카간이라 칭했는데 그의 치세 때 제국은 전성기를 맞게 된다. 그는 699년 서돌궐의 돌육과 노실필을 복속시키고 돌궐을 다시 통합시켰다. 또 발하슈호의 남부에 근거를 둔 튀르기쉬 부족이 서돌궐의 재건을 시도하자 711년 수령 사갈을 살해하고 독립을 좌절시켰다. 이 당시 동돌궐과 튀르기쉬 부족의 치열했던 전투 내용은 퀼 테긴(일테리쉬 카간의 아들) 비문에 묘사되어 있다.

> 튀르기쉬의 카간은 우리 투르크 부족민이었다. 그것을 몰랐기 때문에, 우리를 배반했기 때문에 그 카간을 죽였다.… 우리는 튀르기쉬에 대항해 알타이산을 넘고 이르티시강을 건너 전진했다. 우리는 튀르기쉬 부족민을 쫓아 물리쳤다. 튀르기쉬 카간의 군대는 볼추[62]에서 불처럼 폭풍처럼 왔다. 우리는 싸웠다. 퀼 테긴이 회색 말 바쉬구에 올라타 싸웠다.… 그 카간을 죽였고 그 나라를 빼앗았다. 튀르기쉬의 부족민들이 모두 복속했다.[63]

716년 카파간 카간이 사망하자 퀼 테긴이 삼촌인 카파간 카간

---

62 준가르분지에 있는 우룽구강의 옛날 이름이라 추정

63 르네 그루쎄, 앞의 책, 177쪽.

의 자식들을 살해하고 자기 형을 칸으로 옹립했다. 이 정변은 서돌궐에 대한 동돌궐의 통제력을 약화시켰고, 튀르기쉬 부족은 이를 이용하여 소록(아랍어 이름은 술루)을 새로운 칸으로 선출하고 재기하려 했다. 소록은 이식쿨 서부에 있는 당나라의 전초 기지를 장악하고 안서사진을 공격하며 당나라를 괴롭혔으나, 738년경 당나라와 연합한 바가 타르칸[64]에게 살해당하고, 바가 타르칸도 당나라의 영향권에서 벗어나려다가 744년 당나라의 부몽영찰[65]에게 패하고 살해되었다. 이렇게 하여 당나라는 이식쿨까지 다시 진출하게 되었고, 얼마 지나지 않아 트란스옥시아나로 진출하는 이슬람 군대와 탈라스에서 전투를 하게 된다.

퀼 테긴에 의해 제위에 오른 형이 빌게 카간이었는데 그가 734년 신하에게 독살되자 동돌궐도 혼란에 빠졌다. 동돌궐과 서돌궐의 혼란과 약화를 틈타 바스밀, 위구르, 카를룩 세 부족이 중심이 되어 반란을 일으켰다. 이 결과 돌궐은 무너지고 동돌궐 지역에는 744년 위구르제국이, 서돌궐 지역에는 766년 카를룩 야브구왕조가 들어섰다.

카를룩

카를룩(Karluk)은 알타이산맥 서부에 살았던 것으로 추정되는 투르크

64 튀르기쉬와 연합했던 소부족의 수령으로 추정

65 안서사진절도사로 고선지 장군을 발탁해 요직에 앉혔으나, 고선지가 747년 파미르 원정을 성공적으로 마치자 이를 시기하다가 당나라 현종에 의해 그의 직이 고선지에게 넘어갔다.

족으로 라시드 앗 딘은 그의 저서 『집사1 부족지』[66]에 "오구즈가 친척들과 싸울 때 카를룩은 오구즈와 연합했다."고 썼다. 그는 또한 "오구즈가 아프가니스탄 지방을 점령하고 자신의 목지로 돌아오는데 눈이 많이 내려 몇몇 가구가 뒤처졌고, 오구즈가 이를 불쾌하게 여겨 뒤처진 가구를 카를룩이라 칭했다."라고 하였다. 카를룩은 투르크어로 '눈의 주인'이란 뜻이다.

카를룩은 돌궐제국에 소속되어 제티수 방면으로 세력을 확장시켜나갔다. 그러나 앞서 얘기했듯이 위구르, 바스밀과 함께 반란을 일으켜 돌궐제국을 무너뜨리고 위구르제국이 등장하는 데 공을 세웠다. 이후 카를룩은 근거지를 발하슈호 남부 방면으로 확대해갔다. 카를룩은 당나라가 744년 튀르기쉬의 바가 타르칸을 살해하고 서투르키스탄 지역에서 영향력을 유지하자 당나라에 협조한 것으로 보이는데, 막상 751년의 탈라스 전투에서는 당나라를 배신하고 이슬람 편에서서 당나라가 패하는 데 결정적인 역할을 했다.

카를룩은 오구즈를 아랄해 방면으로 쫓아내는 한편 바가 타르칸

---

66 일 칸국의 재상이었던 라시드 앗 딘이 저술한 『집사(集史)』의 일부분으로, 『집사』는 몽골제국의 역사를 포함하여 세계 각 민족의 역사와 지역의 지리를 서술한 역사책이다. 일 칸국의 가잔 칸(칭기즈칸의 5대 손자)은 세월이 지남에 따라 칭기즈칸의 후손들이 조상의 뿌리를 잊고 서로 자주 반목하게 되자 조상의 뿌리를 알려서 몽골인의 통합을 도모하기 위해 재상인 라시드 앗 딘에게 '몽골제국사'를 만들도록 명했다. 그러나 1304년 5월 가잔 칸이 사망할 때까지 이 역사서가 완성이 되지 않자, 가잔의 후계자인 울제이투는 기존의 '몽골제국사'에 세계 각 민족의 역사와 각 지역의 지리적 특징을 추가하라고 명했고 이렇게 하여 『집사』가 탄생했다. 『집사』는 제1부 몽골제국의 흥기(일명 가잔사), 제2부 세계 각 민족들의 역사, 제3부 세계 각 지역의 경역·도로·하천 등으로 구성되어 있다. 제1부가 김호동 교수에 의해 제1권 『부족지』, 제2권 『칭기스칸기』, 제3권 『칸의 후예들』의 형태로 번역, 출간되었다.

의 사망 후 혼란에 빠진 튀르기쉬를 무너뜨리고(766년)[67] 카자흐스탄 동부에 카를룩 야브구왕조(Karluk Yabghu State, 766-9세기 말)를 세웠다. 이렇게 하여 카를룩은 위구르제국이 존속하는 동안 야브구 칭호를 사용하며 카자흐스탄 동부지역을 지배했다.

840년 위구르제국이 망하면서 투르크족들이 이합집산하는 가운데 카를룩이 통치하던 지역에 카라한왕조가 들어섰다. 이 왕조에 이르러 야브구가 '칸'이라는 칭호를 사용했다.

오구즈

오구즈(Oghuz)는 아랄해 인근에 야브구왕조(Oghuz Yabghu State, 8세기 중엽-11세기 중엽)를 세우고 시르다리야 연안의 실크로드를 장악했던 투르크족으로, 이들의 후손들은 10세기 중반부터 트란스옥시아나, 페르시아, 아나톨리아로 진출하여 셀주크왕조와 오스만제국을 건설하며 투르크 역사에 큰 영향을 미쳤다.

오구즈를 비잔티움 사가들은 우조이(Ouzoi), 러시아 사람들은 토르크(Tork), 아랍 사람들은 구즈(Ghuzz)로 불렀다.[68] 구즈인은 칭기즈칸 시대 이후로는 투르크멘(투르코만)이라는 이름으로 알려졌다.[69]

이들의 원거주지는 여타 투르크족들과 마찬가지로 알타이산맥 인근이었으며, 돌궐제국이 등장하며 카자흐스탄 발하슈호 방면으로

67 Türgesh from Wikipedia

68 르네 그루쎄, 앞의 책, 276쪽.

69 위의 책, 229쪽.

이동해 왔던 것으로 보인다.

8세기 중반 돌궐제국이 붕괴한 후 오구즈는 발하슈호 동부에 있던 카를룩의 공격을 받고 페체넥[70]이 살고 있는 아랄해 인근 지역으로 이주했다.[71] 오구즈는 8세기 후반에서 9세기 초반경에 시르다리야 연안의 실크로드 지배권을 놓고 페체넥과 전쟁을 했는데, 이번에는 카를룩의 도움을 받아 페체넥을 볼가강 방면으로 쫓아내고[72] 오구즈 야브구왕조를 세우고 시르다리야 중류에서 아랄해 인근 지역을 지배했다.

라시드 앗 딘은 『집사1 부족지』에서 오구즈를 오구즈족의 시조로 보고 다음과 같이 기술했다.

> 모든 투르크족들은 노아의 아들인 야벳의 자손이고, 오구즈는 야벳의 증손자이다. 노아의 하영지는 우르탁과 구르탁[73]에 있었고 동영지 근처에 탈라스와 카라 사이람이 있었다. 지금 이곳은 카이두[74]

---

70 돌궐제국의 일원으로 캉글리가 이 부족의 핵심을 차지하고 있었으며, 오구즈에게 쫓겨 남러시아 초원를 거쳐 동유럽으로 들어가 셀주크왕조와 함께 비잔티움을 공격하였다. 이에 비잔티움에서는 킵차크인에게 도움을 청했고, 이들은 연합하여 1091년 4월 레부니온산에서 페체넥을 격파했다. 페체넥은 불가리아 지역에서 세력을 유지하다가 1122년 비잔티움의 공격을 받고 소멸했다.

71 Pechenegs from Wikipedia

72 Pechenegs from Wikipedia

73 천산산맥의 서부 지맥으로 시르다리야 우안에 위치한 카라타우산맥에 있는 것으로 추정되고 있다.

74 우구데이의 손자로 가문의 부흥(톨루이 가문에게 빼앗긴 대칸의 자리를 되찾는 것)을 위해 대칸(톨루이의 증손자인 테무르)에게 대항했으나 1301년 알타이산맥 남쪽에서 벌어진 대칸 군대와의 전투에서 부상을 입고 퇴각하다가 사망했다.

에 속해 있으며 코니치[75]의 울루스와 가깝다. 오구즈가 이슬람에 귀의했는데 친척들이 이를 반대하며 오구즈를 죽이려 하자 오구즈는 위구르, 캉글리, 킵차크, 카를룩, 칼라치, 아가체리와 한편이 되어 친척들과의 전쟁에서 승리하고 탈라스, (카라)사이람[76], 부하라에 이르는 영토를 차지했다.

라시드 앗 딘의 오구즈에 대한 설명은 코란과 성서에 나오는 인물 노아에 바탕을 두고 설명한 것이었지만 이를 통해 오구즈의 투르크족 내에서의 위상과 투르크 부족들의 친소 관계 등을 짐작해볼 수가 있다. 라시드 앗 딘은 오구즈가 자신과 연합한 형제와 사촌들에게 위구르(Uygur)라는 이름을 붙여주었으며, 이는 '연합하다, 도움을 주다'라는 의미라 하였다. 그는 또한 캉글리(수레), 카를룩(눈의 주인), 킵차크(가운데가 빈 나무) 등도 처음에는 모두 위구르로 불렸다고 하였다.

오구즈가 활동한 시기는 이슬람으로의 개종을 두고 부족 간 갈등이 있었다고 한 설명 및 오구즈 야브구왕조가 들어선 시기에 비추어 8세기 중반 이후로 추측되나, 이 시기는 오구즈가 성서상의 인물인 노아의 증손자라고 한 설명과 너무 동떨어져 있다. 이는 아마도 훗날 트란스옥시아나, 페르시아, 아나톨리아에 투르크 왕조들을 세운 오구즈족의 시조 오구즈에게 신화적인 의미를 부여하기 위한 의도였

---

75 주치의 큰아들인 오르다의 손자로 그의 모친은 훌레구 칸의 부인과 자매였다. 이런 관계로 코니치는 사신을 보내며 훌레구 칸의 손자인 아르군 및 가잔(아르군의 아들) 칸과 화목하게 지냈다.

76 쉼켄트 외곽에 위치함.

으리라 생각된다.

시르다리야 연안의 도시 양기켄트를 수도로 삼은 오구즈 야브구 왕조는 9세기 중반경 하자르[77]와 연합하여 자신들에게 쫓겨나 볼가강과 우랄강 사이에 유목하던 페체넥을 공격하여 서쪽으로 더 몰아냈다.[78] 쫓겨난 페체넥은 흑해 북부의 초원에 거주하며 하자르에 복속해 있던 마자르인[79]을 밀어내고 그 지역을 차지했다.[80]

페체넥은 11세기 중반경 볼가강을 넘어온 오구즈에 의해 다시 발칸반도로 밀려나게 되는데, 이들은 아나톨리아의 투르크화와 관련이 깊다. 페체넥은 1071년 아나톨리아의 만지케르트에서 벌어진 셀주크왕조와 비잔티움(동로마)의 전투에 비잔티움의 용병으로 참여했음에도 불구하고 비잔티움을 배반하며 같은 투르크계의 셀주크왕조가 승리하는 데 기여를 했다. 이 전쟁의 패배로 비잔티움 영향권에 있

---

77 볼가강 하류에서 다게스탄 일대에 거주하며 서돌궐에 복속해 있던 투르크계 왕조로 이틸(볼가강 하류)과 사르켈(돈강 만곡부)을 중심으로 한 중계무역으로 번성했다. 7세기 초 벌어진 비잔티움과 페르시아의 전쟁에서 비잔티움을 지원하여 비잔티움이 승리하는 데 결정적인 기여를 했고, 이후 두 나라는 왕실 간 혼인을 맺으며 더욱 긴밀한 관계로 발전했다. 하자르는 7세기 중반 불가리아를 제압하고 남러시아 초원을 장악했으나, 9세기 후반 이 지역에 진출한 페체넥의 위협에 노출되고 키예프 루시의 침략을 받으며 쇠퇴하다가 965년 키예프 루시와 오구즈 야브구왕조의 연합 공격을 받고 붕괴하였다. 아제르바이잔에서는 카스피해를 '하자르해'라고 부르기도 하는데, 이는 한때 카스피해 서안 일대에서 강력한 세력을 떨쳤던 하자르와 무관하지 않을 것이다.

78 Pechenegs from Wikipedia

79 알타이어계가 아니라 핀-우그르어계로 페체넥에 의해 쫓겨난 후 9세기 말 아바르의 영토였던 헝가리로 들어가 그곳을 차지하고 있던 슬라브족을 물리치고 헝가리인의 조상이 되었다. 마자르는 원래 유력 부족집단의 이름이나 이들이 불가르의 주력 부족인 온오구르에 의해 정치적으로 조직되어 온오구르에서 헝가리란 말이 나왔다고 보는 견해가 있다.

80 르네 그루쎄, 앞의 책, 272쪽.

던 아나톨리아가 점차 이슬람을 믿는 투르크인의 땅이 되었다.

오구즈 야브구왕조 안에 셀주크 부족이 있었다. 셀주크는 오구즈족의 키닉씨 지파의 수령이었는데 그의 이름이 셀주크라는 부족명의 기원이 되었다. 그의 아버지 두칵은 오구즈 야브구왕조의 장군이었다. 이유를 알 수 없는 불화로 셀주크는 야브구와 결별하고 부족민과 함께 960년경 트란스옥시아나로 이동, 시르다리야 연안의 도시 잔드에 둔영지를 구축했다.[81] 이후 셀주크인은 이슬람으로 개종하고 사만왕조, 카라한왕조, 가즈나왕조에서 용병으로 복무하다 점차 세력을 키워 중앙아시아와 페르시아를 정복하고 셀주크왕조를 세웠다.

셀주크가 떠난 후 오구즈 야브구왕조는 세력이 약해져 11세기 초 이르티시 방면에서 온 킵차크의 공격을 받고 붕괴했다.[82] 그 후 일부는 트란스옥시아나로 이동해 동족인 셀주크인과 함께 페르시아 및 아나톨리아로 진출했다. 아나톨리아로 진출한 무리는 터키 셀주크왕조(1077-1308)를 건설했고, 이 왕조가 몽골(일 칸국)에 의해 14세기 초 와해된 후에는 오스만제국(1299-1922)을 건설하여 이슬람 세계의 주인이 되었다.

오구즈의 다른 일부는 페체넥을 몰아내고 남러시아 초원으로 진출했으나 이곳에서도 뒤쫓아온 킵차크에게 쫓겨났다. 1054년 러시아 연대기는 오구즈와 킵차크를 토르크와 폴로브치로 각각 기록했다.[83]

이후 이 무리는 발칸반도로 원정갔다가 페체넥과 불가르에게 패

81 이희수, 앞의 책, 314쪽.
82 위의 책, 187쪽.
83 르네 그루쎄, 앞의 책, 276쪽.

망하고 잔존 집단은 킵차크에 흡수되었다.[84]

킵차크

킵차크(Kipchak)는 무슬림이 부르던 투르크족이다. 비잔티움인은 쿠만, 러시아인은 폴로브치라 불렀다. 이들 대부분은 알타이산맥 인근에 거주하며 돌궐제국의 일원이었다가 돌궐 붕괴 후 키맥 투르크족과 연맹을 이루어 이르티시강, 토볼강, 이심강이 흐르는 카자흐스탄 북부지역으로 이주했다.[85]

킵차크의 후손은 오늘날 카자흐스탄에서 '루'를 이루고 중(中)주즈에 속해 있다. 라시드 앗 딘은 『집사1 부족지』에서 "오구즈가 어느 날 전투에 패해 섬에 있을 때 한 여인이 속이 빈 나무속으로 들어가 애를 낳았는데 오구즈가 부인에게 남편이 없는 것을 알고 애를 측은하게 여겨 자식으로 삼고 킵차크라는 이름을 지어주었다."고 기록했다. 킵차크는 가운데가 빈 나무라는 뜻이다.

키맥은 킵차크와 달리 『집사1 부족지』에 이름이 등장하지 않는다. 아울러 오늘날 카자흐스탄에 키맥이라는 이름을 가진 부족은 존재하지 않는 반면, 킵차크는 카자흐스탄 초원과 남러시아 초원이 한때는 킵차크 초원이라 불렸을 정도로 이 지역에서 맹위를 떨쳤다. 이에 비추어보면 키맥은 연맹 내에서 주도권을 잃고 킵차크에 흡수되

---

84 위의 책, 277쪽.

85 Kipchaks from Wikipedia

어, 킵차크가 이 집단을 대표한 것으로 보인다.

킵차크는 11세기 초 이르티시 지역을 떠나 시르다리야 연안과 흑해 북부지역으로 진출하게 되는데, 이를 촉진시킨 요인 중의 하나가 거란의 서진(西進)이었다.[86] 거란은 916년 야율아보기가 요서 지방에 있던 몽골계 부족을 규합하여 건국한 나라다. 이 나라는 924년 키르기스를 쫓아내고 몽골고원을 차지했고, 알타이산맥과 타림분지로 세력을 넓혀나갔다. 1017년에는 카라한왕조의 수도인 발라사군 인근까지 진격했으나 카라한왕조의 통치자 토간에게 격퇴되었다.

시르다리야 연안의 오구즈 야브구왕국 방면으로 떠난 킵차크는 오구즈를 트란스옥시아나 및 남러시아 초원 으로 몰아내고, 카라한왕조가 통치하던 제티수 지역을 제외한 현재의 카자흐스탄과 비슷한 크기의 영토를 차지했다. 킵차크는 11세기 중반에는 볼가강을 건너 흑해의 북방 초원으로 진출했다. 1054년 킵차크는 러시아 연대기에 폴로브치란 이름으로 등장하는데 이들은 남러시아 초원에서 페체넥과 오구즈를 대신했다.

이렇게 하여 킵차크는 크게 3개의 지역으로 나뉘어 거주하게 되었다.[87] 첫째 오구즈를 밀어내고 아랄해 남쪽에 자리잡은 킵차크, 둘째 흑해 북부 초원으로 진출한 킵차크, 셋째 카자흐스탄 북부지역(이르티시강)에 그대로 남아 있는 킵차크다.

킵차크는 광대한 지역에서 세력을 유지했는데 이 세력이 중앙집

86 이희수, 앞의 책, 221쪽.

87 Kipchaks from Wikipedia

권적 왕조였는지는 확실치 않으나 강력한 세력을 갖고 있었던 것은 분명해 보인다. 이슬람 문헌에 킵차크의 세력 범위에 대해 '킵차크 초원(Desht-i-Kipchak)'이라는 명칭이 보이고, 몽골제국이 이 지역에 나라를 세웠을 때 이름을 '킵차크 칸국'이라 했기 때문이다.

오구즈를 쫓아내고 아랄해 인근에 자리잡은 킵차크는 13세기 초 호라즘왕조가 강성해지면서 이 왕조에 흡수되었다.[88]

남러시아 초원에서 페체넥과 오구즈의 자리를 차지한 킵차크는 키예프 루시[89]에 우위를 갖고, 1222년 칼카강 전투에서 몽골군에 패할 때까지 약 170년간 남러시아 초원을 장악했다. 킵차크의 남러시아 초원 지배 경험은 몽골제국의 바투가 러시아 공국들을 조공국으로 만드는 데 밑거름이 되었다.

이르티시강 유역에 남았던 킵차크는 킵차크 칸국에 흡수되었다가 이 칸국이 붕괴한 후 등장한 시비르 칸국의 구성원이 되었을 것으로 추정된다.

몽골

몽골은 칭기즈칸이 호라즘왕조에 대한 전쟁에서 승리하며 카자흐스

---

88 이희수, 앞의 책, 227쪽.

89 키예프 루시(the Russia of Kiev): 9세기 중엽 오늘날 우크라이나의 수도인 키예프에 동슬라브 사람들이(또는 이들이 바이킹족과 함께) 세운 키예프 공국을 비롯한 여러 공국의 연합체인데, 1240년 칭기즈칸의 손자인 바투의 공격을 받고 붕괴하였다. '키예프 루시'라는 명칭은 15세기 후반까지 사용되다가 모스크바대공국의 이반 3세 때 '러시아'로 바뀌고, 제정러시아 시대인 1721년 표트르 1세에 의해 '러시아'가 정식 국가 이름이 되었다.

탄에 진출했다. 칭기즈칸은 맏아들인 주치에게 카자흐스탄 지역을 분봉지로 주었는데 주치가 칭기즈칸보다 6개월 앞선 1227년 봄에 사망하여 주치의 장남 오르다와 차남 바투가 이를 상속했으며, 이것이 킵차크 칸국이 되었다.

킵차크 칸국은 바투의 유럽 원정전[90]을 통해 남러시아 초원을 정복하고, 러시아 공국들도 조공국으로 만들며 발전해나갔으나, 14세기 후반 몽골제국이 몰락하는 가운데 티무르의 침입을 받고 분열하다가, 1502년 최종적으로 멸망했다. 킵차크 칸국은 '제4장 칭기즈칸과 카자흐스탄'에서 자세히 설명할 것이다.

---

90 몽골제국의 2대 대칸인 우구데이의 명령에 의해 바투를 최고 지도자로 하여 칭기즈칸 가문의 왕자들이 1236-1242년간 볼가 불가르, 남러시아, 러시아 공국, 동유럽 등지를 원정한 전쟁이다. 칭기즈칸은 생전에 주치에게 북방 지역(볼가 불가르, 시비르 등), 남러시아 초원, 러시아, 헝가리 등의 지역을 정복하라 했지만 주치는 이 임무를 완수하지 못했다. 우구데이의 유럽 원정전은 칭기즈칸의 꿈을 실현시키기 위한 것이기도 했다. 이 원정전 결과 볼가 불가르 칸국, 남러시아 초원이 킵차크 칸국에 편입되었으며 러시아 공국들은 킵차크 칸국의 조공국이 되었다.

제2장

카자흐스탄의 3대 정체성

1. 유목민의 나라

카자흐스탄의 첫 번째 국가 정체성은 유목민의 나라이다. 기원전 2세기 후반 카자흐스탄 지역을 방문한 장건은 당시 아랄해 인근에 있던 강거와 천산 북방의 오손을 유목민이라 했다. 정주민이 마을이나 도시를 건설하여 이동하지 않고 생활하는 사람이라면, 유목민은 일정한 주거지 없이 초원을 이동하며 목축을 하고 이동식 가옥에서 생활하는 사람을 말한다. 중국인은 이런 유목민들을 물과 풀을 따라다니는 사람들이라 했다.

카자흐스탄은 유목민이 생활하기에 적합하다. 광활한 초원은 유목민이 이동하기에 적합하고 가축을 키우는 데 필요한 초지를 풍부하게 제공해준다. 유목민은 통상 말·소·양·산양·낙타 등 오축(五畜)을 키우며 양식과 의복, 이동 수단을 얻었다. 농사를 짓지 않았으므로 당연히 육류가 주식인데, 그중에서도 카자흐스탄의 유목민은 특히 고기를 많이 먹어 지금도 그 후손들은 늑대 다음으로 고기를 많이 먹는다고 자랑한다.

유목민에게 필수적인 것이 말이다. 전투용이나 이동 수단에서 특히 그렇다. 고대에 유목민이 정주세계에 대해 군사적 우위를 차지할 수 있었던 것은 뛰어난 기마술과 활쏘기 기술 덕분이었다. 또한 양식과 가재도구를 갖고 주기적으로 이동해야 하는 유목민의 특성상 말은 수송 수단으로서도 필수적인 것이었다.

카자흐스탄 이르티시강 근처의 보타이에서 기원전 3000년경에 묻힌 것으로 추정되는 말뼈 10톤이 출토되었다. 말을 부리기 위해서는 말을 길들이는 것이 필수적인데 이를 위해 재갈이 사용된다. 보타이 말뼈의 이빨을 분석한 결과 앞니에서 재갈로 인하여 마모된 흔적이 발견되었다.

기원전 3500년경 서아시아에서 발명된 수레는 유목민의 삶과 기동성을 획기적으로 향상시켰다. 이런 기동성 덕분에 문화도 빠르게 전파되어 몽골고원에서 카자흐스탄 초원 및 남러시아 초원으로 이어지는 광대한 지역의 문화에는 유사성이 많다. 유라시아 초원에서 광범위하게 공통적으로 발견되는 황금 사슴, 동복(銅鍑, 솥의 일종), 기마궁사의 승마용 바지, 등자, 순장 풍습 등이 그것이다. 특히 카자흐스탄 내에서는 문화가 더욱 빠르게 전파되었던 것으로 보이는데, 그 근거 중 하나가 카자흐스탄은 땅이 거대함에도 지역 간 방언이 거의 없다는 사실이다. 카자흐스탄 사람들은 이를 여자가 멀리 떨어진 곳으로 시집을 가서 애를 낳고 애한테 자기 지방의 언어를 가르쳐 그렇다고 우스갯소리로 말하지만, 이는 기동력에 의한 지역 간의 빈번한 교류와 문화의 신속한 전파 덕분이라 보는 것이 합리적일 것이다.

카자흐스탄을 여행하다 보면 드넓은 초원에서 풀을 뜯고 있는 말 떼를 흔히 볼 수 있다. 그리고 콕파르, 크즈 쿠우, 바이게, 텡게 알루 같은 말놀이 풍습이 이어져오고, 카자흐스탄 국민은 말고기 요리를 즐겨 먹는다.

산업화와 정주생활 덕분에 도시가 발달함에 따라 유목민의 전통 이동식 가옥인 유르트를 보는 것은 쉽지가 않다. 그러나 유르트는 축제나 중요 행사장에 필수적으로 등장한다. 만물이 소생하는 봄을 맞이하여 개최하는 행사인 나우르즈 축제에는 유르트를 설치하고 그 안에서 사람들이 모여 쿠미스, 베쉬발막 등 카자흐스탄 전통 음식을 먹는다. 중요한 회의를 개최할 경우에도 유르트를 설치하여 전통 음식을 대접하며 회의 참석자들을 환영하는데, 이를 처음 접한 외국인들은 카자흐스탄의 융숭한 접대 격식에 놀라기도 한다.

오늘날 유르트에서 손님을 맞이하는 풍습은 현장법사가 626년 토크막[1]에 머물던 서돌궐의 통엽호 카간을 방문했을 때 그가 사신들을 대접하는 모습을 보고 기록한 것과 거의 비슷하다.

> 카간은 사신들을 유르트에 초대해서 앉게 하고 그들에게 악기가 연주되는 가운데 술을 대접했다. 칸이 그들과 같이 술을 마셨다. 음악은 요란했지만 귀를 즐겁게 하고 마음을 기쁘게 했다. 잠시 후

1 이식쿨 서북부의 추강 상류에 위치

에 삶은 양고기와 송아지 고기가 담겨 있는 새로운 요리가 들어왔고, 이것은 술을 마시는 사람들 앞에 산같이 쌓여 있었다.[2]

말과 유르트 등 외형적인 것 이외에 유목민의 가장 중요 특징은 뛰어난 상황판단 능력일 것이다. 이들은 생활 특성상 주기적으로 이동하며 다른 부족의 사람들을 자주 접촉했다. 그리고 부족들이 이합집산할 때마다 생존을 위해 어느 부족과 연합해야 할지 선택을 하거나 강요당했다. 이러한 것들은 상대방의 심리를 꿰뚫어보고 상황을 파악하는 탁월한 능력을 갖추게 해주었다. 카자흐스탄의 격조 높고 융숭한 손님 접대, 그리고 신뢰가 쌓이기 전까지 사업 파트너가 되기 어려운 점 등은 이러한 유목민 문화에 기인할 것이다.

카자흐스탄의 전통문화를 형성하고 있는 유목민의 풍습과 이로부터 유래한 카자흐스탄 국민들의 특징은 '제7장 카자흐스탄의 문화와 국민 특징' 편에서 자세히 살펴볼 것이다.

---

2 르네 그루쎄, 앞의 책, 158쪽.

2. 투르크 국가

투르크족에 대한 이해

카자흐스탄의 두 번째 국가 정체성은 투르크족의 나라이다. 투르크족은 오늘날 카자흐스탄, 우즈베키스탄, 투르크메니스탄, 키르기스, 터키 같은 국가들을 세우고 신장위구르, 북캅카스에 이르기까지 광범위한 지역에 거주하는 종족인데, 이들의 종족적 원류에 대해서는 명확히 밝혀진 것이 없다. 인류학적으로 투르크족은 몽골로이드 계통으로 분류되어왔으나 최근 터키 사학자들은 코카소이드 계통으로 보고 있다. 이들은 투르크족이 알타이산맥과 사얀산맥[3] 일대에 살며 청동기 문명인 안드로노보 문화를 주도했다고 주장하고 있다.

투르크어는 몽골어, 퉁구스어와 함께 알타이어족에 속한다. 투르크족은 고유문자가 없어 소그드문자 등을 차용했지만 언어의 발음

[3] 시베리아의 중남부에 있는 산맥으로 예니세이강(4,129km)이 시작된다.

체계는 정교하다. 카자흐스탄의 경우 33개의 키릴문자에 별도의 문자 9개를 추가하여 사용한다. 키릴문자, 라틴문자, 한글로 표현할 수 없는 발음이 있는 것이다.

투르크족과 관련된 단어로 튀르크, 터키, 투르크 3가지가 있다. 모두 투르크족을 뜻하지만 혼동을 피하기 위해 튀르크는 6세기에서 8세기 사이에 유라시아 초원에 등장했던 돌궐제국을, 터키는 아나톨리아반도에 있는 현재의 투르크 국가를, 투르크는 투르크족과 이들이 세운 왕조나 언어를 지칭할 때 사용한다.[4] 중국 사서에 등장하는 철륵(鐵勒)과 돌궐(突厥)은 투르크의 한자 표기인데, 철륵은 투르크계 유목민의 총칭이고 돌궐은 토문이 건설한 나라의 명칭으로 사용된다.[5]

투르크족은 스키타이(사카)와 유사점이 많다. 앞서 스키타이에 대해 설명하면서 스키타이는 이란어계(인도유럽어계의 분파)에 속해 몽골로이드계의 투르크와 다르다고 보는 것이 통설이라 했다. 그렇지만 두 종족은 생활양식이 비슷한 유목민 집단이었다. 그리고 터키 사학자들의 주장처럼 투르크족이 코카소이드라면 스키타이와 투르크족은 종족적으로도 비슷한 것이 된다.

북주(北周, 557-581)[6]의 역사를 적은 『주서(周書)』[7]에 "투르크는 흉

4 크리스토퍼 벡위드, 앞의 책, 59쪽; 제임스 A. 밀워드 저, 김찬영·이광태 역, 『신장의 역사』(사계절, 2013), 76쪽.

5 고마츠 히사오, 앞의 책, 78쪽.

6 439년 화북을 통일한 북위에서 분파한 왕조이다. 이 왕조의 외척인 수양제가 581년 제위를 빼앗고 수나라를 세웠다.

7 당나라 태종 때에 영호덕분 등이 편찬한 단대사로 24사 중 하나이다.

노의 북쪽에 있던 색국(索國)에서 왔다."는 기록이 있다.[8] 그리고 '색(索)은 스키타이를 뜻하는 사카의 전사체'라고 보는 학자도 있으므로 『주서』의 기록대로라면 투르크는 스키타이와 동일한 것으로 볼 수도 있다. 유목민 부족은 지도자가 바뀌면 부족 집단의 이름도 바뀌었는데, 기원전 3세기 이후 스키타이가 더 이상 유라시아 역사에 등장하지 않는 것은 아마도 투르크나 다른 종족에 흡수되어 그랬을 가능성도 있다.

투르크족과 몽골족은 유라시아 초원의 주인공이었다. 그런데 이 주인공들을 구분하는 정체성의 기준에 대해서도 알려진 것이 많지 않다. 종족, 언어, 거주 지역, 상호 관계 등이 그렇다. 투르크어와 몽골어는 같은 알타이어군에 속하지만 동일한 언어는 아니다.

라시드 앗 딘은 『집사1 부족지』에서 투르크족과 몽골족의 시원(始原)을 이슬람 역사서와 성경에 나오는 인물인 노아에 두었다. 노아가 홍수에서 살아난 후 세상을 셋으로 나누어 함, 셈, 야벳에게 주었고 이들이 각각 수단인(흑인), 아랍-페르시아인, 투르크인의 조상이 되었다는 것이다. 그는 또한 "몽골이라 불리던 종족은 원래 투르크 종족의 한 부류였으나 투르크인이 문자가 없어 자기네 역사를 기록하지 못했기에 투르크족과 몽골족에 대한 정황은 대부분 전승으로 내려오는 것들에 의존하고 있다."고 했다.

이 두 종족은 몽골고원에서 남러시아 초원으로 이어지는 유라시

8 크리스토퍼 벡위드, 앞의 책, 696쪽.

아 초원에서 오랜 세월 주인공으로 활동했다. 싱안링산맥에서 카자흐스탄의 발하슈호에 이르렀던 흉노 제국과, 이보다 영토를 카스피해 쪽으로 더 넓힌 돌궐제국은 유목부족연합 국가였고 투르크계와 몽골계가 핵심이었다. 이는 거대 유목국가가 건국되었을 때 이 두 종족이 상호 연합했을 것이라 짐작하게 하는데, 각자가 어떤 역할을 했는지는 구체적으로 알려진 것이 별로 없다.

이들의 연합 과정에 대해 상세한 것은 알 수가 없지만, 몽골계는 몽골고원과 북중국에, 투르크계는 준가르분지·타림분지·트란스옥시아나·카자흐스탄 초원에 세력권을 형성했다. 이들은 이 세력권을 바탕으로 연합하여 제국을 건설하고 또 그 세력권을 중심으로 쉽게 분열되었던 것으로 보인다. 기원전 44년경 흉노가 동·서로 분열한 후 서흉노가 추강과 탈라스강 부근에 정착한 점, 91년 북흉노가 천산북방의 일리 방면으로 이주하여 카자흐스탄에서 세력을 형성한 점, 582년 돌궐제국의 동·서 분열 등에서 이를 짐작해볼 수 있다.

카자흐스탄과 중앙아시아의 투르크화

중앙아시아는 협의로 후술하는 투르키스탄, 더 좁은 의미로는 서투르키스탄에 들어선 5개 나라(카자흐스탄·우즈베키스탄·투르크메니스탄·키르기스·타지키스탄)를 뜻한다

카자흐스탄과 중앙아시아는 투르크족이 다수 거주하는 지역이다. 그러나 이 지역에서 활동한 스키타이, 이슥 지방에서 발굴된 황금 인간, 트란스옥시아나에 거주한 소그드인, 타림분지의 오아시스

도시에 살던 인도유럽어계(주로 이란어계) 종족들은 고대에는 이 지역에서 이란어계가 투르크계보다 우위에 있었음을 보여준다. 사마천은 『사기열전 2』「대완열전」에서 중앙아시아인들에 대해 "눈이 움푹 들어가고 수염이 많다."라고 썼다. 이 기록 역시 투르크화되기 전에 이란어계가 다수였음을 알려준다.

기원전 2000년경부터 남러시아 초원에 거주하던 사람들이 중앙유라시아, 유럽, 근동, 인도, 중국으로 들어갔는데 이들이 인도유럽어족 사람들이었다.[9]

이처럼 인도유럽어계 사람들이 여러 방면으로 이동하여 유럽인, 이란인, 인도인의 조상이 되었는데 이들이 언제부터 남러시아 초원에 거주했는지에 대해서 밝혀진 것은 없다. 그러나 이런 가정을 해볼 수는 있다.

첫째는 현생인류의 이동과 관련한 것이다. 현생인류가 5, 6만 년 전에 아프리카를 떠날 때 중앙아시아가 아닌 남러시아 초원 방면으로 이동한 무리가 있었는데 인도유럽어족은 이들의 후손일 수도 있다.

두 번째는 노아와 관련된 것이다. 구약성서 창세기의 해석에 의하면, 노아의 아들인 야벳의 후손은 에게해에서 캅카스산맥 일대에 걸쳐 거주했다. 기독교는 야벳이 유럽인의 조상이 되었다고 하는데, 이는 이들의 거주 지역이 유럽 대륙에 인접함에 비추어 남러시아 초원에 살던 인도유럽어계가 유럽으로 이주하여 유럽인의 조상이 되었

9 크리스토퍼 벡위드, 앞의 책, 93-94쪽.

다는 언어학적 사실과 부합한다. 한편 라시드 앗 딘은 야벳을 투르크족 오구즈의 조상이라 했는데, 이는 노아의 이야기에 대한 이슬람식 해석으로 보인다. 동일한 인물을 기독교권과 이슬람권이 다르게 해석한다는 것이 재밌기도 한데, 이는 터키 학자들이 투르크족을 코카소이드로 보아야 한다는 것과 마찬가지로 야벳에 대한 정의를 내리기가 쉽지 않을 것으로 생각된다.

중앙아시아에서의 인도유럽어계의 우위는 6세기 중엽 돌궐제국이 들어서면서 점차 투르크계의 우위로 바뀌었다. 카자흐스탄은 서돌궐에서 강력한 세력을 유지했던 카를룩과 튀르기쉬, 그리고 8세기 중반 시르다리야 하류에 야브구 국가를 세운 오구즈에 힘입어 트란스옥시아나보다 먼저 투르크화가 진행되었다. 그 후 투르크족의 연대 의식이 형성되고, 840년 위구르제국의 붕괴를 계기로 투르크족이 이동하면서 트란스옥시아나와 타림분지는 본격적으로 투르크화가 진행되었다.

위구르, 카를룩, 바스밀이 돌궐제국을 무너뜨리고 744년에 세운 위구르제국은 840년 키르기스의 침입으로 붕괴했다. 이때 많은 투르크 부족이 그들의 원주지인 알타이산맥 인근에서 중앙아시아 및 타림분지로 이주하여 여러 투르크계 왕조들을 세웠는데 대표적인 것이 카라한왕조와 코초 위구르왕조다. 카라한왕조는 제티수에서 트란스옥시아나 및 카쉬가리아(타림분지의 서부지역)를 통치했고, 코초 위구르왕조는 타림분지의 나머지 대부분을 지배했다. 이 왕조들은 약 3세기 동안 존속하다가 13세기 초 몽골제국에 흡수되었으나 타림분지 일대는 이 왕조들에 의해 투르크화가 완성되었다.

카라한왕조가 트란스옥시아나에서 세력을 쌓아갈 때 오구즈의 지파인 셀주크는 트란스옥시아나로 이동하여 투르크화를 공고히 했다. 트란스옥시아나는 이란어계 종족과 카자흐스탄 및 타림분지의 투르크 세력이 만나는 지점이어서 다른 지역보다 두 종족 간 대결이 치열했다. 이를 방증하는 것이 '이란'과 '투란'이라는 용어다.

오늘날 국가의 이름이기도 한 이란은 인도유럽어계의 아리아인이 사는 땅을 의미하고, 투란은 투르크인이 사는 땅을 말한다. 처음에는 트란스옥시아나 전체가 이란이었으나 투르크족들이 조금씩 잠식하면서 투란이 생겨났다.

카라한왕조가 들어섰을 때만 해도 트란스옥시아나는 페르시아(이란)계인 사만왕조의 지배하에 있었다. 그러다 999년 카라한왕조가 사만왕조를 무너뜨리고 이곳을 차지했고, 그때를 전후하여 카자흐스탄 초원에 거주하던 셀주크가 대거 트란스옥시아나로 내려와 셀주크왕조를 세웠다. 카라한왕조의 승리와 셀주크왕조의 등장은 트란스옥시아나의 이란 지역을 투란 지역으로 바꾸는 데 결정적으로 공헌했다. 오늘날 이 지역에 들어선 중앙아시아 5개국 중 페르시아계인 타지키스탄만 제외하고 나머지는 모두 투르크계이다.

투르크 역사에서 투란이라는 단어는 이러한 중요한 의미를 갖고 있어 카자흐스탄을 비롯한 중앙아시아 국가는 투란대학교, 투란통신사처럼 학교명이나 기관명으로 투란이라는 단어를 많이 사용한다.

투르키스탄

카자흐스탄과 트란스옥시아나 그리고 타림분지가 투르크화된 후 이 지역은 투르키스탄(Turkestan)이라 불렸다. 투란이 이란에 대한 상대적인 개념으로서 트란스옥시아나에서 투르크인이 사는 땅을 의미하는 데 비해 투르키스탄은 이보다 더 넓은 개념이다. 스탄(-stan)은 페르시아어로 땅이나 나라를 말한다. 따라서 투르키스탄은 투르크인이 사는 땅, 카자흐스탄은 카자흐인이 사는 땅이라는 의미다.

투르키스탄은 파미르고원을 중심으로 동과 서로 나뉜다. 오늘날 동투르키스탄은 중국의 신장위구르자치구가 되었고, 서투르키스탄에는 다섯 나라가 들어섰다. 한편 투르키스탄은 카자흐스탄 남부에 위치한 도시 이름이기도 한데 이곳에 카자흐스탄의 유명한 철학자이자 야사위 수피 교단의 창시자인 야사위의 성묘가 있다. 그가 1167년 사망했을 때에는 성묘가 작았으나 훗날 티무르가 크게 확장했다. 무슬림은 이곳을 세 번 순례하는 것은 메카를 한 번 순례하는 것과 같다고 생각할 만큼 신성하게 여긴다.

서투르키스탄에서 트란스옥시아나와 인접한 곳에 호라즘과 호라산이라는 지역이 있다.

호라즘(Khwarazm)은 아무다리야가 아랄해로 흘러들어가며 형성한 삼각주에 위치해 있다. 동으로는 키질쿰사막, 서로는 우스티우르트고원, 남으로는 카라쿰사막에 둘러싸여 있다. 이 지역은 통상 호라산을 통치하는 페르시아계 왕조의 속주였으나 트란스옥시아나와 비슷한 과정을 거쳐 투르크화되어 투르크멘(오구즈)의 다수 거주지가 되었다. 그러다 16세기에 들어서며 카자흐 칸국과 히바 칸국이 이 지역의 투르크멘과 지분 경쟁을 벌인 결과 지금은 투르크메니스탄, 우즈베키스탄, 카자흐스탄의 영토로 나뉘었다.

호라산(Khorasan)은 페르시아어로 '해 뜨는 곳'이라는 뜻이며 이란의 동북부지역을 말한다. 북부에서 카라쿰사막이 호라산과 호라즘을 나눈다. 이 지역에서는 페르시아, 트란스옥시아나, 아프가니스탄, 인도로 통하는 길들이 교차하고 있어 고대부터 도시들이 발달했다. 이 지역의 유서 깊은 도시들 중 현재 메르브는 투르크메니스탄에, 발흐와 헤라트는 아프가니스탄에, 니샤푸르 등 나머지 유명한 도시들은 대부분 이란의 호라산주에 편입되어 있다.

호라산은 아바스왕조와 관계가 깊은 곳이다. 우마이야왕조의 반대 세력이 747년 메르브에서 봉기하여 우마이야왕조를 무너뜨리고 750년 아바스왕조를 세웠다.

호라산도 원래 이란계 주민이 다수 거주했으나 10세기 중반 오구즈계가 셀주크왕조와 호라즘왕조를 세우면서 상당 부분 투르크화되었다.

19세기 후반 호라즘과 호라산의 일부가 러시아에 정복되었다. 러시아(소련)는 이곳에 1924년 투르크멘소비에트사회주의공화국을 수립했고, 20세기 후반 이 사회주의공화국은 투르크메니스탄공화국으로 독립했다.

오구즈계가 주축을 이룬 셀주크왕조와 호라즘왕조의 호라산 진출은 투르크메니스탄의 정체성 형성에 큰 영향을 미쳤다. 오구즈는 8세기 중반 이후 이슬람으로 개종했는데 이들은 칭기즈칸 이래 투르크멘이라 알려져왔다. 투르크멘은 '진정한 투르크인'이라는 뜻을 갖고 있는데, 이러한 의미와 함께 라시드 앗 딘이 『집사1 부족지』에서 '오구즈가 위구르, 캉글리, 카를룩, 킵착 등 여러 투르크족과 연합하여 반대 세력을 제압하였다.'고 설명한 것을 보면, 호라산에 살던 투르크인들이 국가 이름을 투르크메니스탄(투르크멘이 사는 땅)이라 정하여 투르크멘이라는 말에 자부심을 가진 것을 충분히 이해할 수 있다.

중앙아시아의 투르크계 왕조

840년 위구르제국이 붕괴한 후 타림분지에는 코초 위구르왕조가, 카자흐스탄 동남부에는 카라한왕조가 들어섰다. 이 당시 트란스옥시아나는 이란계 이슬람 왕조인 사만왕조의 통치하에 있었다. 카라한왕조와 사만왕조는 트란스옥시아나를 두고 대치했는데, 이때 셀주크인 등 오구즈계 투르크인이 두 왕조에 용병으로 참여했고, 능력이 뛰어난 사람은 지휘관이나 지방 총독에 임명되었다. 예를 들면 알프 테긴이라는 인물은 사만왕조에서 호라산 총독을 역임했고, 아르슬란 이스라일(셀주크의 아들)은 카라한왕조 보조 군대의 지휘관이었다.

10세기 중반 알프 테긴은 아프가니스탄의 가즈니로 가서 가즈나왕조를 세웠고, 특히 이 왕조의 마흐무드 술탄은 수차례 인도 서북부 지역(오늘날의 파키스탄)을 원정하여 이슬람을 전파시켰다. 가즈나왕조와 카라한왕조에 둘러싸인 사만왕조는 결국 망하고 트란스옥시아나는 카라한왕조가, 호라산 지역은 가즈나왕조가 차지했다.

셀주크인들은 아르슬란 이스라일의 인도 아래 트란스옥시아나를 거쳐 호라산까지 진출했다. 그의 조카인 토그릴은 1038년 니샤푸르에서 셀주크왕조를 세우고 초대 술탄에 올랐다. 그는 1040년 단다나칸 전투에서 가즈나왕조를 물리친 후 호라산 전역을 차지하고 1055년에는 페르시아까지 정복하였다. 셀주크왕조는 토그릴 후계자들의 정복전쟁에 힘입어 영토가 트란스옥시아나에서 아나톨리아에 이르는 대제국이 되었으나 11세기 말부터 일족들에 의해 제국이 분할되며 쇠퇴하기 시작했다. 3대 술탄 말릭 샤의 아들로 호라산을 영지로 받은 산자르가 1118년 대셀주크왕조의 술탄임을 주장하며 쇠락해가는 가문을 부흥시키려 하였으나 1141년 카트완 전투에서 카라키타이에게 패하며 실패하고 말았다. 카라키타이는 1125년 거란이 금나라에 망한 후 거란 왕족의 일부가 천산 북방의 에밀 지방으로 이주하여 세운 왕국으로, 1134년 천산 북방의 동카라한왕조를 정복하고 트란스옥시아나로 세력을 뻗치고 있었다.

호라즘은 사만왕조의 지배하에 있던 중 사만왕조가 망하자 가즈나왕조의 지배를 받고, 가즈나왕조가 셀주크왕조에게 단다나칸 전투에서 패한 후에는 셀주크왕조의 지배를 받았다. 셀주크왕조의 말릭 샤가 1077년 투르크인을 이 지역의 총독으로 임명했으며 이것이 호라즘왕조의 기초가 되었다.

이 왕조는 1141년 산자르가 카트완 전투에서 카라키타이에 패한 후 카라키타이에 종속되었으나, 1210년 타라즈[10] 인근에서 벌어진 전투에서 카라키타이에 승리하며 카라키타이를 중앙아시아에서

---

10 옛 이름은 '아울리에 아타'로 실크로드 도시 중 하나였으며, 현재는 카자흐스탄 남부에 있는 잠불주의 주도이다.

몰아냈다. 호라즘왕조는 1215년 구르왕조(가즈나왕조를 제압한 왕조)도 정복하며 중앙아시아와 페르시아를 지배하는 대제국을 건설했으나 1220년 칭기즈칸과의 대결에서 패하고 사라졌다.

코초 위구르왕조는 카라키타이에 종속하고 있던 중 1209년 이디쿠트(위구르 왕의 칭호) 바르축이 칭기즈칸에게 귀순하고 1219년 칭기즈칸의 호라즘왕조 정복전쟁을 지원했다.

1) 코초 위구르왕조(9세기 말-13세기 초)

840년 위구르제국이 키르기스의 공격을 받고 망하자 위구르인들은 북중국, 하서회랑, 발하슈호, 타림분지 등지로 이동했다. 고비사막을 건너 북중국으로 들어간 무리는 당나라의 공격을 받아 사라졌고, 하서회랑에 정착한 무리는 하서 위구르왕조(감주 위구르왕조)를 세웠으나 1026년경 탕구트에게 망하고 말았다. 반면에 발하슈호로 이동한 무리는 카를룩 등과 연합하여 카라한왕조를 세웠다.

타림분지로 이동하여 세운 왕조를 코초 위구르왕조(Uyghur Kingdom of Qocho) 또는 천산 위구르왕조라고 한다. 코초는 투르판 인근의 오아시스 도시로 고창, 화주, 카라호자로도 불렸다. 이 왕조의 영토는 동으로는 하미, 서로는 쿠처에 달했으며, 이 왕조가 다스리던 지역을 위구리스탄이라 한다. 이 왕조는 카라키타이의 부용국으로 있던 중 1209년 바르축이 카라키타이가 파견한 감관을 살해하고 칭기즈칸에게 귀순했다. 바르축은 칭기즈칸에게 패배한 메르키트 부족의 잔당이 위구르 지방으로 도망 왔을 때 이들을 쫓아내며 칭기즈칸을 도왔다. 코초 위구르인은 군주의 호칭으로 이디쿠트를 사용했는데 이는 '신성한 군주'라는 뜻이다. 칭기즈칸은 바르축에게 후궁에게서 낳은 딸 일 알티를 주고 다섯째 아들이 되라고 했다. 코초 위구르 왕조는 1219년 칭기즈칸의 호라즘 원정전을 지원했다.

2) 카라한왕조(9세기 말-12세기 중엽)

카라한왕조(Karakhanid dynasty)는 840년 위구르제국이 붕괴된 후 투르크족들이 이합집산하는 가운데 위구르, 카를룩, 치길, 야그마 등이 주축이 되어[11] 제티수와 카쉬가리아, 천산 북방의 이식쿨에서 일리에 걸쳐 세운 왕조이다. 이 왕조의 사툭 부그라 칸이 10세기 중반 이슬람으로 개종하자 백성들도 이를 따랐다. 이 덕분에 카라한왕조는 투르크계 왕조 중 최초로 이슬람 왕조가 되었으며 이슬람이 카자흐스탄 초원과 타림분지로 전파될 수 있었다.

사툭 부그라 칸의 증손자로 페르가나를 다스리던 아르슬란 일릭 나스르[12]는, 999년 5월 메르브 근처의 전투에서 가즈나왕조에 패해 호라산 지역을 완전히 잃고 트란스옥시아나로 세력이 축소된 사만왕조를 999년 10월 멸망시키고 트란스옥시아나를 차지했다.

사만왕조가 사라지자 카라한왕조와 가즈나왕조는 아무다리야를 사이에 두고 대결했다. 카라한왕조는 가즈나왕조의 주축 세력에 대해 전에는 노예였다가 갑작스럽게 출세한 사람들로 여겼고, 페르시아 문화를 지향하는 가즈나왕조는 카라한왕조의 투르크인을 초원의

11 이희수, 앞의 책, 278쪽.

12 고마츠 히사오, 앞의 책, 186쪽; 이희수, 앞의 책, 280쪽.

카라한왕조의 약식 가계도

야만인으로 보았다. 거란은 두 왕조의 대치 상황을 이용하여 1017년 카쉬가리아로 군대를 파견해 카라한왕조의 후방을 공격했으나 이 지역을 다스리던 토간 칸(아르슬란 일릭 나스르의 형)에게 격퇴되었다. 카라한왕조와 가즈나왕조의 대결은 1040년 단다나칸 전투에서 가즈나왕조가 셀주크에 패하고 호라산에서 철수하면서 종식되었다.

카라한왕조는 영토가 트란스옥시아나까지 확대되었지만, 아르슬란 일릭 나스르의 후손과 토간 칸의 후손이 칸위를 놓고 대결함에 따라 11세기 중엽 페르가나를 경계로 동카라한왕조(발라사군을 중심으로 카쉬가리아와 천산 북방 통치)와 서카라한왕조(사마르칸트를 중심으로 트란스옥시아나 통치)로 나뉘었다. 630년 서돌궐의 통엽호가 카를룩에게 살해당한 후 서돌궐이 이식쿨 호수를 중심으로 동북부에 돌육, 서남부에 노실필로 나누어진 것과 비슷한 상황이었다. 전통적으로 천산 북방의 유목 세력과 트란스옥시아나의 정주 세력으로 나누어지는 현상이었다.

당시 왕조를 세우지 못했던 셀주크인은 그들의 수령 아르슬란 이스라일(셀주크의 아들)이 한때 카라한왕조의 왕자인 알리 테긴[13]의 군대를 지휘하며 봉사했다. 그러나 이들이 셀주크왕조를 세운 후 제3대 술탄이 된 말릭 샤는 서카라한왕조를 1074년과 1089년에 공격하여 부용국으로 만들었다. 서카라한왕조는 셀주크왕조의 산자르가 1141년 카트완 전투에서 카라키타이에게 패한 후에는 카라키타이의 부용국이 되었으며, 1210년 탈라스 인근에서 벌어진 전투에서 카라키타이가 호라즘왕조에 패한 후에는 호라즘왕조에 편입되었다.

서카라한왕조처럼 외부의 공격을 많이 받지는 않았지만 동카라한왕조도 1134년 일리강 하류의 카를룩과 아랄해 북쪽의 캉글리의

13 토간 칸의 아들로 사촌인 만수르(아르슬란 일릭 나스르의 아들)가 동카라한왕조에 도전하자 이를 제압하려다가 오히려 포로가 되었으나 탈출하여 셀주크인의 지원을 받아 트란스옥시아나 군주 자리에 올랐다.(이희수, 앞의 책, 282-283쪽.)

공격을 받고 카라키타이에게 지원을 요청했다.[14] 1131년경부터 에밀에 정착한 카라키타이의 군주 야율대석은 이 요청을 받아들여 카라한왕조의 도읍인 발라사군으로 왔다가 오히려 카라한왕조의 군주 자리를 빼앗고 도읍도 발라사군으로 옮겼다. 카라키타이에 의해 왕조가 붕괴된 후 카라한왕조 건설의 주역이었던 카를룩이 카라키타이의 종주권 아래 카얄릭[15]을 중심으로 명맥을 유지하다가 이 부족의 수령인 아르슬란 칸이 1211년 칭기즈칸에게 귀순했고, 1219년 칭기즈칸의 호라즘 원정 시에는 지원군을 이끌고 참여했다.

카라한왕조 등장 이후 중앙아시아에서는 투르크계가 이란계에 우위를 보이기 시작했다. 카자흐스탄의 제2도시 알마티는 2016년을 알마티 건설 천 년이 되는 해로 정했는데, 그 근거 중의 하나가 카자흐스탄 동남부지역을 지배한 카라한왕조의 성립이었다.

3) 가즈나왕조(962-1186) 및 구르왕조(10세기-1215)

가즈나왕조(Ghaznavid dynasty)는 사만왕조에서 용병으로 근무하던 알프 테긴이 세운 왕조다. 그는 사만왕조의 압둘 말릭 1세 때 수비사령관으로 있다가 호라산 총독으로 임명되었다. 그러나 그는 압둘 말릭의 후임인 만수르에 의해 해임되어 발흐로 물러났다가 거기서도 쫓겨나 가즈니[16]로 가서 그곳의 토착 왕조를 멸하고 962년경 가즈나왕

14 르네 그루쎄, 앞의 책, 249쪽; 크리스토퍼 벡위드, 앞의 책, 332쪽.

15 카자흐스탄 동남부에 위치하며 1253년 5월 프란체스코회 선교사이자 몽골인에 대한 생생한 기록을 남긴 것으로 유명한 루브룩이 콘스탄티노플을 떠나 킵차크 칸국을 거쳐 몽골고원의 뭉케를 만나러 갈 때 이곳을 지나갔다.

16 카불에서 남서쪽으로 120km 떨어진 곳에 위치.

조를 세웠다. 이 왕조는 이슬람 영역에 세워진 최초의 투르크계 왕조였다.

이 왕조는 사만왕조의 통치권 아래 있었지만 협조적인 관계를 유지했고 사복 테긴 왕 때 영토를 확장하며 발전해나갔다. 995년 사만왕조가 호라산 영주들의 반란과 카라한왕조의 위협에 대항하기 위해 가즈나왕조에게 구원을 요청하자, 사복 테긴은 이를 이용하여 호라산을 차지하고 사만왕조의 영토를 트란스옥시아나 지역으로 축소시켰다. 사복 테긴의 아들 마흐무드(998-1030)는 998년 제위에 올라 이슬람권의 투르크계 왕조 중에서는 최초로 술탄이라는 칭호를 사용했다.[17] 술탄은 아랍어로 통치자를 의미한다.

마흐무드는 999년 5월 메르브 근처에서 벌어진 전투에서 사만왕조를 물리치고 사만왕조로 하여금 영원히 호라산을 포기하게 만들었다. 그는 카라한왕조의 아르슬란 일릭 나스르 칸의 딸과 결혼하며 우호 관계를 맺었으나 그가 인도 원정을 간 사이에 나스르가 호라산을 침공하자 원정에서 돌아와 나스르를 몰아냈다. 마흐무드는 1001년부터 1030년 사망할 때까지 약 20회가량 인도의 서북부 지방을 원정하여 정복하고, 훗날 이 지역에 델리 이슬람왕조[18]가 들어서는 토대를 마련했다.

가즈나왕조의 호라산 통치는 오래가지 못했다. 1040년 단다나칸

17 이희수, 앞의 책, 295쪽.

18 인도의 델리를 중심으로 13세기 초부터 16세기 초까지 인도의 북부지역을 차례로 통치했던 5개의 이슬람 왕조를 말한다. 델리왕조 또는 델리술탄국이라고도 한다. 델리술탄국은 차가다이 칸국과 티무르제국의 약탈 대상이 되다가 티무르의 후손인 바부르가 1526년 무굴제국을 세우면서 소멸했다.

전투에서 마흐무드의 계승자인 마수드가 셀주크왕조의 토그릴에게 패해 호라산을 상실하고 아프가니스탄으로 밀려나고 말았다.

10세기부터 아프가니스탄 중앙부에 근거를 두고 있다가 11세기 초 가즈나왕조에 복속했던 구르왕조(Ghurid dynasty)가 1150년경 가즈나왕조에 반란을 일으키고 1173년에는 가즈니를 점령했다. 가즈나왕조의 술탄은 펀자브[19]로 피신했으나 시하브 앗 딘 무함마드(1186-1206)라는 인물이 1186년 펀자브의 마지막 술탄을 폐위시키고 구르왕조 시대를 열었다. 이로부터 몇 년 지나지 않아 그는 자신과 이름이 같고 1200년 호라즘 샤가 된 알라 앗 딘 무함마드와 호라산을 놓고 격돌했다. 호라산은 1157년 셀주크왕조의 산자르가 사망한 후 무주공산이었다. 1204년 아무다리야 연안에서 전투가 벌어졌고 구르왕조의 술탄이 호라즘의 샤를 패퇴시키고 호라즘 본토를 약탈했다. 이에 호라즘 샤는 카라키타이의 구르 칸[20]에게 도움을 요청했고, 구르 칸은 타얀쿠 타라즈 장군과 카라한왕조의 왕자 우쓰만이 이끄는 군대를 보내주었다. 이에 힘입어 호라즘왕조는 하자라습[21]에서 구르왕조의 군대에 승리하며 시하브 앗 딘 무함마드에게 큰 타격을 입혔다. 구르왕조의 군주는 1206년 사망했고, 호라즘왕조는 1215년 가즈니를 점령하며 구르왕조를 멸망시켰다.

---

19 인더스강의 5개 지류가 흐르는 지역을 뜻하며 오늘날 파키스탄 중북부와 인도 북부에 걸친 지역이다.

20 카라키타이 왕의 칭호로 사해(四海)의 군주를 뜻한다.

21 우즈베키스탄 서북부에 있는 호라즘주에 위치.

4) 셀주크왕조(1038-1194)

오구즈 야브구왕조와 결별하고 960년경 시르다리야 연안의 도시 잔드에 진출한 셀주크는 사만왕조가 세력이 약해진 틈을 이용하여 트란스옥시아나의 심장부인 부하라의 동북방까지 내려왔다. 셀주크와 그의 아들 미카일이 사망한 후 다른 아들 아르슬란 이스라일이 셀주크족을 이끌고 카라한왕조의 왕자 알리 테긴에게 봉사하며 그가 트란스옥시아나를 지배할 수 있도록 도와주었다. 알리 테긴은 이에 대한 보답으로 자신의 딸을 이스라일에게 시집보냈다.[22] 그러나 알리 테긴의 세력 확장에 불만을 품은 가즈나왕조의 마흐무드와 알리 테긴의 형이자 동카라한왕조의 군주 유수프 카디르는 연합하여 1025년경 알리 테긴을 쫓아냈다. 두 사람은 사마르칸트에서 트란스옥시아나를 나누기 위해 협상했지만 실패했고, 마흐무드가 호라산으로 돌아가자 알리 테긴이 트란스옥시아나 권좌에 다시 복귀했다.

한편 알리 테긴이 쫓겨났을 때 궁지에 몰린 이스라일은 가즈나왕조의 마흐무드를 찾아가 충성을 약속하고 대신 호라산에 정착하게 해달라고 요청했다. 그러나 마흐무드는 이스라일을 신뢰할 수 없어 투옥시켰고, 아르슬란은 1032년 감옥에서 사망했다.

아르슬란이 사망한 후 조카인 토그릴과 차그리 형제가 셀주크족을 이끌었다. 이들은 가즈나왕조의 마수드(마흐무드의 아들) 술탄을 찾아가 충성을 약속하고 그 대가로 호라산 지역의 땅을 요구했다. 마수드가 군대를 보내 이들을 쫓아내려 했지만 오히려 패배하고 호라산

22 Ali-Tegin from Wikipedia

셀주크왕조의 약식 가계도

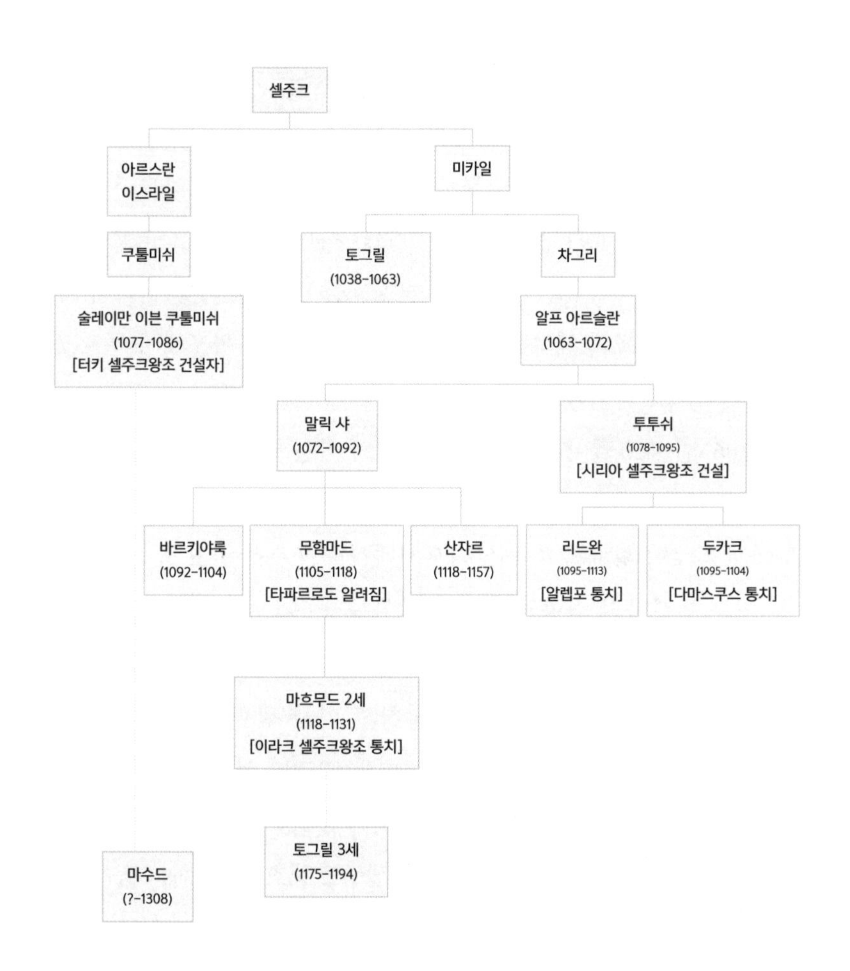

을 차츰차츰 잃게 되었다.

토그릴은 1038년 니샤푸르에서 셀주크왕조(Seljuk dynasty)를 열고 초대 술탄(1038-1063)에 올랐다. 1040년에는 메르브 근처의 단다나칸에서 벌어진 전투에서 가즈나왕조의 군대를 격파하고 호라산 전역을 차지했다. 단다나칸 전투 승리 후 셀주크왕조는 가즈나왕조에 종속해 있던 호라즘을 원정하여 복속시켰다.

토그릴은 1055년 바그다드로 진격하여 서부 페르시아를 지배하던 부이왕조(932-1055)[23]를 없애고, 1058년 아바스왕조의 칼리프(알 카임)로부터 '동방과 서방의 왕'이라는 칭호를 받았다. 이렇게 하여 아바스 칼리프 왕조의 세속적인 상대자는 페르시아계 왕조에서 투르크계 술탄국으로 바뀌었다.

1063년 토그릴이 사망하자 차그리의 아들 알프 아르슬란이 2대 술탄(1063-1072)에 즉위했다. 그는 1071년 만지케르트에서 벌어진 전투에서 동로마 황제 로마누스 디오게네스를 포로로 잡고 승리하였는데, 이는 동로마의 영향권에 있던 아나톨리아가 투르크화되는 결정적인 계기가 되었다.

1072년 알프 아르슬란이 사망하고 아들 말릭 샤가 3대 술탄(1072-1092)이 되었다. 말릭 샤는 1074년과 1089년 서카라한왕조를 원정하여 속국으로 삼았다. 한편 말릭 샤의 치세 중 그의 숙부 술레이만 이븐 쿠틀미쉬는 아나톨리아에 터키 셀주크왕조(1077-1308), 동생 투

---

23 카스피해 남부에 기반을 둔 이란계 '부이'라는 군벌 가문이 세운 왕조이다. 페르시아에 들어선 최초의 시아파 왕조로 945년 바그다드에 입성하여 칼리프의 근위병인 맘룩 용병들을 쫓아내고 칼리프를 임면하며 실권을 휘둘렀다.

투쉬는 파티마왕조의 영역인 시리아에 시리아 셀주크왕조(1078-1128)를 구축했다.

1092년 말릭 샤 사망 후 일족들 간에 계승권 분쟁이 일어나며 셀주크왕조는 혼란에 빠졌다. 말리 샤의 장자 바르키야룩이 내분을 수습하였지만 터키 셀주크왕조와 시리아 셀주크왕조는 이 기회를 이용하여 본가(대셀주크왕조 또는 페르시아 술탄국)로부터 독립하였다. 이렇게 하여 셀주크왕조는 세 집단으로 나뉘게 되었다.[24]

말릭 샤의 막내아들 산자르는 1097년 술탄 바르키야룩에 의해 호라산 영주로 임명되었다. 바르키야룩이 1104년 죽자 그의 동생인 무함마드(타파르)가 바르키야룩의 아들로부터 1105년 술탄위를 탈취하였다. 1118년 타파르가 병사하고 아들 마흐무드 2세(1118-1131)가 13세의 나이로 즉위하자 산자르는 어린 조카를 부정하고 자신이 대셀주크왕조의 술탄임을 선포했다.

대셀주크왕조의 술탄 자리는 산자르에게 넘어갔지만 페르시아 술탄국은 서부 이란을 중심으로 마흐무드 2세에 의해 이어졌는데, 이를 이라크 셀주크왕조라고도 한다. 대셀주크왕조의 술탄에 오른 산자르는 서카라한왕조, 가즈나왕조, 호라즘왕조에 대해 종주권을 행사하며 세력을 넓혀나갔다. 그러나 그는 그때 동카라한왕조를 제압한 카라키타이의 침공을 받고 1141년 사마르칸트 인근 카트완에서 벌어진 전투에서 패해 트란스옥시아나에서의 영향력을 상실하고 만

24 르네 그루쎄, 앞의 책, 237쪽.

다. 또한 트란스옥시아나가 카라키타이에 수중에 떨어진 후 그곳에 있던 오구즈들이 호라산의 발흐 지역으로 내려와 기존에 있던 오구즈들과 합세하여 산자르가 시행하는 페르시아적인 조세 및 행정에 불만을 품고 반란을 일으켰고, 1153년 이를 제압하려던 산자르는 오히려 생포되고 말았다. 산자르는 1156년 탈출하여 메르브에서 재기를 시도했으나 이듬해 사망함으로써 가문의 영광을 부흥시키려던 그의 꿈은 사라지고 말았다. 페르시아 술탄국(이라크 셀주크왕조)도 마지막 술탄인 토그릴 3세가 1194년 호라즘의 샤 테키시와 라이(테헤란) 근처에서 벌어진 전투에서 패사함에 따라 종말을 고했다.

시리아 셀주크왕조의 투투쉬는 1092년 말릭 샤가 사망한 후 대셀주크왕조의 술탄 자리를 놓고 말릭 샤의 장남 바르키야룩과 전투하다가 1095년 사망하였다. 그의 사후 시리아 셀주크왕조는 알렙포와 다마스쿠스로 분열된 상태에서 존속하다가 1104년 다마스쿠스에 부리왕조[25]가 들어서고, 1128년에는 알렙포가 장기왕조[26]에 넘어가며 사라졌다. 아나톨리아 술탄국(터키 셀주크왕조)은 1243년 쾨세다그 전투에서 몽골 군대에 패한 후 일 칸국에 종속되었다가 1308년 최종적으로 소멸했다.

---

25 1095년 투투쉬가 사망하자 아들 리드완은 알렙포, 그의 동생 두카크는 다마스쿠스를 차지하며 서로 정통성을 주장했다. 이때 투투쉬의 부하로 두카크 편에 섰던 토그테킨이 1104년 두카크가 죽자 아타벡이 되어 다마스쿠스의 실권을 장악하며 부리왕조를 세웠다. 이 왕조는 장기왕조와 대립했는데, 장기의 아들인 누루 알딘이 1154년 평화적으로 이 왕조를 정복하며 시리아를 통일했다.

26 1127년 이라크 셀주크왕조의 마흐무드 2세에 의해 모술의 총독겸 아타벡으로 임명된 투르크인 이마드 앗 딘 장기가 세운 왕조이다. 십자군의 시리아 진출을 저지하고, 다마스쿠스도 취하며 발전하였으나 아윱왕조에게 영토를 침식당하다 소멸하였다.

5) 호라즘왕조(1077-1220)

전통적으로 페르시아계 주민의 거주지였던 호라즘은 10세기경 사만왕조의 통치하에 들어갔다. 사만왕조는 이곳에 총독을 파견했고, 마문이라는 총독은 호라즘의 토착 세력인 아프리그 부족을 제압하고 호라즘 샤[27]라는 칭호를 취했다.[28] 사만왕조가 사라진 후 호라즘은 가즈나왕조와 셀주크왕조의 지배를 차례로 받았다.

999년 5월 사만왕조로부터 호라산을 확실하게 빼앗은 가즈나왕조의 마흐무드 술탄은 1017년 알툰타쉬를 호라즘 샤로 임명하며 호라즘이 가즈나왕조 영토임을 명백히 했다. 그러나 1041년 단다나칸 전투에서 가즈나왕조에 승리를 거둔 셀주크왕조가 이곳을 차지했다.

셀주크왕조의 3대 술탄 말릭 샤는 1077년 투르크족 출신 아누쉬 테긴을 호라즘 총독으로 임명했는데 그에 의해 호라즘왕조(Khwarazmian dynasty)의 기초가 세워졌다. 아누쉬 테긴이 죽은 후 손자 알라딘 아트시즈가 1128년 샤로 등장하면서 셀주크왕조와의 주종 관계가 변하기 시작했다. 알라딘 아트시즈는 독자 노선을 걸으며 셀주크왕조의 산자르에게 대항했고, 1141년 산자르가 카라키타이에 패하자 호라즘은 셀주크왕조로부터 독립했다. 그러나 독립하자마자 카라키타이의 침공을 받고 조공국이 되었다.

알라딘 아트시즈 사후 그의 아들 일 아르슬란이 샤가 되었다. 일 아르슬란이 사망한 후에는 잔드 총독으로 있던 그의 아들 테키시

27 술탄, 칸과 같은 군주를 뜻하는 페르시아어.

28 이희수, 앞의 책, 302쪽.

와 이복동생인 술탄 샤 사이에 권력 투쟁이 벌어졌다. 술탄 샤가 수도 우르겐치에서 호라즘 샤로 등극하자 테키시는 카라키타이의 지원을 받아 우르겐치를 공격했다. 술탄 샤는 패해 호라산으로 도망갔고 1172년 테키시가 호라즘 샤가 되었다.

테키시는 1194년 라이 근처에서 벌어진 전투에서 페르시아 술탄국의 마지막 술탄인 토그릴 3세를 패사시키며 페르시아를 호라즘왕조에 편입시켰다. 테키시 사후 아들 알라 앗 딘 무함마드(1200-1220)가 샤가 되었다. 그가 샤에 오르기 전 자신과 이름이 같은 구르왕조의 시하브 앗 딘 무함마드도 1186년 펀자브의 마지막 가즈나왕조의 군주를 폐위시키고 영토를 확장하고 있었다. 앞서 얘기했듯이 이후 두 군주는 호라산 지역을 놓고 격돌했는데 카라키타이의 지원을 받은 호라즘왕조가 구르왕조를 물리치고 1215년 가즈니를 점령하며 전 아프가니스탄을 손에 넣었다.

호라즘왕조의 무함마드는 카라키타이 구르 칸의 지원 덕분에 구르왕조에 승리를 거두고 전 아프가니스탄을 장악했지만 카라키타이에 감사하는 마음은 오래가지 않았다. 호라산, 페르시아, 아프가니스탄을 통치하며 무슬림 세계의 제왕으로 군림하는 자신이 우상 숭배자 카라키타이의 가신으로 머물러 있는 것을 참을 수 없었다. 카라키타이의 가신이었던 사마르칸트의 군주 우쓰만도 무함마드와 같은 생각이었다. 이러한 연유로 우쓰만의 장인이기도 한 호라즘 샤는 1207년 우쓰만과 협약을 맺고 부하라와 사마르칸트에 대해 카라키타이 대신 자신의 종주권을 표방했다.

무함마드는 11세기 초 오구즈를 쫓아내고 아랄해 인근을 차지하고 있던 킵차크를 정복했다(1209년). 그는 또한 카라키타이로 피신해와 구르 칸의 딸과 결혼한 나이만의 왕자 쿠쉴룩과 밀약을 맺고 구르 칸에 공동으로 대항하기로 했다. 이에 힘입어 무함마드는 1210년 타라즈 인근의 전투에서 카라키타이의 장군 타얀쿠 타라즈를 포로로 잡으며 승리를 거두고 트란스옥시아나를 차지했다. 한편 쿠쉴룩도 구르 칸을 제압하고 카라키타이의 지배자가 되었다(1211년).

1212년 사마르칸트의 군주 우쓰만은 호라즘왕조에 신속(臣屬)하는 것에 염증을 느끼고 무함마드에게 대항하여 반란을 일으켰다. 무함마드는 사마르칸트로 진격하여 우쓰만을 사로잡아 처형시키고 자신의 수도를 우르겐치에서 사마르칸트로 옮겼다.

이렇게 하여 호라즘왕조는 페르시아, 아프가니스탄, 트란스옥시아나, 아랄해 남부지역을 아우르는 대제국이 되었다. 바로 이때 무함마드는 몽골고원을 통일한 칭기즈칸과 충돌하게 된다. 결론적으로 무함마드는 칭기즈칸에 패해 도망 다니다가 1220년 12월경에 카스피해의 작은 섬에서 죽었다.

투르크계 왕조와 카라키타이

카라키타이(Qara Khitai, 1131-1218)는 거란인이 세운 요나라(916-1125)가 1125년 금나라[29]에게 망하자 왕족의 일부가 천산 북방으로 이주하여

29 여진족이 1115년 북만주에 세운 왕조로 1125년 요나라(거란), 1127년 북송을 멸망시

세운 왕조다. 이 나라는 앞에서 설명했듯이 카라한왕조, 셀주크왕조, 호라즘왕조를 제압하고 속국으로 삼았다.

거란인은 5세기 초부터 중국의 연대기에 등장하는데 한자로는 契丹, 이슬람권에서는 Khitai로 표시했다. 이들은 7세기 말에 돌궐과 당나라의 공격을 받고 세력이 정체되어 있다가 916년 야율아보기가 천황제를 칭하며 거란(왕국)을 세웠다. 거란은 당나라가 망한 후 화북 지역에 들어선 왕조 중의 하나인 후진(後晉, 936-946)의 석경당으로부터 936년 연운 16주[30]를 할양받은 이후 요(遼)라고 불리기도 했다. 거란인은 몽골어계의 방언을 사용하며 몽골인과 친족 관계였고 주거지는 열하[31] 지방이었다.[32]

거란은 907년 당나라가 망한 후 북방 지역에서 중국의 영향력이 감소한 기회를 이용하여 924년 몽골의 카라발가순으로 진격해 위구르제국을 멸하고 그 자리를 차지하고 있던 키르기스인을 예니세이강 방면으로 쫓아냈다. 그때 야율아보기가 하서회랑의 감주에 있던 위구르인에게 오르콘의 국가를 회복시켜주겠다고 제안했지만 정주적인 생활 방식을 수용한 그 후예들은 유목생활로 돌아가는 것을 거부

킬 정도로 강성했으나, 1211년부터 칭기즈칸의 공격을 받고 쇠퇴하다가 1234년 수베에테이가 이끄는 몽골군과 남송의 공격을 받고 망했다.

30 오늘날 북경인 연주를 포함한 장성 이남의 지역. 이렇게 하여 북경은 거란 이후에는 금, 몽골의 손에 넘어가 1368년 원나라가 몽골고원으로 쫓겨갈 때까지 약 430년간 북방 민족의 지배하에 놓이게 되었다.

31 하북성 동북부지역으로 베이징에서 250km 떨어져 있으며 청나라 황제의 여름 별장이 있었다. 1955년 하북성, 요녕성, 내몽골자치구에 분할 편입되었다.

32 르네 그루쎄, 앞의 책, 202-203쪽.

했다.[33]

거란은 이어서 926년 발해(698-926)를 멸망시키고, 936년에는 후당(後唐)의 절도사였던 석경당이 후진을 세우는 것을 지원하고 그 대가로 장성 이남의 연운 16주를 할양받았다. 『요사』「지리지」에 따르면 거란의 영토는 서로는 알타이산맥과 타클라마칸사막에서 시작하여 동으로는 발해만까지, 북으로는 케룰렌강에서 남으로는 북경 남쪽에 있는 백구하까지 포함하는 광대한 영역이었다.[34]

북중국 지역을 놓고 당나라에 이어 960년 등장한 송나라(960-1279)와 대결을 하던 거란은 1004년 송나라와 평화협정을 맺고 북중국 지역을 확실하게 차지한 후 고려와 중앙아시아 방면으로 세력 확장을 시도했다. 그러나 고려에서는 강감찬 장군에게 패하고, 중앙아시아에서도 카쉬가리아와 이식쿨 정복을 시도하다가 1017년 카라한 왕조의 토간에게 격퇴되었다.

거란은 약 200년 동안 존속하다가 금나라(1115-1234)에 의해 1125년 망하게 되는데, 이후 거란의 왕족인 야율대석(1131-1142)은 소수의 군대와 함께 서쪽으로 이주했다. 야율대석은 타림분지의 오아시스 도시인 투르판, 베쉬발릭, 쿠처 등을 지배하던 코초 위구르왕조로부터 종주권을 인정받고, 1131년경 천산산맥 북방의 에밀에 정착하여 '사해(四海)의 군주'를 뜻하는 구르 칸으로 즉위하며 카라키타이 왕조를 열었다.

33 위의 책, 204쪽.

34 김호동, 앞의 책, 116쪽.

거란인은 위구르문자를 차용하여 거란문자를 만들 정도로 위구르 문화의 영향을 받으며 위구르인과는 우호적인 관계였다. 이는 거란이 몽골고원에서 키르기스인에게 쫓겨난 위구르인에게 국가를 회복시켜주겠다고 제안한 사실과, 카라키타이가 에밀 지방으로 이주할 때 코초 위구르인이 카라키타이의 종주권을 인정한 사실에서 짐작할 수가 있다. 열하에 그대로 남아 금나라의 지배를 받던 거란인은 1211년 칭기즈칸의 금나라 원정 시 같은 몽골계라는 친연성에다 금나라에 망한 원한이 있어 칭기즈칸을 적극 지원했다.

카라키타이가 에밀에 정착할 때 서투르키스탄에는 카라한왕조, 셀주크왕조, 호라즘왕조, 구르왕조(가즈나왕조의 후신) 등 4개의 투르크계 왕조가 있었다. 카라키타이의 야율대석은 1134년경 동카라한왕조의 군주 자리를 빼앗고 도읍을 에밀에서 발라사군으로 옮겼다. 이후 세력을 공고히 하고 트란스옥시아나로 진격했다. 1137년 페르가나의 호젠트에서 카라한왕조의 사마르칸트 군주(루큰 웃 딘 마흐무드)를 격파했고, 1141년에는 트란스옥시아나의 가신을 구하러 온 산자르를 카트완(사마르칸트 북방에 위치)에서 패주시켰다. 이렇게 하여 트란스옥시아나의 주요 도시인 부하라와 사마르칸트의 종주권이 셀주크왕조에서 카라키타이로 넘어갔다.

카라키타이는 1141년 호라즘왕조도 조공국으로 만들었는데 그 결과 카라키타이의 지배권은 타림분지 동쪽에 위치한 오아시스 도시 하미에서 천산 북방, 그리고 제티수를 거쳐 아무다리야까지 달했다. 그러나 카라키타이의 구르 칸은 알타이산맥 인근에서 자신들과 이웃하며 우호적 관계에 있던 나이만의 왕자 쿠쉴룩이 1208년 칭기즈칸 군대에게 패하고 피난 왔을 때 받아들였다가 오히려 망하게 된다.

쿠쉴룩에게 피난처를 제공한 구르 칸은 그에게 자신의 딸까지 시집보냈다. 그러나 이러한 호의에도 불구하고 쿠쉴룩은 나이만을 재건시키려는 생각에 뿔뿔이 흩어진 나이만 사람들을 모아 독자적인 세를 규합했다. 이때 호라즘의 무함마드가 구르 칸을 함께 공격하자고 쿠쉴룩에게 전갈을 보냈다. 무함마드는 서쪽에서, 쿠쉴룩은 동쪽에서 구르 칸을 공격하기로 하고 먼저 쿠쉴룩이 발라사군의 구르 칸을 공격했으나 패했다. 무함마드는 사마르칸트의 우쓰만과 함께 구르 칸을 향해 진격했다. 1210년 이들이 타라즈 지방에 도착했을 때 구르 칸 군대의 사령관인 타얀쿠가 대군을 거느리고 그곳에 와 있었다. 이 전투에서 구르 칸 군대가 패하고 타얀쿠는 술탄 무함마드에게 잡혔다.

쿠쉴룩은 구르 칸 군대가 패하자 1211년 재빠르게 구르 칸을 제압했고, 구르 칸은 비통함을 못 이겨 2년 뒤인 1213년 사망했다. 쿠쉴룩은 카라키타이를 통치하다가 칭기즈칸이 보낸 제베의 군대에 의해 1218년 살해되었다.

3. 이슬람 국가

카자흐스탄의 이슬람 특징

이슬람은 유일신 알라(Allah)의 계시를 받아 무함마드가 만든 종교이고, 무슬림은 이슬람을 믿는 사람을 말한다. 카자흐스탄에는 국교가 없으므로 이슬람이 국교는 아니지만 국민의 70% 이상이 무슬림이어서 이슬람은 카자흐스탄의 세 번째 국가 정체성을 이루고 있다. 카자흐스탄의 이슬람화는 후술할 페르시아와 중앙아시아의 이슬람화, 그리고 이슬람을 장려한 킵차크 칸국과 밀접한 관계가 있다.

751년 탈라스 전투를 전후하여 급속히 이슬람화가 진행된 트란스옥시아나에 비해 카자흐스탄의 이슬람화는 다소 늦은 9세기 말부터 시작되었다. 사만왕조가 893년 이래 카자흐스탄 남부에 위치한 탈라스에 원정하여 그곳에 있던 네스토리우스파 교회를 모스크로 바꾸며 투르크인을 개종시켰다는 기록과, 카라한왕조의 기초를 닦은 것으로 알려진 사툭 부그라 칸이 10세기 중반 부하라에 거주하는 수피[35]의 영향을 받아 그의 백성과 함께 개종했다는 설화에서 이를 짐작할 수가 있다. 카자흐스탄이 트란스옥시아나에 비해 이슬람화가 늦은 것은 이 지역이 페르시아에서 더 멀리 떨어져 있고 천산 북방의 초원길을 통해 샤머니즘이 강한 몽골의 영향을 많이 받은 탓에 기인한다.

카자흐스탄의 이슬람은 킵차크 칸국 시대에도 장려되었고 특히 베르케 칸은 독실한 무슬림이어서 그의 사촌인 훌레구가 1258년 바그다드의 칼리프를 살해하자 그와 전쟁을 벌이기도 했다.

카자흐스탄에서는 중동이나 이란, 터키와 달리 거리에서 히잡이나 차도르를 쓴 사람들을 보기가 힘들다. 무슬림의 기도 장소인 모스크도 그리 웅장하지가 않다. 그리고 무슬림이 기피하는 돼지고기와 술도 쉽게 살 수가 있다. 이것은 아마도 전통적으로 유목민이 천신숭배나 샤머니즘에 익숙해져 있고 또한 260여 년 동안 러시아의 통치를 받은 배경에 기인할 것이다.

외형상 이슬람 신앙이 약해 보이지만 이슬람은 오랜 세월에 걸쳐 카자흐스탄 국민들의 삶에 뿌리를 내려오고 있다. 도시는 물론 시골 곳곳에 모스크가 있으며 결혼, 장례, 할례, 신생아 이름 짓기 등 삶의 대소사가 이슬람 종교 지도자인 이맘의 도움을 받아 진행된다. 식사 전 알라에게 감사의 기도를 드리는 모습도 흔히 볼 수 있다.

---

35 고행과 금욕적인 수행을 통해 알라와의 영적 합일을 추구하는 이슬람 신비주의자로, 이들이 만든 교리를 수피즘이라 한다. 이들은 8세기 말경 태동해 여러 수피교단을 만들었는데, 특히 이 중 하나인 낙쉬반드 교단에 속한 수피들은 훗날 모굴 칸국의 몽골 군주들을 이슬람으로 개종시키며 타림분지의 이슬람화를 완성시키는 데 크게 기여하였다.

이슬람 사회에서 가장 선호됐던 학문은 철학인데, 알파라비라는 유명한 철학자가 9세기 말 시르다리야 연안의 실크로드 도시 오트라르[36]에서 태어났다. 그의 학문적 성과를 기리어 그의 이름을 딴 대학(알파라비 카자흐스탄 국립대학교)과 도로가 있다. 독실한 무슬림인 알파라비는 이성, 철학, 예언자, 종교에 대해 다음과 같이 얘기했다.

> 철학자는 이성으로 진리에 도달할 수 있으나 모든 사람들이 철학자가 아니어서 대부분의 사람들은 상징을 통해 진리에 이를 수 있다. 일부 철학자들은 이성뿐만 아니라 상상력으로써 진리를 이해할 수 있는 능력을 갖기도 하는데 이들이 바로 예언자다. 예언자는 이성적 개념과 상상적 비유에서 나온 상징 두 가지로 진리를 표현한다. 예언자가 설파한 종교는 모든 사람들이 이해할 수 있는 상징으로써 진리를 표현하는 방법이다. 결국 철학과 종교는 서로 모순되지 않는다. 철학과 종교는 인간의 이해 수준을 고려하여 동일한 진리를 다른 형태로 말하고 있을 뿐이다.[37]

---

36 관개농업이 발달한 실크로드 도시로 1218년 칭기즈칸이 호라즘 왕에게 보낸 사신과 상인단이 이곳에서 살해되었다. 1220년 4월 칭기즈칸의 두 아들인 차가다이와 우구데이의 공격을 받고 파괴되었다가 티무르 때 다시 실크로드 거점으로 부활했으며, 1405년 티무르가 이곳에서 중국 원정을 준비하던 중 병으로 사망했다. 오트라르는 17세기 들어 관개수로가 말라 도시가 쇠약해진 가운데 17-18세기 카자흐 칸국과 준가르의 격돌 속에 폐허가 되었다.

37 앨버트 후라니 저, 김정명·홍미정 역, 『아랍인의 역사』(심산출판사, 2010), 158-159쪽.

이슬람의 교리

무슬림은 알라가 최초의 인간인 아담과 이브를 만들었다고 믿으므로 이슬람의 신 알라(Allah)와 기독교의 신 하나님(God)은 같은 것이다. 이 종교의 가장 큰 특징은 무함마드를 알라의 아들이 아닌 예언자로 보는 것이다. 이슬람은 유대교와 마찬가지로 예수도 신의 아들이 아닌 예언자로 보고 있다. 역사상 자라투스트라(조로아스터), 아브라함, 모세, 마니, 예수와 같은 많은 예언자들이 등장했지만 이 종교는 무함마드는 알라가 보낸 최후의 예언자라 주장한다.

이슬람은 또한 우상 개념에 엄격하다. 기독교에서 예수가 신의 아들로 여겨지는 것, 교회에 있는 성상(聖像) 등을 이슬람에서는 모두 우상숭배라고 본다. 그래서 모스크에는 알라나 무함마드를 나타내는 성상이 일체 없고, 단지 알라의 말씀인 코란만 모스크 벽에 모자이크되어 있다. 이슬람은 후발 종교였으므로 기독교 내에서 이미 예수의 본성과 성상에 대한 우상숭배 논쟁이 있었기에 이러한 배경이 이슬람 교리에 반영된 측면도 있었을 것이다.

이슬람에는 무슬림들이 지켜야 하는 5개의 기본적인 의무가 있다. 이를 이슬람의 5대 기둥(Five Pillars of Islam)이라고도 한다.

첫 번째는 신앙 증언(Shahada)으로 아래 2개의 아랍어 구절을 입으로 말하는 것이다. 이 구절은 이슬람 교리의 핵심을 담고 있어 무슬림이 자신의 신앙심을 드러내는 가장 상징적인 표현이다.

“라 일라하 일랄라, 무함마둔 라술룰라”

(알라 이외에 다른 신은 없고, 무함마드는 알라의 사도입니다.)

두 번째는 예배(Salat)로 정해진 시간(일출·정오·하오·일몰·심야)에 하루에 다섯 번 해야 한다. 예배 시간은 미나레트(모스크의 첨탑)에서 무엣진이라 불리는 사람이 코란의 구절을 노래하듯 낭송하며 알리는데 이를 아잔(Adhan)이라 한다. 이슬람의 예배 가르침은 불 앞에서 하루에 다섯 번 기도하라고 가르친 조로아스터교와 유사한 면이 있다. 예배는 모스크, 집, 직장 등 아무 곳에서 해도 상관없으며 단지 기도할 때 그 방향은 메카여야 한다.

세 번째는 핫즈(Hajj)로 메카 성지 순례이다. 이슬람력 12월 8일부터 5일 동안 진행된다. 무슬림은 건강이나 재정이 허락하는 한 적어도 일생에 한 번은 성지 순례에 참가할 의무가 있다.

네 번째는 소움(Sawm)으로 금식의 의무이다. 이슬람력 9월인 라마단이 공식 금식 기간으로 9월 한 달 동안 일출부터 일몰까지 음식을 엄격하게 삼가해야 한다. 라마단은 태음력에 의한 9월이며 아랍어로 '더운 달'을 뜻한다. 이달은 천사 가브리엘이 무함마드에게 코란을 가르친 신성한 달로 여겨진다.

다섯 번째는 자카트(Zakat)라는 종교세이다. 자신의 수입 가운데 정해진 몫을 공공복리를 위해 납부하는 것이다. 자카트는 통상 1년 소득의 2.5%에 해당한다. 현금으로 낼 수도 있고 가축, 곡물, 기타 생산물로 대체할 수도 있다. 모든 성인 무슬림은 자카트의 의무를 지지만 비무슬림, 노예, 미성년자, 가난한 자는 자카트의 의무가 없다. 비무슬림은 대신에 지즈야라는 인두세를 낸다.

이슬람의 경전은 코란과 하디스다. 코란은 알라의 가르침을 기록한 것이다. 예언자 무함마드가 632년 사망한 후 1대 칼리프이자 첫 번째 장인인 아부 바크르(632-634)는 예언자의 기록관이 돌·뼈·나무·잎사귀 등에 적어놓은 예언자의 말씀을 수집하라고 지시했다. 이 말씀은 가브리엘 천사가 알라의 말씀이라며 예언자에게 전한 것이었는데 나중에 이것이 코란으로 알려졌다. 2대 칼리프이자 두 번째 장인인 우마르 이븐 알-카타브(634-644)는 수집한 자료들을 문서화했고, 3대 칼리프인 우트만 이븐 아판(644-656) 때 코란이 완성되었다.

하디스는 순나를 기록한 것으로, 순나는 예언자의 언행과 관행을 말한다. 무슬림은 코란이 내포하고 있는 의미들이 순나를 통해 구체화된다고 생각하며 순나에 오류가 없다고 믿는다. 수니파는 '순나를 따르는 자들'이라는 뜻이다. 이슬람 공동체의 수장(칼리프)과 관련, 시아파가 무함마드의 딸인 파티마와 그녀의 남편인 알리의 후손 중에서 칼리프가 나와야 된다고 믿는 반면, 수니파는 혈통보다 능력에 의해 결정되어야 한다고 믿는다.

이슬람 세계에 칼리프와 이맘이라는 중요한 종교 지도자가 있다. 칼리프는 예언자 무함마드의 후계자란 뜻이다.

무함마드가 632년 사망하자 그의 첫 번째 장인 아부 바크르가 장로회의에서 후계자로 선출되었다. 그는 자신을 알라의 사도인 무함마드의 후계자라는 뜻으로 '칼리프 라술 알라'라고 했는데 여기서 칼리프라는 말이 나왔다. 칼리프는 무함마드의 후계자이자 이슬람 공동체의 수장을 의미하지만 무함마드와 같은 알라의 사도는 아니다.

칼리프 지위는 '라시둔'까지는 선출로, 우마이야왕조와 아바스왕조 때는 세습되었다. 라시둔은 무함마드 사후 차례로 등장한 아부 바크르, 우마르, 우트만, 알리(656-661) 등 무함마드와 긴밀한 관계에 있던 4명의 칼리프를 말한다. 아부 바크르와 우마르는 무함마드의 장인이고, 우트만과 알리는 무함마드의 사위였다.

이맘은 일반적으로 '종교지도자'라는 의미이다. 그러나 수니파에서는 '칼리프', 시아파에서는 '알리의 후손으로서 시아파의 최고 지도자'라는 의미로 사용되기도 한다.

이슬람의 신속한 전파 배경

632년 무함마드가 사망한 후 이슬람은 그의 후계자들에 의해 단기간에 중동, 페르시아, 이집트, 북아프리카로 들불처럼 퍼져나갔다. 이슬람 군대는 642년 페르시아를 물리치고 이슬람을 받아들이도록 했으며, 690년에는 동로마가 지배하고 있던 카르타고를 함락시켜 동로마를 북아프리카에서 몰아냈고, 711년에는 서고트를 격퇴하고 스페인의 남부지역까지 진출했다.

이슬람이 이렇게 단기간에 부흥할 수 있었던 배경으로 크게 세 가지를 꼽을 수 있다.

첫 번째는 후술하게 될 동로마와 페르시아 사산왕조의 싸움이다. 두 제국은 7세기 초 25년(603-628) 동안 메소포타미아와 아나톨리아를 두고 싸움에 몰두하느라 아라비아반도에서 태동하기 시작한 이슬람에 관심을 두지 않았다. 이슬람은 이 기회를 이용하여 어렵지 않게 세력을 키울 수 있었다.

두 번째는 이슬람이 아랍인과 페르시아인을 종교적 열등감에서 구원해준 것이다. 구약성경에 따르면 아브라함에게는 첩 하갈에서 낳은 이스마일과 본부인 사라에서 낳은 이삭이라는 자식이 있었다. 이삭의 후손은 유대인이 되었고 유일신 종교인 유대교를 믿으며 선민사상을 갖고 있었다. 당시 지중해와 중동 지역을 제패한 로마제국은 유대교에서 파생한 기독교를 380년 국교로 인정하며[38] 아울러 선민사상을 공유했다. 반면 이스마일의 후손으로 유일신 종교가 없던 아랍인들은 로마제국에 복속하며 2등 신민이라는 열등감에 사로잡혀 있었다. 이러한 상황에서 이슬람은 아랍인에도 동일한 선민의식을 심어주어 이들을 열등감으로부터 구제해주었다.[39]

페르시아인은 아리안족으로 셈족인 아랍인과 다르며, 유일신 종교인 조로아스터교를 믿고 있었다. 그러나 이들도 7세기 초의 '25년 전쟁'에서 기독교를 믿는 동로마제국에 패하자 자신의 신에 회의를 품고 열등감에 빠지게 되었다. 이러한 시기에 페르시아를 침략한 이슬람 군대에게마저 패하자 이들은 조로아스터교를 버리고 이슬람을 받아들였다. 결과적으로 페르시아의 이슬람 수용은 상승작용을 일으켜 이슬람이 아프리카, 스페인, 중앙아시아, 동남아시아까지 들불처럼 퍼져나가게 했다.

세 번째 배경은 아랍인과 투르크족의 우호 관계다. 무함마드가 하디스에서 투르크족에 대해 언급한 아래 내용으로 이들의 관계를

---

38 데이비드 리버링 루이스 저, 이종인 역, 『신의 용광로: 유럽을 만든 이슬람 문명, 570~1215』(책과함께, 2010), 30쪽.

39 데이비드 리버링 루이스, 위의 책, 96쪽.

알아볼 수 있다.

> "투르크족들이 너희를 건드리지 않는 한, 너희도 결코 투르크족들을 건드리지 마라. 동쪽에 투르크라는 우리의 군대가 있다."[40]

아랍인이 서투르키스탄에 진출하여 투르크인을 본격적으로 접촉한 것은 8세기 이후이고, 무함마드는 이보다 앞선 632년 사망했기에 무함마드가 어떻게 투르크인에 대해 호의적인 인식을 갖게 되었는지 구체적으로 알려진 것은 없다. 그러나 추측건대 무함마드 생존 시 아랍권은 페르시아를 사이에 두고 서돌궐과 연대감을 느꼈을지도 모른다. 트란스옥시아나를 지배하며 페르시아와 이웃하고 있던 서돌궐은 비단길 교역을 놓고 페르시아와 분쟁했고, 아랍인과 페르시아인은 종족상의 차이로 인해 전통적으로 사이가 안 좋았다. 무하마드는 동로마제국이 사산왕조와의 '25년전쟁'에서 밀리고 있을 때 오히려 로마인이 승리할 것이라 예언했는데[41] 이는 그가 투르크족의 동향을 잘 파악하고 있었음을 보여주는 것이었다. 콘스탄티노플은 후술하듯이 사산왕조와 아바르로부터 두 번의 연합공격을 받고 위기에 빠졌었다. 그러나 한 번은 아바르를 매수하여 위기에서 벗어났고, 다른 한 번은 투르크계 하자르왕조와 동맹을 맺고 이에 힘입어 627년 니네베 전투에서 페르시아를 격파하고 25년전쟁을 승리로 이끌었다.

---

40 이희수, 앞의 책, 271쪽.

41 데이비드 리버링 루이스, 앞의 책, 98쪽.

10세기부터 투르크인은 트란스옥시아나로 본격적으로 이주하며 이슬람으로 개종했고, 마침내 이들이 세운 오스만제국이 1453년 동로마제국을 무너뜨린 후 아랍인을 대신해 이슬람 세계의 주역이 되었는데, 투르크인과 아랍인의 우호적 관계가 이에 어느 정도 기여했을 것이다.

페르시아의 이슬람화

페르시아는 고대부터 그리스-로마와 메소포타미아 및 아나톨리아를 두고 싸움을 벌였다. 페르시아의 다리우스 대제 재위 시에는 이 지역이 페르시아의 영향력 아래에 있었지만, 마케도니아의 알렉산드로스 대왕이 기원전 330년 동방 원정을 실시하여 이 지역은 물론 페르시아까지 점령했다. 395년 로마제국이 서로마와 동로마제국으로 나뉘었을 때 페르시아에는 사산왕조가 있었다. 동로마제국의 영토는 동유럽, 아나톨리아, 이집트에 달했고, 메소포타미아 지역에서 사산왕조와의 경계는 대략 유프라테스강이 기준이었다.

이 시기에 두 제국에 기독교와 조로아스터교가 국교로 자리잡았다. 기독교는 313년 콘스탄티누스 대제의 밀라노칙령을 통해 정식 종교로 인정되었고, 380년에는 테오도시우스 대제에 의해 국교로 선포되었다. 기독교는 로마제국의 국교로 자리잡으면서 전 유럽과 아나톨리아, 캅카스 지역으로 빠르게 전파되었다.

아케메네스왕조 때 페르시아에 전파된 조로아스터교는 사산왕조(224-651)에 이르러 국교가 되었다. 이 종교는 빛의 창조자인 아후라 마즈다를 유일신으로 믿었고, 불 앞에 서서 하루 다섯 번 기도를 올리라고 가르쳤다. 불을 숭배함에 따라 배화교(拜火敎)라고도 불렸다. 조로아스터교는 아제르바이잔과 중앙아시아로 퍼져나갔으며, 아제르바이잔에는 배화교 사원이 아직 남아 있다.

사산왕조가 네스토리우스교[42] 신자들을 받아들이며 동로마제국과 종교적 갈등을 겪기도 했지만 대체로 6세기 말까지 평화가 유지되었다. 그러나 이 평화는 사산왕조의 호스로우 2세가 603년 동로마에 전쟁을 선포하며 콘스탄티노플을 침공함으로써 깨지고 만다. 호스로우 2세는 사산왕조의 고위 장군들이 일으킨 반란으로 동로마에 망명한 적이 있었는데 이때 동로마 황제 마우리키우스의 도움을 받아 반란군을 물리치고 591년 제위에 올랐었다. 그러나 포카스라는 동로마 장군이 마우리키우스를 살해하고 제위를 찬탈하자 호스로우 2세가 은인에 대한 복수를 위해 콘스탄티노플을 침공한 것이었다.

포카스는 유대인을 박해하고 이교도를 살해함으로써 변경 수비를 약화시켰는데 이로 인해 사산왕조의 공격을 받고 동로마의 수비군이 무너지기 시작했다. 동로마제국이 혼란에 빠지자 동로마령 카르타고 총독의 아들 헤라클리우스가 608년 포카스를 제거하고 제위에 올랐다.

---

42 콘스탄티노플의 대주교인 네스토리우스가 만든 기독교의 일파로, 그는 예수와 마리아에게 인성이 있다 주장하며 예수의 본성에 관한 정통 교리인 삼위일체를 부정했다. 이 교파는 431년 에페수스 공의회에서 이단이라 규정되었고, 이에 따라 네스토리우스교 신자들은 박해를 피해 로마제국을 떠나 5세기 후반 이후 메소포타미아, 시리아, 이란, 중앙아시아, 몽골, 중국으로 퍼져나갔으며 중국에서는 '경교'로 불리기도 했다.

사산왕조는 다마스쿠스(613년), 예루살렘(614년), 알렉산드리아(619년)를 점령하고 622년에는 콘스탄티노플과 마주한 보스포루스해협까지 진격하여 아바르와 함께 콘스탄티노플을 공격했다. 이때 헤라클리우스는 아바르에게 뇌물을 주어 사산왕조의 군대와 떼어놓고, 다른 한편으로는 아나톨리아 후방(카파도키아 인근)에서 사산왕조 군대를 공격하여 승리를 거두며 위기에서 벗어났다. 그러나 사산왕조는 626년 아바르와 다시 콘스탄티노플의 테오도시우스 성벽 앞에 나타났다. 위기를 타개하기 위해 헤라클리우스는 627년 하자르왕조와 동맹을 맺고 같은 해 12월 니네베[43] 전투에서 페르시아 군대를 격파했다. 622년 사산왕조 군대를 후방에서 공격할 때와 마찬가지로 콘스탄티노플에 소수의 수비 병력만 남긴 채 과감하게 후방에서 사산왕조 군대와 전투하여 승리한 것이다. 이 패배 후 호스로우 2세는 아들(카바드-시로에스)에 의해 퇴위되어 옥에 갇혀 있다가 죽었고, 두 나라는 628년 휴전했다.

휴전 후 2년이 지난 630년 페르시아와 동로마는 평화협정을 체결했다. 페르시아는 전쟁 중 획득했던 시리아, 이라크, 팔레스타인, 이집트, 아나톨리아, 아르메니아를 동로마에 다시 넘겨주었다. 동로마에 패해 세력이 약화된 사산왕조는 몇 년 지나지 않아 이슬람 군대의 침입을 받고 망하게 된다. 만약 사산왕조가 25년전쟁에서 동로마에 승리했다면 조로아스터교에 대한 더욱 굳건한 믿음이 생겨 이슬람의 운명도 바뀌었을지 모른다. 아라비아반도에서 태동한 이슬람의

---

43 아시리아의 수도였으며 이라크 모술 인근에 위치.

광풍이 조로아스터교에 막혀 찻잔 속의 태풍으로 끝날 가능성도 있었다.

7세기 초의 25년전쟁에서 어부지리를 얻은 세력은 이슬람이었다. 이슬람의 창시자 무함마드가 사망한 후 이 종교는 비약적인 발전을 이루었다.

두 번째 후계자 우마르는 활발한 정복 전쟁을 펼쳤다. 그는 우선 지중해 동부에 있는 동로마제국의 영토를 침입했다. 시리아(636년), 예루살렘(638년), 팔레스타인(640년), 이집트(641년) 등이 순식간에 이슬람 군대의 수중에 떨어졌다.

이슬람 군대의 다음 공격 대상은 페르시아였다. 아랍 군대는 637년 바그다드에서 멀지 않은 지역인 알-카디시야에서 사산왕조와 전투를 벌여 승리한 바 있었다. 5년 후인 642년 이슬람 군대는 니하반드(Nihavand)[44]에서 사산왕조 군대와 다시 전투를 했다. 이 전투에서도 사산왕조는 패했고 마지막 왕 야즈데게르드 3세는 도망 다니다가 651년경 메르브 근처에서 살해되었다. 이로써 조로아스터교가 지배하던 페르시아는 종말을 고했다.

페르시아인은 이후 조로아스터교를 버리고 이슬람의 길을 걸었다. 이들은 기원전 6세기경부터 시작해 1,200여 년 동안 믿어온 조로아스터교가 후발 종교인 기독교 세력에 패한 것에 충격을 받고 열등감에 사로잡혀 있다가, 신흥 종교인 이슬람 군대에 다시 패하자 이를 구원의 종교로 보고 쉽게 받아들였는지도 모른다.

---

44 이란의 서부 도시 하마단에서 남쪽으로 60km 떨어진 곳에 위치.

페르시아가 이슬람화된 후 지중해, 캅카스, 동유럽은 기독교권과 이슬람권으로 나뉘었고, 전쟁은 기존의 영토 목적 외에 종교적 우월감이라는 의식이 추가되었다.

중앙아시아의 이슬람화

이슬람이 도래하기 전 중앙아시아 지역은 실크로드를 통해 전래된 불교, 조로아스터교, 네스토리우스교, 샤머니즘 등 다양한 종교가 혼재해 있었다. 그러나 페르시아의 이슬람화, 호라산과 서투르키스탄 사람들의 아바스 혁명 지원, 탈라스 전투에서 이슬람군의 승리와 같은 과정을 거치며 중앙아시아는 이슬람화되어갔다.

651년 사산왕조가 무너지자 이슬람군에게 아프가니스탄, 호라산, 트란스옥시아나로 가는 길이 열렸다. 라시둔 시기(632-661)를 거친 후 이슬람 제국에는 다마스쿠스에 수도를 둔 우마이야왕조(661-750)가 들어섰다. 우마이야왕조는 페르시아에 총독을 파견하고, 중앙아시아 진출을 적극 추진했다. 695년 우마이야왕조의 칼리프(압달 말릭)는 알 하자즈 이븐 유스프라는 사람을 바스라[45] 총독으로 임명하여 페르시아를 통치하도록 했고, 알 하자즈는 쿠타이바 이븐 무슬림을 아바스왕조로부터 거의 독립해 있던 호라산 총독으로 임명했다(705년). 쿠타이바는 메르브에 거점을 두고 트란스옥시아나로의 진출을 적극

45 이라크 남동부에 있는 바스라주의 주도이자 항구도시로 638년경 제2대 칼리프인 우마르의 지시에 의해 동방 진출을 위해 건설되었다.

시도하여 부하라(709년), 호라즘과 사마르칸트(712년)를 정복했다.[46]

이슬람 군대의 진출에 위협을 느낀 부하라 및 사마르칸트의 소그드인은 몽골고원 전체의 지배자인 동돌궐의 군주 카파간에게 도움을 요청했다. 카파간은 그의 조카 퀼 테긴을 지휘관으로 삼아 군대를 파견하여 사마르칸트를 제외한 지역을 잠시 되찾기도 했으나 결국에는 쿠타이바에게 밀려났고, 쿠타이바는 사마르칸트의 통치자 구렉을 속신으로 삼고 군대를 주둔시켰다.

쿠타이바는 715년 페르가나로 원정을 갔다. 이때 다마스쿠스의 칼리프가 바뀌었는데 새 칼리프가 쿠타이바를 소환하자 이에 반발한 쿠타이바가 반란을 일으켰다가 부하들에게 피살되었다. 쿠타이바의 죽음으로 이슬람의 서투르키스탄 진출은 소강상태로 접어들었다. 하지만 쿠타이바가 생전에 정복한 부하라와 사마르칸트 같은 도시들을 비롯한 트란스옥시아나 지역에는 이슬람이 전파되었다.

716년 동돌궐의 카파간 카간이 사망하자 발하슈호 남부에 있던 튀르기쉬 부족이 소록(술루)을 새로운 칸으로 선출하고 서돌궐의 재기를 시도했다. 소록은 카파간과 마찬가지로 이슬람 군대의 서투르키스탄 진출을 저지했다. 그는 724년 시르다리야 너머의 투르크인을 제압하라는 칼리프의 명령을 받고 새로 부임한 호라산 총독 무슬림 이븐 사이드의 군대에게 참담한 패배를 안겨 사마르칸트로 퇴각하게 만들었다. 그러나 소록이 738년 바가 타르칸에게 살해되고, 바가 타르칸도 당나라의 영향권에서 벗어나려다가 744년 당나라군에 피살되

46 크리스토퍼 벡위드, 앞의 책, 261-262쪽.

면서 튀르기쉬의 저항은 약화되었다.

이러한 가운데 738년 신임 호라산 총독으로 부임한 나스르 빈 사야르는 무력만으로는 서투르키스탄을 정복하기 어렵다는 것을 깨닫고 새로운 정책을 내세웠다. 그는 서투르키스탄을 정복하기 위해서는 현지인의 지지가 필수적이라 생각하고 이들을 이슬람으로 개종시키기 위한 세금 혜택 정책을 추진했다. 개종자에게 세금 혜택을 주자 많은 서투르키스탄인이 개종했고, 이들은 훗날 우마이야왕조를 무너뜨리는 데 일조했다.[47]

우마이야왕조는 라시둔 이후 우마이야 가문에 의해 세워진 칼리프 체제다. 이 가문 출신의 무아위야는 3대 칼리프 우트만의 사촌으로 시리아 총독으로 있었는데, 656년 칼리프 우트만이 살해되고 무함마드의 사위 알리가 4대 칼리프가 되었다. 무아위야는 자기네 가문 사람이 칼리프가 되어야 한다며 알리의 권위에 도전했고, 알리가 661년 신자에게 살해되자 무아위야(661-680)가 칼리프에 올라 우마이야왕조를 열었다.

이 왕조에서는 우마이야 가문 출신들이 칼리프를 세습하며 권력을 독점했다. 이에 반(反)우마이야 세력은 칼리프는 예언자의 후손에서 나와야 한다며 우마이야 칼리프 체제를 전복시키려 했다. 무함마드의 숙부 아바스의 후손들이 전복을 주도했기에 이를 '아바스 혁명'이라 부른다.

---

47 김호동, 앞의 책, 93쪽.

혁명 세력은 이란인으로 추정되는 아부 무슬림을 사절로 내세워 호라산에 파견했다.[48] 아부 무슬림은 호라산에서 반우마이야 세력을 결집시켰고, 747년 메르브에서 검은 깃발을 들었다. 이후 검은 깃발은 반란의 상징이 되었다. 서투르키스탄 사람들(주로 소그드인들)은 반우마이야 세력과 연합하였다. 아부 무슬림의 군대는 서진하여 749-750년 일련의 전투에서 우마이야왕조 군대를 격파했다. 칼리프 마르완 2세는 이집트까지 도망갔으나 추격자들에게 살해되었고, 이렇게 해서 우마이야왕조는 사라졌다(750년).

호라산 사람들이 아바스왕조의 등장에 공을 세우고 이슬람 중심권에 들어섬으로써 페르시아의 이슬람화가 완성되었다. 한편 호라산에 인접한 트란스옥시아나는 탈라스 전투에서 이슬람군이 당나라군을 물리치자 완전히 이슬람 영향권 아래로 들어갔다. 이후 오구즈, 카를룩 등 투르크족들이 이슬람으로 개종했으며 이들이 주축이 되어 세운 오구즈 야브구왕조, 카라한왕조, 셀주크왕조가 이어서 들어서며 카자흐스탄과 타림분지도 이슬람화되기 시작하였다.

탈라스 전투

이슬람 군대와 당나라 군대는 트란스옥시아나의 패권을 두고 751년 탈라스강 인근에서 격돌했는데, 이를 탈라스 전투라 한다. 탈라스강은 키르기스스탄 북부의 산지에서 발원하여 카자흐스탄 남부를 흐르

---

48 앨버트 후라니, 앞의 책, 74쪽.

는 453km의 강이다. 이 전투는 당시 당나라 군대의 지휘관이 고구려 유민의 후손인 고선지여서 우리에게도 잘 알려져 있다.

탈라스 전투 4년 전인 747년 고선지는 파미르고원을 원정하였다. 티베트가 당나라의 영향권 하에 있던 이 지역의 소왕국들을 복속시키며 이곳을 지나는 실크로드를 장악했기 때문이다. 당나라는 몇 차례 이 지역을 원정하여 티베트 세력을 축출하려 했지만 실패하자, 당나라 현종이 고선지 장군에게 새로이 임무를 맡긴 것이다. 그는 1만 명의 대군을 이끌고 파미르를 원정하여 와칸 회랑[49]의 연운보와 길기트[50] 전투에서 승리하며 그곳에 있는 티베트 세력을 축출하였다. 이에 서역의 72개 소왕국이 두려움을 갖고 항복하였고, 타림분지에서 파미르고원을 통해 아프가니스탄과 인도, 트란스옥시아나로 가는 실크로드가 확보되었다.

750년에 등장한 아바스왕조도 사마르칸트를 기반으로 트란스옥시아나 동쪽으로 세력을 확장시키고 있었다. 이 당시 서투르키스탄의 군소 투르크 세력들은 새로 부상한 이슬람 진영에 경도되었지

49 19세기 말 파미르고원을 통해 영국령 인도로 진출하려는 러시아와 이를 저지하려는 영국이 설정한 길이 350km, 폭 16~22km의 완충지대로 오늘날 아프가니스탄 북동부에서 타지키스탄, 파키스탄, 중국의 신장위구르와 경계를 이루고 있다. 고선지가 원정할 당시 이 지역은 호밀국(胡蜜國. 이 왕조의 도읍지는 오늘날 타지키스탄의 이스카심)에 속했으나, 이 회랑에 있는 연운보(連雲堡. 칸시르 고성)와 그 남쪽에는 티베트군 1만 명이 주둔하고 있었다.

50 소발율국(小勃律國)이 통치하던 지역으로 이 왕국의 통치자가 티베트의 공주를 왕비로 맞아들이자 서북의 20여 왕국이 티베트에 복속하게 되었다. 고선지는 연운보 전투에서 승리한 후 해발 4,600m에 달하는 다르코트 고개를 넘어 길기트로 진군하여 소발율국을 복속시켰다. 고선지 장군의 길기트 원정은 한니발의 알프스 원정보다 뛰어나다는 평가를 받고 있다. 길기트는 인도에 속했으나 1947년 파키스탄이 인도로부터 분리 독립한 후 파키스탄령(아자드카슈미르)이 되었다.

만 당나라를 무시할 수가 없어 두 세력 사이에서 생존을 모색하고 있었다.

이러한 정세 하에서 타슈켄트의 석국 등이 당나라로부터 이반하였다. 파미르 원정에 성공하여 안사사진절도사에 오른 고선지 장군은 이를 응징하기 위해 750년 서투르키스탄을 원정하였다. 고선지는 타슈켄트에 도착하여 석국의 왕 투둔을 잡아 장안으로 보내 처형하게 하고 부하들이 도시를 약탈하도록 내버려두었다. 이때 투둔의 아들이 도망쳐 사마르칸트의 아랍인에게 도움을 요청했고, 아바스왕조는 서역을 통치하는 안서도호부를 공격하기 위한 대규모 원정을 하였다. 고선지 장군도 이에 대응해 쿠처에서 출정하였다. 양측의 군대는 751년 7월 탈라스강 인근에서 전투를 벌였으나, 당나라 군대의 일부를 이루던 카를룩의 배신으로 당나라가 패했다.

탈라스 전투 패배 후 당나라에서는 안사의 난[51]이 일어났다. 당

---

51 안녹산과 그의 부장 출신인 사사명, 그리고 그의 아들들이 755-763년간 일으킨 반란을 말한다. 아버지가 소그드인 출신인 안녹산은 당나라 황제 현종과 그의 애첩인 양귀비의 신임을 받아 유주·평로·하동의 절도사를 겸임하고 있었는데, 양귀비의 사촌오빠 양국충이 재상이 되면서 안녹산을 제거하려 하자 755년 11월 북경에서 거병했다. 안녹산이 12월 낙양을 점령하고 756년 6월 장안으로 쳐들어오자 현종 일행은 사천성으로 피난을 갔고, 피난 도중 양국충은 살해되고 양귀비는 목을 매어 죽었다. 이 난 때 탈라스 전투에서 패하고 장안으로 와 있던 고선지 장군이 토벌군 부원수로 임명되었으나 모함을 받아 참수되었다. 안녹산은 757년 아들 경서에게 살해되고 경서도 사사명에게 살해되었다. 758년 사사명이 낙양에서 반란을 지휘했으나 그도 761년 아들 조의에게 살해되었다. 위구르와 당나라의 연합 군대가 762년 조의를 공격했고, 패배한 조의가 763년 자살함에 따라 반란은 8년 만에 종식되었다. 이 반란을 통해 지방의 절도사들 세력이 강해지며 중앙정부의 통제력이 약화되었고, 농민들은 무거운 세금과 탐관오리의 수탈에 시달렸다. 이에 소금 밀매업자 황소가 875년 탐관오리에 대항하여 반란(황소의 난)을 일으켰는데 당나라는 이 반란을 진압한 주전충(황소의 부하로 원래 이름은 주온이었으나 황소를 배신하고 당나라로 귀순하여

나라는 몽골고원을 차지한 위구르의 도움을 받아 반란을 진압했으나 국력은 현저히 약화되었다. 탈라스 전투의 패배와 안사의 난으로 당나라는 서투르키스탄에서 영향력을 상실하고 타림분지에서도 철수해야 했다. 그 반면에 탈라스 전투는 중국의 제지술이 서방에 전파되는 계기가 되기도 했다. 포로로 잡힌 당나라의 제지 기술자들이 사마르칸트로 압송되어 그곳에서 종이를 만들었고, 이 제지술이 중동, 북아프리카, 유럽으로 확산되었다.

당나라가 빠져나간 후 트란스옥시아나에서는 여러 투르크계 왕조들과 카라키타이가 각축을 벌이다가 최종적으로 호라즘왕조가 패권을 잡았고, 천산 북방과 타림분지에서는 카를룩과 위구르(코초 위구르왕조)가 세력을 형성했다. 천산 북방과 타림분지는 13세기 초 카를룩과 위구르 군주들이 칭기즈칸에게 귀순하면서 몽골제국에 편입되었고, 호라즘왕조는 1219년 칭기즈칸의 침공을 받고 멸망했다.

탈라스 전투 후 약 1천 년이 지난 1757년 중국(청나라)은 준가르를 제압하며 타림분지를 자국의 영토에 편입시켰지만, 천리마를 구해 오라는 한 무제의 명을 받은 이광리 장군이 기원전 100년경 대완을 정복한 이래 영향력을 갖고 있었던 트란스옥시아나에는 다시 돌아오지 못했다.

당 왕조로부터 전충이라는 이름을 새로 받았다.)에 의해 907년 망했다.

중앙아시아(서투르키스탄)의 이슬람 왕조

1) 이란계 이슬람 왕조

아바스 칼리프 왕조가 들어선 후 호라산 지역은 한편으로는 확실한 이슬람 지역이 되었고, 다른 한편으로는 사산왕조가 망한(651년) 후 약 100년 만에 이란계 지방 왕조가 등장하게 되었다. 호라산 지역의 이란계 사람들이 아바스 혁명을 주도했기에 이 지역에 이들의 독자적인 세력이 등장할 것이라 예상은 됐지만, 이를 촉진시킨 것은 '제2의 아바스 혁명이라 불린 칼리프 계승 전쟁'[52]이었다.

이 전쟁에서 호라산 군대의 지원을 받아 칼리프에 오른 알 마문이 이에 대한 보답으로 호라산 군대의 지도자 중 한 명인 타히르 이븐 알 후사인에게 호라산을 거의 독립적으로 통치하도록 허락했고, 타히르는 호라산 북부에 위치한 니샤푸르를 도읍으로 하여 아랍에 정복된 이후 최초로 이란계 이슬람 왕조인 타히르왕조를 열었다(821년). 그러나 이 왕조는 873년 사파르왕조에게 니샤푸르가 정복당하며 망했다.

사파르왕조는 구리 세공업자인 야쿱 이븐 알라이스가 861년 호라산 남부의 시스탄에 위치한 자란즈를 도읍으로 하여 세운 왕조로 최대 영토는 아프가니스탄, 동부이란, 호라산에 달했다. 그러나 이 왕

52 칼리프 하룬 알 라쉬드가 죽자 그의 두 아들 알 아민과 알 마문이 계승권을 놓고 다투었다. 알 아민의 어머니는 아랍인이었던 반면, 알 마문의 어머니는 페르시아 출신이었다. 알 아민이 정통성을 내세워 칼리프에 오르자 알 마문은 호라산 지역의 이란 병사들을 동원하여 반란을 일으켜 동생 알 아민을 죽이고 칼리프(813-833)에 올랐다. (앨버트 후라니, 앞의 책, 83쪽.)

조도 트란스옥시아나에서 등장한 사만왕조에게 900년 발흐 인근의 전투에서 패하고 호라산에서 쫓겨나 시스탄에서 명맥을 유지하다가 1003년 가즈나왕조의 마흐무드에게 정복당했다.

사만왕조는 발흐 근처의 사만에서 기원한 가문을 지배층으로 한 왕조로 875년 칼리프로부터 트란스옥시아나를 봉토로 받은 것에서 시작한다. 이 왕조는 칼리프의 권위를 인정하며 '아미르'라는 칭호를 갖고 875년부터 999년까지 부하라를 수도로 하여 트란스옥시아나, 호라산, 이란 동부지역을 거의 독립적으로 지배했다. 사만왕조는 우상숭배자인 북방의 투르크인들로부터 트란스옥시아나의 이슬람 세계를 보호하는 한편, 893년 이래 카자흐스탄 남부에 위치한 탈라스에 원정하여 그곳에 있던 네스토리우스파 교회를 모스크로 바꾸며 투르크인들을 개종시켰다. 투르크인들 또한 트란스옥시아나의 공동체 성원이 되기 위해 이슬람으로 개종하거나 용병으로 참여했고, 이 중에서 뛰어난 사람은 지휘관이나 지방 총독에 임명되기도 했다. 가즈나왕조를 세운 알프 테긴과 카라한왕조의 군대를 지휘한 아르슬란 이스라일이 그랬다. 사만왕조는 999년 5월 가즈나왕조의 공격과 999년 10월 카라한왕조의 공격을 받고 멸망했다.

2) 투르크계 이슬람 왕조

앞서 살펴보았듯이 아바스왕조가 탈라스 전투에서 당나라에 승리한 후 트란스옥시아나는 이슬람권에 편입되었고, 오구즈, 카를룩 등의 투르크족들이 이슬람으로 개종하였다. 840년 위구르제국이 붕괴하면서 투르크족들이 알타이산맥과 카자흐스탄 지역에서 중앙아시아로 이동하며 이합집산을 하였는데, 이들은 동족들의 개종과 사만왕조의 영향을 받아 이슬람으로 개종하고 카라한왕조, 가즈나왕조, 셀주크왕조, 호라즘왕조 등을 세웠다.

아바스 칼리프 왕조는 사만왕조 등 이란계 지방 왕조의 등장으로 칼리프의 세속적 권력이 약화된 가운데 셀주크왕조, 호라즘왕조를 거치며 이슬람 최고 수장이라는 상징적인 권위만 인정받다가 1258년 훌레구의 몽골군이 바그다드를 침공할 때 칼리프(알 무스타으심)가 살해되며 종말을 고했다.

셀주크왕조를 세운 오구즈는 아나톨리아로 이주하여 오스만제국을 건설하고 아바스 칼리프 왕조에 이어 이슬람 세계를 수호하는 주역이 되었다.

제3장

루와 주즈 (혈연과 지연)

1. 루(혈연)

루의 의미

카자흐스탄은 130여 개 민족으로 구성된 다민족국가이며 국민 대부분은 '루'(Ru)에 속해 있다. 루는 좁게 보면 성씨(性氏) 개념이고 크게 보면 같은 혈족이 모여서 이룬 부족과 같은 개념이다. 루는 오랜 세월을 거치면서 카자흐스탄의 역사와 문화를 형성한 민족에 붙는 것이기 때문에 카자흐스탄에 오래 살아온 민족들만 루를 가지고 있고, 러시아인이나 고려인처럼 거주한 역사가 짧은 민족들은 루가 없다.

카자흐스탄에는 20여 개의 루가 있는데, 루의 기원에 대해 정확히 알려진 것은 없다. 학자들은 전쟁 시 카자흐스탄 사람들이 연합하며 사용한 단어로 '전투의 외침'이라는 뜻을 가진 '우란'에서 루라는 단어가 생겨났다고 추정하기도 한다.

루의 역사는 매우 오래되었다. 그중에서 오손(烏孫)의 경우는 사마천의 『사기열전 2』에도 등장할 만큼 역사가 길다. 흉노, 돌궐, 몽골 등의 제국이 카자흐스탄에 등장했을 때 이 루들은 제국의 구성원이었을 것이다. 오구즈 야브구왕조, 카를룩 야브구왕조, 카라한왕조 등에서도 마찬가지였을 것이다. 비록 이 제국과 왕조들은 없어졌으나 부족들의 면면은 루의 형태로 카자흐스탄 사회에 이어져 내려오고 있다.

루는 주로 투르크계 종족이지만 카자흐스탄이 투르크화되기 전에 인도유럽어계 사람들이 살았기에 오손과 같은 인도유럽어계에 속하는 루도 있다. 아울러 칭기즈칸의 호라즘왕조 원정에 함께 온 두글라트, 잘라이르 등 몽골고원의 종족들도 카자흐스탄의 루를 구성하고 있다.

카자흐스탄의 루들은 몽골고원에서 남러시아 초원, 중국에서 페르시아에 걸쳐 생활하며 이 지역의 역사에 지대한 영향을 미쳤다. 예를 들면 오손이 그렇다. 오손은 천산 북방의 일리 유역에 근거지를 두고 흉노의 서쪽 국경을 지켰는데, 흉노와 대치 중이던 한나라가 오손을 끌어들이기 위해 장건을 파견하고 공주를 오손의 왕에게 시집보내는 등 외교적 노력을 기울였다. 또 1세기 후반 흉노는 후한에 패한 후 천산 북방 오손의 땅에 살며 카자흐스탄에서도 강력한 세력을 형성하였다. 5세기 중반 유럽을 떨게 했던 훈족은 이들 흉노의 후예라고 보는 학자도 있다.

이와 같이 유라시아 역사에 직간접으로 영향을 미친 오손 같은 부족이 현재 카자흐스탄의 루를 구성하고 있기에, 루에 대한 연구는 카자흐스탄의 역사뿐만 아니라 유라시아의 유목민 역사를 밝히는 데 매우 중요하다.

루와 관련하여 '제트아타'라는 개념이 있다. 이는 7대까지 조상이 같은 경우 결혼을 금지하는 것을 말한다. 지금은 없어진 우리나라의 동성동본 금혼 제도와 유사한데, 카자흐스탄 사람들은 제트아타를 준수하기 위해 7대 조상까지 잘 숙지하고 있어야 한다. 1대부터 10대 조상까지의 이름은 다음과 같다.

1대: 바바(할아버지)
2대: 아타(아버지)
3대: 발라(아타의 아들)
4대: 네메레(손자)
5대: 쇼베레(증손자)
6대: 쇼프쉐크(고손자)
7대: 네메네(쇼베레의 손자)
8대: 투아자트(쇼프쉐크의 손자)
9대: 제크자트(네메네의 손자)
10대: 주레자트(투아자트의 손자)

이러한 가계도에서 주목할 만한 것은 바로 8대손을 의미하는 '투아자트'이다. 이는 태어날 때부터라는 의미의 '투아'와 타인이라는 뜻인 '자트'의 합성어이다. 즉, 7대 가계를 벗어나는 투아자트는 친족 구성원이 아닌 사람으로 취급된다.

카자흐스탄 원로들은 투아자트가 태어나면 같은 조상을 두고 있던 두 집단에서 서로 결혼할 수 있는 세대가 태어났다고 기념식을 열었다. 이 기념식은 뼈를 새롭게 한다는 뜻의 '수이예크 잔그르투'라고 한다. 8대손부터는 피의 가족에서 '뼈의 가족'으로 인식이 바뀌는 것이다.

루에 대해 카자흐스탄 국민들은 어떻게 생각할까? 필자는 외국인으로서 호기심 차원에서 카자흐스탄 사람들을 만나면 루가 어디냐고 물어보곤 했다. 물론 이런 질문을 받은 사람들은 자기가 속한 루에 대해 거부감 없이 말해주긴 했지만, 시간이 지나면서 루가 카자흐스탄 국민에게 미묘한 영향을 미치고 있음을 느끼게 되었다.

한번은 필자가 카자흐스탄 문화를 알고자 하는 차원에서 알파라비 카자흐스탄 국립대학교의 학생들과 루에 대한 세미나를 계획했다. 학생들이 각각의 루에 대한 특징과 역사에 대해 조사·연구하여 발표하는 것이었다. 그런데 발표 날짜를 며칠 앞두고 세미나가 갑자기 취소되었다. 세미나 내용을 뒤늦게 안 학교의 고위 관계자가 주제가 민감할 수도 있어 취소하도록 압력을 행사한 것이었다.

루에 대한 언급이 민감할 수도 있다는 것은 실제로 카자흐스탄 사회관계에 루가 영향을 미치기 때문일 것이다. 어떤 조직의 수장과 동일한 루의 인사가 그 조직에서 우대를 받는 것은 카자흐스탄 국민들 사이에 공공연하게 알려진 사실이다. 그러나 루가 혈연관계와 비슷하고 또 어느 사회나 정도의 차이는 있지만 혈연이 사회 구성원에게 영향을 미친다고 보았을 때, 카자흐스탄에서 루가 사회에 미치는 영향은 자연스러운 현상이라고도 볼 수 있다.

루의 종류와 주즈

루와 불가분의 관계에 있는 것이 '주즈(Zhuz)'이다. 주즈는 루의 연합체로 볼 수 있다. 루가 혈연을 기반으로 한 반면에 주즈는 지역을 기반으로 한다. 주즈는 대주즈, 중주즈, 소주즈 3개가 있는데, 루와 마찬가지로 기원에 대해 명확하게 알려진 것이 없다. 주즈는 루처럼 오랜 역사를 가진 것은 아니고 15세기 중반 카자흐 칸국이 등장한 시기를 전후하여 형성된 것으로 보고 있다. 주즈는 카자흐스탄을 3개 권역으로 나누고 있다.

대주즈는 카자흐스탄 동남부(시르다리야에서 제티수 지역)이다. 여기에 속한 루는 오손, 캉글리, 두글라트, 잘라이르, 알반, 수안, 시르겔, 으스트, 오샥트, 샤프라시트 등이다.

중주즈는 카자흐스탄 중부와 동북부지역이다. 여기에 속한 루는 킵차크, 나이만, 케레이트, 쿵그라트, 아르군, 우악 등이다.

소주즈는 카자흐스탄 서부(아랄해와 카스피해 사이)이다. 여기에 속한 루는 제티루, 바이울르, 알리물르 등이다.

루를 카자흐스탄의 역사에 영향을 미친 종족이라는 관점에서 보았을 때 오구즈 야브구왕조를 세운 오구즈, 카라한왕조 건설 주역인 카를룩이 오늘날 카자흐스탄의 루가 아닌 점이 특이하다. 카자흐스탄에 직접적으로 왕국을 세우지는 않았지만 카를룩, 바스밀과 함께 돌궐제국을 무너뜨리고 카라한왕조 건설에도 참여한 위구르 역시 루가 아니다. 반면에 라시드 앗 딘이 오구즈와 연합했다고 한 캉글리와 킵착은 대주즈와 중주즈에 각각 속하며 루를 이루고 있다.

▲ 20세기 초 각 주즈의 영역
(출처 : Kazakh tribes – Wikipedia)

유라시아 역사 속에 나타난 주요 루들의 행적

1) 오손

오손(烏孫, Wu sun)은 우슨, 사르 우슨, 아스빈으로도 불린다. 우슨은 오손의 중국식 발음이며 이는 고대 인도어로 기마 전사를 뜻하는 아스빈(Asvin)을 전사(轉寫)한 것이라 한다.[1] 중국의 사가들은 오손이 푸른 눈과 빨간 머리카락을 갖고 있다고 썼다. 이름의 기원과 외모에 근거하여 오손은 인도유럽어계라는 것이 통설이다.

대주즈에 속한 루인 샤프라시트와 으스트는 오손의 지파로 알

---

1 크리스토퍼 벡위드, 앞의 책, 649-650쪽.

려져 있다. 나자르바예프 전 카자흐스탄 대통령이 샤프라시트 출신이다.

오손의 근거지는 천산 북방의 일리 유역으로 흉노에 복속하며 흉노의 서쪽을 지키고 있었다. 한 무제는 오손의 전략적 중요성을 듣고 한나라 편으로 만들기 위해 기원전 119년 장건을 파견했다. 오손이 흉노를 두려워하여 같은 편으로 만드는 것은 실패했지만 장건은 오손에 머무는 동안 대완, 강거 등에 부사를 파견하여 한나라가 이들과 교류할 수 있는 토대를 마련했다. 오손과 흉노의 밀접한 관계는 흉노가 1세기 말 한나라의 공격을 받고 서천(西遷)할 때 오손의 땅에 머무른 사실에서 알 수가 있다.

장건의 오손 방문 중 재미난 사실은 오손이 한나라 편이 되어준다면 한나라 공주를 오손 왕에게 시집보내겠다고 한 제안이다. 이 제안은 장건이 방문한 때에는 받아들여지지 않았다. 그러나 장건이 죽고 난 다음 오손 왕 곤막은, 흉노가 오손이 한나라와 교류한다는 사실을 알고 오손을 공격하려 하고, 오손에 들어와 있던 한나라 사신이 대완 및 대월지와 교류하자 두려움을 느끼고 공주와의 결혼을 받아들였다. 오손이 결혼 예물로 말 천 마리를 보내자 한나라는 왕족의 딸 세군을 시집보냈다. 그러자 흉노도 딸을 곤막에게 보내 아내로 삼게 했는데, 흉노의 딸을 좌부인으로, 세군을 우부인으로 삼았다. 유목세계에서 좌측이 우측보다 서열이 높다는 관념에서 볼 때 당시 오손이 흉노와 중국을 어떻게 인식했는지 들여다볼 수 있는 장면이다.

중국 왕조는 종종 유목민과 화평하거나 포섭하기 위해 왕실의 여자를 이민족의 수장에게 시집보내곤 했다. 이 전략의 시초는 기원전 200년 한나라 고조가 백등산에서 흉노에 포위되어 위험에 처했을 때 화평의 조건으로 흉노의 묵특 선우에게 자기 딸을 주기로 한 약속에서 시작되었다고 한다.

국가를 위해 유목민 수령에게 시집간 여인들은 낯선 풍습에 적응하고, 남편이 죽으면 유목민의 이면 풍습에 따라 자기 얼굴을 칼로 베어 피눈물을 흘려야 했다. 이국땅에 시집온 여인의 향수와 애환을 잘 보여주는 것이 오손공주(세군)가 지은 노래이다.

나의 집안은 나를 하늘 저편으로 시집보내니
멀리 이국의 오손 왕에게 의탁하네
궁려로 방을 삼고 전(旃)으로 담을 쌓아
육(肉)으로 음식을 삼고 유즙으로 물을 삼네
고향땅을 생각하면 가슴속에 괴로움이 깊어
원컨대 황조가 되어 고향으로 돌아갔으면[2]

2) 캉글리

캉글리(Qangli)는 라시드 앗 딘의 『집사1 부족지』에 등장한다. 오구즈가 이슬람을 받아들였을 때 아버지, 숙부, 형제, 조카들이 반대하여 전투를 했는데, 이때 캉글리는 오구즈와 연합했다. 다른 사람들이 약

---

2 오다니 나카오 저, 민혜홍 역, 『대월지: 중앙아시아의 수수께기 민족을 찾아서』 (아이필드, 2008), 54쪽.

탈한 물자를 가축 위에 싣고 있을 때 이 종족은 기지를 발휘하여 수레를 만들어서 약탈한 물건들을 그 위에 실었다. 이런 연유로 그들에게 '수레'라는 뜻을 지닌 캉글리라는 이름이 붙게 되었다.

라시드 앗 딘은 『집사2 칭기스칸기』에서 칭기즈칸이 호라즘을 공격할 때 캉글리인이 강력하게 저항을 주도하여 도시가 정복된 후 철저한 응징을 당했다고 했다. 1220년 2월 부하라가 정복된 후 캉글리인 가운데 채찍보다 키가 더 큰 사람 3만 명 이상이 살해되고 부녀자들은 포로로 끌려갔다. 1220년 3월에 사마르칸트가 정복된 후에도 3만 명이 넘는 캉글리인이 처형되었다.

캉글리는 돌궐제국 시대에 서돌궐 연맹을 구성했던 페체넥에 속했다.[3] 페체넥이 8세기 말경 오구즈에게 아랄해 인근에서 볼가강 방면으로 쫓겨났을 때 상당수의 캉글리인은 떠나지 않고 남아 오구즈에 동화되었다. 이후 오구즈가 킵차크에게 쫓겨난 후에는 킵차크에, 킵차크가 호라즘왕조에 제압당한 후에는 호라즘왕조에 편입되었다가 칭기즈칸의 침공 시 대량 학살되었다.

명칭과 아랄해 인근이라는 거주 지역이 비슷해 캉글리를 장건이 방문했던 강거(康居)와 동일하다고 보는 견해도 있다.

3) 두글라트

두글라트(Dughlat)는 카자흐스탄 대주즈에서 가장 많은 수를 차지하고 있는 부족이다. 『집사1 부족지』와 『집사2 칭기스칸기』에 의하면

3 Pechenegs from Wikipedia

두글라트는 칭기즈칸의 7대조인 툼비나 칸의 후손이다.

툼비나 칸에게는 아홉 명의 자식이 있었는데 위로부터 다섯 명의 아들과 나머지 네 명의 아들은 어머니가 달랐다. 노가이 칸국의 핵심 부족인 망쿠트는 첫째 아들(차크수), 티무르제국을 건설한 티무르의 가문인 바를라스는 셋째 아들(카출리), 칭기즈칸은 여섯째 아들(카불칸), 칭기즈칸이 의형제로 여겼지만 늘 적대했던 자무카는 일곱째 아들(두르바얀), 두글라트는 여덟째 아들(부울자르 도콜란)에게서 분파했다.

두글라트는 차가다이 칸국의 분열(1347년) 후 등장한 모굴 칸국과 관계가 깊다. 차가다이 칸국은 칭기즈칸의 차남인 차가다이가 물려받은 속령을 말한다. 이 칸국의 영토는 타림분지, 모굴리스탄(Mogulistan)[4], 트란스옥시아나에 걸쳐 있었다.

두글라트 종족은 이 칸국 내에서 모굴리스탄의 이식쿨과 카쉬가리아에 큰 영지를 갖고 있었고 14세기 중반 툴릭, 불라지, 카마르 앗딘 삼형제가 부족을 이끌었다.[5] 1347년 트란스옥시아나의 투르크계 아미르(Amir)[6] 카즈간이 차가다이 칸국의 군주(카잔 칸)을 살해하고 칸의 계승자를 좌지우지하며 실권을 휘둘렀다. 이에 삼형제는 트란스

---

4 페르시아어로 몽골인이 사는 땅를 의미하며, 모굴 칸국 등장 시 그 범위는 대략 제티수에서 천산 북방의 초원 지역이었다. 모굴리스탄에 들어선 모굴(Moghul) 칸국과 인도에 들어선 무굴(Mughal)제국에서의 Moghul과 Mughal은 모두 Mongol(몽골)에 대한 페르시아식 표기다. 무굴제국의 건설자인 바부르는 칭기스칸과 티무르의 후손이어서 무굴제국도 몽골과 관계가 있다.

5 르네 그루쎄, 앞의 책, 489쪽.

6 아랍어로 군사령관, 총독 등을 뜻하는 칭호였으나 나중에는 군주를 뜻하는 칭호로도 사용되었다.

옥시아나인에게 의존하지 않는 차가다이 칸국의 왕통을 수립하기 위해 차가다이 가문 사람을 찾기 시작했고, 제11대 차가다이 칸 에센 부카의 아들로 알려진 투글룩 티무르를 알아내 1347년 그를 칸으로 선포했다. 이렇게 하여 차가다이 칸국은 트란스옥시아나를 중심으로 하는 서(西)차가다이 칸국과, 모굴리스탄 및 카쉬가리아를 중심으로 하는 동(東)차가다이 칸국으로 나뉘었다.

동차가다이 칸국은 몽골제국의 전통을 계승한다 하여 모굴 칸국이라 불렸다. 모굴 칸국에서는 몽골계가 우위를 차지한 반면, 서차가다이 칸국에서는 이슬람을 신봉하는 투르게 영주들이 차가다이계 인물을 허수아비 칸으로 내세우며 실권을 차지했다.

투글룩 티무르(1347-1363)는 차가다이 칸국의 통합과 부흥을 내걸고 1360년부터 몇 차례 트란스옥시아나를 원정하여 실권을 잡고 있던 투르크계 봉건영주들을 제압했다. 그러고 나서 자기 아들 일리아스 호자를 트란스옥시아나의 총독으로 앉히고, 트란스옥시아나 침공 시 자기편에 섰고 훗날 티무르제국(1370-1507)을 건설한 티무르를 아들의 고문으로 임명했다.

투글룩 티무르는 자신을 모굴 칸국의 칸으로 만드는 데 주도적 역할을 했던 불라지가 죽은 후 그가 맡았던 재상과 비슷한 울루스 베기라는 직위를 그의 아들인 후다이다드에게 주었다. 그러나 이 자리를 원했던 카마르 앗 딘은 투글룩 티무르에게 앙심을 품게 되어, 일리아스 호자가 1365년 티무르와의 전투[7]에서 패하고 돌아오자 그를 살해하고 칸 지위를 참칭했다.

당시 중앙아시아에서는 칭기즈칸의 후손이 아니면 칸이라는 칭호가 용인되지 않아 티무르 자신도 트란스옥시아나와 호라산 일부를 차지하고 1370년 발흐에서 군주로 즉위했음에도 칸 호칭을 사용하지 않았다. 이런 연유와 더불어 트란스옥시아나를 약탈 원정하는 카마르 앗 딘을 제거하기 위해 티무르는 수차례 모굴 칸국에 원정했고 그때마다 카마르 앗 딘은 초원 또는 산속으로 도주했다. 그러다 결국 1390년경 티무르의 군대에 쫓겨 알타이 산속으로 도망친 후 그는 생사가 끊겼다.

카마르 앗 딘이 없어지자 그의 조카이자 두글라트 부족의 지도자인 후다이다드는 일리아스 호자의 동생인 히즈르 호자를 불러들여 칸으로 복권시켰다. 히즈르 호자는 카마르 앗 딘이 반란을 일으켰을 때 후다이다드의 도움으로 피신해 있었다. 히즈르 호자는 독실한 무슬림이어서 티무르와 보다 가까워졌다. 1397년경 히즈르 호자는 자기 딸을 티무르에게 시집보냈고, 티무르는 칭기즈칸 가문의 일원이 된 것을 기쁘게 생각했다.

두글라트 출신들은 후다이다드 이후에도 모굴 칸국의 공주와 결혼하며 칭기즈칸 후예의 지지 세력이 됨과 동시에 킹메이커 역할을 했다. 예를 들면 역사가이자 정치가인 헤이다르 미르자의 모친은 유

7 티무르가 일리아스 호자의 고문으로 만족하지 않고 세를 규합하여 트란스옥시아나를 차지하려 하자 일리아스 호자는 이를 저지하기 위해 사마르칸트 인근에서 티무르와 전투를 벌였다.

누스 칸의 딸이었다. 헤이다르 미르자는 중앙아시아 몽골인의 역사서인 『라시드사』를 저술했고, 1541년에는 카슈미르를 정복하여 그 지역의 군주가 되었다.

모굴 칸국은 킵차크 칸국 붕괴 후 우즈벡 칸국으로부터 독립한 카자흐 칸국과는 매우 우호적이었다. 두글라트가 오늘날 대주즈에 속한 것으로 보아 두글라트는 카자흐 칸국 건설 초기뿐만 아니라 준가르제국이 침공하는 격변기에도 카자흐 칸국의 독립과 영토 보전을 위해 큰 역할을 했을 것으로 짐작된다.

4) 잘라이르

『집사1 부족지』와 『집사2 칭기스칸기』에 따르면 잘라이르(Jalair)는 칭기즈칸 가문과 특별한 인연이 있다. 그중 하나가 이들이 칭기즈칸 가문의 종복이라는 것이다. 그 경위는 다음과 같다.

이들은 어느 날 케룰렌강 근처에서 키타이[8] 군대의 공격을 받고 거의 몰살된 가운데 일부가 살아남아 칭기즈칸 조상(4대 조모 모놀룬)의 땅으로 도망 왔다가 배가 고파 풀뿌리를 캐 먹었다. 땅이 파이는 등 엉망이 되어 모놀룬이 꾸짖자 이들은 모놀룬과 그 자식들을 죽였다. 이때 칭기즈칸의 5대조인 카이두만 겨우 살아남았다. 이 사실을 알게 된 다른 잘라이르 무리가 범행을 저지른 자들을 잡아서 모두 죽이고 그들의 부인과 아이 모두를 카이두의 종으로 만들었다. 이렇게 해서

8 원래 거란인을 뜻하는 단어이나 이들이 중국, 만주 사람과 외모가 비슷해 카자흐인 등은 중국인과 만주인을 칭할 때도 이 단어를 쓰고 있다. 여기서는 만주족이 세운 금나라 군대를 뜻한다.

잘라이르 종족은 유산으로 칭기즈칸과 그의 일족에게 전해지게 되었다.

또 다른 인연은 칭기즈칸의 장남 주치와 관련된 것이다. 칭기즈칸이 몽골고원을 제패해나갈 때 몇 개의 반대 세력이 있었는데 그중 하나가 메르키트족[9]이었다. 이 부족의 일원이 어느 날 칭기즈칸의 집에 침입하여 칭기즈칸의 부인인 부르테 푸진을 납치했다. 메르키트는 화평을 맺고 있던 케레이트의 군주 옹 칸에게 칭기즈칸의 부인을 보냈다. 옹 칸의 부하들이 그 부인을 취해야 한다고 했지만 옹 칸은 자기가 칭기즈칸의 아버지 이수게이 바하두르와 의형제여서 칭기즈칸을 자식처럼 대했기에 이 부인은 며느리와 같다고 했다.

이러한 상황을 알게 된 칭기즈칸이 아내를 돌려받기 위해 잘라이르 출신 사파라는 사람을 보냈다. 옹 칸은 부르테 푸진을 사파에게 인도했고, 임신 중이던 부르테 푸진은 돌아가던 도중에 출산을 했다. 이 아이가 칭기즈칸의 장남 주치였다. 미처 강보를 준비할 여유가 없었던 사파는 밀가루로 반죽을 만들어 아이를 그 안에 누이고 자기 옷속에 감싸 안전하게 데리고 왔다.

주치가 이러한 과정을 거쳐 태어났기에 둘째 아들 차가다이와 셋째 아들 우구데이는 평소부터 주치의 출생에 대해 의심을 하여 주치와 사이가 안 좋았다. 반면에 막내 톨루이는 주치와 사이좋게 지냈다. 이러한 관계는 나중에 몽골제국의 대칸 자리가 우구데이 가문에

9 바이칼호 남부에 거주하던 부족으로 나이만과 연합하여 칭기즈칸에게 끝까지 저항하다가 1208년 가을 이르티시강 인근에서 칭기즈칸의 공격을 받고 수령 톡타이 베키가 사망했다.

서 톨루이 가문으로 바뀌는 데 결정적 역할을 하게 된다.

유목민 세계에서 힘센 부족이 약한 부족을 정복하면 여자를 탈취하여 부인이나 첩으로 삼는 것은 관습이었다. 이에 비추어 부르테 푸진이 메르키트에게 납치당한 이후에 어떤 일이 발생했을지 짐작이 간다. 그러나 칭기즈칸은 살아생전에 주치의 출생을 문제삼지 않고 오히려 포용했다. 칭기즈칸의 이러한 포용력은 몽골제국을 건설하는 하나의 원동력이 되었다.

잘라이르는 큰 인물을 많이 배출한 부족이다. 그중에서 가장 지위가 높았던 사람은 무칼리 구양이다. 그는 칭기즈칸의 좌익 군대를 지휘했다. 구양은 국왕(國王)을 뜻하는데 1218년경 칭기즈칸이 하사하였다. 무칼리 구양은 4준(四駿)이기도 했다. 4준은 네 마리의 준마라는 뜻으로 무칼리 구양, 보르추 노얀, 보로굴 노얀, 칠라우칸 바하두르 등 뛰어난 아미르들을 가리킨다. 칭기즈칸에게는 용맹한 장수를 뜻하는 4구(四狗)도 있었는데 제베, 수베에테이, 쿠빌라이, 젤메가 그들이다.

칭기즈칸은 북중국 원정 중 메르키트 잔당과 나이만의 왕자 쿠쉴룩이 재기하려 들자 이를 처리하기 위해 1217년경 몽골고원으로 돌아왔는데 이때 북중국의 정복지 관리와 금나라와의 전쟁을 무칼리 구양에게 위임했다.

잘라이르는 훌레구 칸국(일 칸국)이 망한 후 잘라이르왕조를 세운 것으로도 유명하다. 이 부족 출신의 일루게이 노얀은 대아미르이며 훌레구와 함께 이란 지역으로 왔다. 그의 손자 후세인 쿠레겐은 일 칸국의 칸 울제이투의 누이인 울지타이와 결혼했다. 잘라이르는 칭기즈칸 일가의 세습 노비여서 아무리 지위가 높아도 칭기즈칸 일족과 혼인할 수 없었는데, 후세인이 일 칸국의 부마가 된 것은 일루게이 집안의 위세가 어떠했는지를 말해준다.

1335년 일 칸국의 마지막 칸 아부 사이드가 사망하자 영주들은 권력투쟁을 하며 각자의 왕조를 세웠다. 일루게이 가문도 마찬가지였다. 일루게이 가문의 잘라이르 하산은 1336년 부족의 이름을 따 잘라이르왕조(1336-1432)를 세웠고, 1340년에는 바그다드에서 독립군주임을 선포했다. 하산의 아들 우와이스는 1358년 타브리즈에서 킵차크 군대를 몰아내고 서부 페르시아를 통치했다. 훗날 이 왕조는 바그다드 및 타브리즈를 놓고 티무르와 싸우게 되는데 당시 군주인 아흐마드 잘라이르는 티무르의 공격을 받고 수차례 이집트 맘룩왕조의 술탄 바르쿡에게 망명했다. 아흐마드는 1410년 8월 30일 아제르바이잔의 패권을 놓고 카라코윤루(흑양)왕조의 카라 유숩과 타브리즈에서 전투를 하였으나 패하고 암살되었다. 이후 잘라이르왕조는 카라코윤루왕조에게 바그다드를 빼앗기고 이라크 남부로 쫓겨갔다가 1432년 최종적으로 멸망했다.

잘라이르인들은 카자흐스탄의 고려인 동포와 각별히 친하다. 이들의 친분은 카자흐스탄 우슈토베에서 시작되었다. 우슈토베는 고려인이 1937년 연해주에서 카자흐스탄으로 강제 이주 시 최초로 정착한 곳인데 이곳에는 지금도 잘라이르 출신들이 많이 거주하고 있다. 잘라이르인들을 만나면 고려인 동포에 대해 얘기하는 것을 잊지 않는다. 어려서부터 같이 학교에 다녔고 한국 음식도 고려인 동포 덕분에 잘 알고 있다고 말한다. 또 루가 없는 고려인 동포들은 루가 어디냐는 우스개 질문을 받으면 잘라이르라고 농담하며 이들에 대한 친근감을 표시하곤 한다.

5) 케레이트

케레이트(Kerait)의 근거지는 몽골고원 동부의 오논강과 케룰렌강 유역이었다.[10] 케레이트는 나이만과 서로 이웃해 있어 이들과 분쟁이 잦았으며, 나이만과 마찬가지로 네스토리우스교가 전해졌다.

케레이트는 칭기즈칸에 의해 망하지만 처음에는 두 가문 간 사이가 좋았다. 두 가문의 우의는 케레이트의 군주 옹 칸과 칭기즈칸의 아버지 이수게이가 의형제를 맺은 것에서 출발한다. 이들이 의형제를 맺게 된 과정은 다음과 같다.

옹 칸의 아버지(쿠르차쿠스 부이룩 칸)가 죽자 그 자리를 놓고 옹 칸의 형제들 사이에 전쟁이 일어났고, 옹 칸이 형제들을 죽였다. 이에 삼촌이 분노하여 옹 칸을 공격하자 옹 칸은 떠돌이 신세가 되었다. 이때 칭기즈칸의 부친이 옹 칸에게 은신처를 제공해주었을 뿐 아니라 함께 삼촌을 공격하여 카신(서하) 방면으로 쫓아내고 울루스(Ulus)[11]를 되찾게 해주었다. 이러한 연유로 두 사람은 의형제가 되었고, 칭기즈칸의 부친이 죽고 난 다음 칭기즈칸과 옹 칸이 부자 관계를 맺는 것으

10 라시드 앗 딘 저, 김호동 역, 『집사1 부족지』(사계절, 2002), 198쪽.

11 원래 백성을 뜻하지만 부족, 나라와 같은 의미로도 쓰인다.

로 이어졌다. 칭기즈칸의 부인 부르테 푸진이 납치되었다가 옹 칸에게 넘겨졌을 때 옹 칸이 그녀를 칭기즈칸에게 돌려준 것은 바로 이러한 관계 때문이었다.

옹 칸이 울루스를 되찾자 옹 칸의 동생 에르케 카라는 나이만 지역으로 도망갔다. 나이만의 군주 이난치 빌게 부구 칸[12]의 지원을 받아 에르케 카라는 옹 칸을 쫓아냈는데 그때 칭기즈칸의 부친은 사망하고 없었다. 옹 칸은 곤궁한 채로 떠돌다가 칭기즈칸이 강성해졌다는 소식을 듣고 1196년경 찾아왔다. 칭기즈칸은 예의를 갖추어 옹 칸을 맞이했다.

옹 칸은 과거 이수게이의 도움을 받아 세력을 회복했듯이 이번에는 칭기즈칸의 도움을 받아 세력을 만회했다. 재기한 옹 칸은 칭기즈칸과 연합하며 몽골고원의 부족들을 제압해나갔다. 그러나 이러한 관계는 칭기즈칸과 옹 칸이 1202년 나이만의 부이룩 칸[13], 메르키트의 군주 톡타이 베키, 오이라트 군주 쿠투카 베키 등의 연합 공격을 격퇴한 후 금이 가기 시작했다.

그 첫 번째 이유는 칭기즈칸과 옹 칸 사이에 오갔던 혼담의 좌절이다. 칭기즈칸은 아들 주치의 부인으로 옹 칸의 딸(차우르 베키)을 청했고, 옹 칸은 자기 손자(셍군의 아들 투스 부카)의 부인으로 칭기즈칸의 큰딸(코친 베키)을 원했는데 이것이 받아들여지지 않았다. 그 이유에 대해 알려진 것은 없지만 둘 사이에 미묘한 서열 관계가 작용했을 수

12 칭기즈칸에게 패한 나이만의 군주 타양 칸의 아버지.

13 나이만의 군주 타양 칸과 형제로 알타이산맥 인근에 영지를 갖고 독자적인 군대를 보유했다.

도 있다. 옹 칸 입장에서는 칭기즈칸의 아들 주치는 손자뻘인데 손자한테 자기 딸을 시집보내는 것이 탐탁지 않을 수도 있었다. 칭기즈칸은 옹 칸이 비록 아버지뻘이지만 같은 군주 급인데 그 손자에게 자신의 딸을 시집보내는 것이 불편했을지도 모른다.

금이 간 두 번째 이유는, 자무카가 옹 칸의 수하들에게 "칭기즈칸이 케레이트의 적인 나이만 군주 타양 칸과 의기투합하여 계속 그에게 사신을 보내고 있다."며 이간질한 것이다. 앞서 얘기했듯이 자무카는 칭기즈칸과 7대조 할아버지가 같았으나 칭기즈칸에게 적대적인 행동을 하는 인물이었다.

마침내 칭기즈칸과 옹 칸은 1203년 가을, 제제에르 운두르[14]라는 곳에서 전투를 했으나 옹 칸이 패했다. 도주한 옹 칸은 나이만 관할 지역에 들어갔다가 나이만의 아미르 코리 수바추에게 살해되었다.

케레이트왕국은 이렇게 멸망했지만 이 부족 출신 여자들은 칭기즈칸 가문에서 중요한 역할을 하게 된다. 옹 칸의 동생 자아 감보에게는 4명의 딸이 있었는데, 한 명은 칭기즈칸이 취했고, 두 명은 그의 아들들과 혼인을 맺었다. 막내아들 톨루이에게 주어진 소르칵타니 베키라는 딸이 뭉케(4대 대칸), 쿠빌라이(5대 대칸), 훌레구(일 칸국의 칸), 아릭 부케 등 네 아들의 어머니가 되었다. 그녀는 네스토리우스교를 믿었으며 매우 지적이었다 한다. 구육 칸 사후에 벌어진 우구데이가와 톨루이가의 대칸위를 놓고 벌인 투쟁에서 그녀는 킵차크 칸국의 칸 바투의 지지를 확보하여 아들 뭉케가 대칸위를 차지하게 했다.

---

14 툴라강과 케룰렌강의 상류에 위치.

케레이트와 관련하여 토르구트라는 부족이 있다. 이 부족은 케레이트 군주의 후손들에게 충성을 바치던 부족이었다. 토르구트는 원나라가 명나라에 의해 1368년 몽골고원으로 쫓겨난 후 초로스, 두르베트, 호쇼트 부족과 함께 오이라트 연맹을 구성했는데 그 세력은 한때 바이칼호의 서안에서부터 이르티시강까지 미쳤다.

동몽골[15]은 1552년 오이라트를 몽골제국의 종주권의 상징인 카라코룸에서 몰아내고 이후 계속해서 오이라트 연맹에 압력을 가했다. 이에 토르구트는 1616년경 근거지인 준가리아를 떠나 카자흐 초원을 거쳐 카스피해 북방으로 향했다.[16] 카자흐스탄의 소주즈가 엠바강 부근에서, 노가이 칸국이 아스트라한 인근에서, 이들의 이동을 저지하려다 실패했다. 코 우를룩이라는 수령은 1620년 자신의 딸을 당시 시비르 칸국의 이심 칸(주치의 다섯 번째 아들인 샤이반계)에게 시집보냈고, 10여 년 후에는 노가이 칸국을 제압하며 부족민들을 볼가강 하류에 정착시켰다.

1556년에 아스트라한 칸국을 정복하고 볼가강 하류를 차지한 러시아는 이곳으로 진출하는 토르구트를 용인했다. 러시아는 크리미아와 노가이 같은 무슬림 칸국에 대항하기 위해 불교도인 토르구트를 활용했다. 토르구트는 러시아의 요구에 따랐고, 러시아의 보호를 받

---

15 1368년 원나라가 명나라에 의해 몽골고원으로 쫓겨난 후 칭기즈칸의 후손들이 몽골제국의 부흥을 내걸고 15세기 중반경에 동몽골 지역에 건설한 왕조이나 1635년 청나라에 복속되었다.

16 르네 그루쎄, 앞의 책, 722쪽.

으며 번영을 누렸다. 한편 토르구트는 1639년경 투르크멘을 복속시키고 망기쉴락반도를 차지했으며 이곳을 근거로 삼아 히바 칸국의 도시들을 약탈했다.[17]

그러나 18세기 들어서자 상황이 변했다. 18세기 중반 카자흐 칸국이 자발적으로 러시아에 복속하여 무슬림 투르크인의 위협이 줄어들자 러시아는 토르구트에 대한 간섭을 강화하기 시작했고, 마지막 유목국가인 준가르는 1757년 청에 정복되었다.

이러한 정세의 변화 속에서 토르구트의 수령 우바시는 1771년 1월 부족민을 이끌고 고향인 준가리아의 일리로 돌아가는 여정을 시작했다. 여기에는 청나라가 행한 모종의 역할도 영향을 미친 것으로 보인다. 이들이 일리에 도착했을 때 청나라가 식량을 지원해주고 건륭제가 북경에서 우바시를 접견한 사실에서 이를 짐작할 수가 있다. 청나라가 준가르를 최종 제압했을 때 많은 준가르인이 죽어 인구 공백이 생겼는데 토르구트가 귀환함으로써 인구 공백이 메워졌다.

이주할 때 합류하지 않고 볼가강 인근에 남은 토르구트인들은 오늘날 러시아연방 소속 칼미키야공화국의 주민을 구성하고 있다.

6) 나이만

나이만(Naiman)의 영역은 동서로는 항가이산맥에서 알타이산맥, 북으로는 키르기스(예니세이강 부근), 남으로는 위구르 지방에 인접한 사막

---

17 위의 책, 722쪽.

까지 달했다.[18] 케레이트와 마찬가지로 네스토리우스파 기독교가 전파되어 있었다.

칭기즈칸 시대 이전에 이난치 빌게 부구 칸이라는 군주가 있었다. 앞서 얘기했듯이 그는 옹 칸의 동생 에르케 카라가 의탁해 왔을 때 군사를 지원하여 에르케 카라가 옹 칸에게서 케레이트 종족과 군대를 빼앗도록 도와주었다. 칭기즈칸과 동시대에 살았던 나이만의 타양 칸과 부이룩 칸은 이난치 빌게 부구 칸의 아들들이었다. 두 형제는 아버지가 죽자 아버지가 총애하던 후궁을 차지하려고 다투기도 했다. 형 타양 칸의 근거지는 이르티시강 유역의 초원이고 동생 부이룩 칸의 근거지는 알타이산맥 인근의 산지였다.[19] 아미르와 군대도 형제가 나누어 가졌다. 형제는 칭기즈칸이 세력을 확장해나갈 때, 또 칭기즈칸이 옹 칸과 전쟁할 때 합심하지를 못하고 독자적으로 행동했다. 그 결과 나이만의 세력은 강력했음에도 형제간의 불화로 인해 1204년 가을 타양 칸이, 1206년 봄에는 부이룩 칸이 칭기즈칸에 패하며 망하게 된다.

나이만이 패배한 또 다른 원인은 옹구트 군주의 배반이었다. 옹구트는 중국의 산서성 북부에 살았는데 나이만처럼 네스토리우스교도가 많았다. 본래 두 부족은 군주 가문 간에 혼인을 맺을 정도로 우호적이었다. 이런 연유로 나이만의 타양 칸이 1204년 봄 옹구트의 군주 알라쿠쉬 티긴에게 칭기즈칸을 함께 공격하자고 제안했는데, 알

---

18 라시드 앗 딘, 『집사1 부족지』, 219-220쪽.

19 라시드 앗 딘, 위의 책, 225쪽.

라쿠쉬 티긴은 오히려 이 사실을 칭기즈칸에게 알려주고 칭기즈칸 편으로 돌아섰다.

웅구트는 칭기즈칸이 1211년 금나라를 침공할 때 다시 한번 결정적인 역할을 했다. 금나라는 만리장성의 요충 지역에 대한 관리를 웅구트에게 맡겼는데, 칭기즈칸의 금나라 침공 시 알라쿠쉬 티긴은 이 요충 지역[關塞]을 칭기즈칸에게 넘겨주었다. 라시드 앗 딘의 『집사1 부족지』에 따르면, 칭기즈칸이 이에 대한 보답으로 자신의 셋째 딸(알라카이 베키)을 주려 하자 자기는 나이가 많으니 금나라에 인질로 잡혀 있는 조카(셴구이)에게 주었으면 좋겠다고 했고, 칭기즈칸은 그렇게 했다.

한편 나이만 군주 타양 칸의 금인(金印)을 관리하던 위구르인 타타통아는 나이만이 패망한 후 칭기즈칸의 아들들에게 몽골어를 위구르문자(소그드문자를 변형해서 만듦)로 쓰는 방법을 가르쳤는데, 타타통아가 나이만 군주의 금인을 관리했다는 사실로 미루어보아 위구르인들이 나이만의 행정에 봉사하고 있었던 것으로 보인다.

카라기타이가 1131년경 에밀 지방에 진출하였을 때 나이만은 카라키타이에 복속[20]했지만 둘 사이는 우호적이었던 것 같다. 이는 나이만의 왕자 쿠쉴룩[21]이 1208년 칭기즈칸의 공격을 받고 카라키타이로

---

20 Naimans from Wikipedia

21 쿠쉴룩은 타양 칸의 아들로 1204년 아버지의 패배 시 숙부인 부이룩 칸에게 갔다가 1206년 숙부도 칭기즈칸에게 패하자 메르키트 군주와 이르티시 방면으로 도주하여 재기를 도모하고 있었다.

피신했을 때 카라키타이의 구르 칸(야율직로극)이 그를 받아들였을 뿐만 아니라 자기 딸을 쿠쉴룩에게 시집보낸 사실로 짐작할 수가 있다. 당시 트란스옥시아나에서 강력하게 떠오르던 호라즘왕조는 카라키타이를 트란스옥시아나에서 몰아내려고 했는데, 이에 대항하기 위해 카라키타이의 구르 칸은 나이만의 지원을 기대했다. 이는 쿠쉴룩이 구르 칸의 사위가 된 후 "알타이산맥 인근에 흩어져 있는 나이만 군대들을 규합하여 장인을 돕고자 하니 허락해달라."는 쿠쉴룩의 제안을 구르 칸이 허락한 사실에서 알 수가 있다.

그러나 쿠쉴룩은 호라즘 샤와 밀약을 맺고 1210년 구르 칸이 호라즘왕조와의 전쟁에서 패하자 장인을 배신하고 1211년 구르 칸을 제압했다. 구르 칸은 배신당한 비통함으로 1213년 사망했다.

쿠쉴룩은 카라키타이를 접수한 후 나이만의 재건을 시도했다. 그러나 쿠쉴룩의 이러한 꿈은 코초 위구르왕국과 카를룩의 군주가 칭기즈칸에게 귀순하면서 좌절되고, 쿠쉴룩은 1218년 칭기즈칸이 보낸 제베의 군대에 쫓겨다니다 사릭 콜[22] 계곡에서 붙잡혀 살해되었다.

나이만은 비록 역사에서 사라졌지만 나이만 출신의 후손들에게는 군주에 대한 자부심이 남아 있다. 필자가 2016년 가을 카자흐스탄에서 개최된 '실크로드 대화'라는 회의에 참석한 적이 있는데, 이 회의에 참석한 나이만 출신의 한 학자는 자기의 소망 중의 하나가 쿠쉴룩의 무덤을 찾는 것이라 했다.

---

22 라시드 앗 딘 저, 김호동 역, 『집사2 칭기스칸기』(사계절, 2003), 303쪽.

7) 킵차크

카자흐스탄에 등장한 유목 세력에서 얘기했듯이 킵차크(Kipchak)는 돌궐제국의 일원이었고, 돌궐제국이 붕괴한 후 알타이산맥 인근에서 카자흐스탄 북부지역으로 이주했다. 11세기 초 이들은 아랄해 인근에 있던 오구즈를 트란스옥시아나와 남러시아 초원으로 몰아내고 카자흐스탄 초원에서 남러시아 초원에 걸쳐 강력한 세력을 형성했다. 이들의 세력지가 이슬람 문헌에는 '킵차크 초원(Desht-i-Kipchak)'이라 나오고, 칭기즈칸의 장남 주치의 분봉지는 이 이름을 따서 킵차크 칸국이라 했다.

킵차크인은 이집트에서 용병으로 활동하다가 맘룩왕조를 세우며 중세 근동 지역에 큰 영향을 미치기도 했다. 맘룩(Mamluks)은 '노예 군인'이라는 뜻으로, 아바스왕조 성립 전후 시기에 투르크인이 맘룩으로 이슬람 세계에 수출되었고, 이를 적극적으로 활용한 사람은 칼리프 알 무타심(833-842)이었다. 그는 이집트 총독 때부터 맘룩 군대를 조직해 운용했으며, 칼리프에 오른 후에는 친위대로 활용했다.

이집트의 아윱왕조(1169-1250)는 십자군과 몽골의 침입에 대비하기 위해 많은 맘룩을 필요로 했다. 아윱왕조는 살라딘(1169-1193)[23]이 파티마왕조(909-1171)[24]를 멸하고 세운 왕조이다. 이를 위해 아윱왕조

---

23 장기왕조의 장군인 쉬르쿠의 조카로 삼촌을 따라 이집트에 왔다가 아윱왕조를 세웠다. 제1차 십자군(1096-1099)이 파티마왕조로부터 빼앗은 예루살렘을 1187년 되찾는 등 십자군을 물리친 이슬람 세계의 영웅이다.

24 시아파에 속하는 이스마일파가 909년 튀니지에 중심을 둔 아글라브왕조(800-909)를 정복하고 세운 왕조이다. 921년 모로코, 969년 이집트를 정복하며 북아프리카 전역을 차지하고, 바그다드의 수니파 왕조인 아바스왕조와 대결했다. 이 왕조는 또한 비잔티움이 7세기 중반 이슬

의 술탄 알 살리흐(1240-1249)는 나일강의 라우다섬에 병영을 세우고 킵차크 초원에서 데려온 청년들을 훈련시킨 후 군대를 조직했다. 이 때의 맘룩을 바흐리 맘룩이라 부르기도 하는데, 바흐리는 강사람이라는 뜻이다.

알 살리흐가 킵차크 초원의 투르크 청년들을 주목한 것은 기마민족인 이들이 활을 잘 쏘는 데다 자기 고향이 몽골에 정복되어 몽골인에 대한 원한이 컸기 때문이었다. 그러나 중병을 앓았던 알 살리흐는 1249년 11월 프랑스 왕 루이 9세가 이끄는 제6차 십자군이 카이로로 진격해 올 때 사망했다.

술탄이 사망했음에도 바이바르스 장군이 이끄는 맘룩군은 프랑

람 세력에 빼앗긴 예루살렘과 시리아를 되찾기 위해 10세기 중반 함단왕조를 공격하고 예루살렘 인근까지 진격해 오자 이를 저지시켰다. 함단왕조(905-1004)는 아바스왕조 칼리프의 권위 아래 시리아와 이라크 북부를 통치하는 왕조였는데 이러한 상황을 계기로 파티마왕조에 흡수되었다. 파티마왕조는 11세기에 들어서면서 군벌의 난립 등으로 약화되기 시작했고, 팔레스탄인에서 일어난 아랍 부족의 반란을 진압하기 위해 투르크멘 족장 아트시즈를 용병으로 고용했다가 오히려 그에게 예루살렘(1071년)과 다마스쿠스(1076년)를 빼앗겼다. 파티마왕조가 대규모 반격을 준비하자 아트시즈는 셀주크왕조의 술탄 말릭 샤에게 도움을 청했고, 술탄은 1078년 군대와 함께 동생 투투쉬를 파견했다. 아트시즈는 투투쉬에게 정복지를 양도했으나 살해되고 만다. 이렇게 하여 투투쉬는 다마스쿠스에 시리아 셀주크왕조를 건설하고, 1086년에는 알렙포 인근에서 벌어진 전투에서 숙부 술레이만 이븐 쿠툴미쉬에게 승리하며 알렙포를 차지하였다. 파티마왕조는 1098년 셀주크투르크로부터 예루살렘을 일시 되찾았지만 1099년 제1차 십자군에게 예루살렘을 다시 빼앗기며 영토가 이집트로 축소된 가운데 재상 자리를 놓고 권력투쟁을 하며 혼란에 빠졌다. 이집트를 노리고 있던 예루살렘 왕국은 이 기회를 이용해 1168년 11월에 카이로로 진격하였다. 이에 파티마왕조의 칼리프는 장기왕조(1127-1222)의 군주 누루 알딘에게 도움을 요청했다. 장기왕조의 건국자 장기의 아들인 누루 알딘은 장군 쉬르쿠를 파견했고, 예루살렘 왕국과 동맹을 맺었던 재상 샤와르는 피살되었다. 샤와르가 피살됨에 따라 칼리프는 쉬르쿠를 1169년 파티마왕조의 재상으로 임명하였다. 그런데 쉬르쿠가 2달 만에 사망함에 따라 그를 따라 이집트에 왔던 조카 살라딘이 삼촌의 자리를 승계하여 아윱왕조를 열었고, 군주 누루 알딘이 사망(1174년)한 후 독립했다. 파티마왕조는 마지막 칼리프가 1171년 사망하며 종말을 고했다.

스군을 무찌르고 루이 9세를 포로로 잡았다. 이러한 공헌에도 불구하고 알 살리흐를 계승한 아들 투란 샤가 맘룩 군인들을 권력에서 소외시키자 이들은 1250년 5월 투란 샤를 암살하고 알 살리흐의 부인인 샤자르 알 두르(투란 샤의 계모)를 술탄으로 옹립했다. 그러나 아바스왕조가 여자라는 이유로 그녀를 술탄으로 인정하지 않자 그녀는 맘룩 장군 아이박과 결혼하고 술탄위를 그에게 넘겨주었다. 이렇게 하여 맘룩왕조(1250-1517)가 열리게 되었다.

아이박이 술탄에 올랐지만 실권은 부인인 샤자르에게 있었고 바흐리 맘룩들도 아이박보다는 샤자르에게 충성했다. 이를 타개하기 위해 아이박이 라우다섬의 바흐리 병영을 폐쇄하고 자신의 맘룩 군대를 양성하며 바흐리 맘룩에게 반격을 가하자 이들은 바이바르스의 인도 하에 시리아로 갔다. 시리아는 아욥왕조에 속했으나 아욥왕조가 망한 후 시리아의 군주 나스르는 맘룩왕조와 대립하고 있었다. 바이바르스의 시리아 망명은 이집트 맘룩왕조와 시리아의 대결 가능성을 더욱 증폭시키게 된다.

이 무렵 대칸에 오른 뭉케(1251-1259)는 1251년 동생 훌레구를 페르시아의 총독으로 임명하고 "아무다리야에서 이집트 땅 끝까지 칭기즈칸의 관례와 관습과 법을 확립하라."는 명령을 내렸다.[25] 훌레구는 1256년 1월 몽골 군대를 이끌고 아무다리야를 건너 페르시아로 갔다. 이는 1220년 제베와 수베에테이가 칭기즈칸의 명령에 따라 호라

---

25 르네 그루쎄, 앞의 책, 501쪽.

즘왕조의 술탄 샤를 추격하며 페르시아의 이슬람 세계에 폭풍을 일으켰던 것에 이은 몽골군의 두 번째 폭풍이었다.

몽골의 침입에 위협을 느낀 바그다드의 칼리프는 무슬림의 단결을 호소하며 이집트와 시리아가 화해하도록 중재했다. 화해의 조건으로 이집트의 아이박은 시리아의 나스르에게 바이바르스를 쫓아낼 것을 요구했다. 그러나 이에 반발하여 맘룩의 단결을 중요히 여긴 샤자르가 남편 아이박을 살해했고, 그녀도 남편의 전처한테 살해당했다. 아이박 사후 그의 아들 알리가 계승했지만 섭정을 하던 맘룩 장군 쿠투즈가 알리를 폐위시키고 자신이 술탄 자리에 올랐다. 쿠투즈는 시리아에 망명했던 바흐리 맘룩들을 이집트로 불러들여 복권시켰다.

훌레구가 이끄는 몽골군은 1258년 바그다드를 점령하고 칼리프(알 무스타으심)를 죽였다. 다음 공격 목표는 시리아와 이집트였다. 훌레구는 아르메니아 왕 헤툼 1세에게 무슬림들로부터 예루살렘 성지를 해방시켜 기독교도에게 돌려주려 하니 아르메니아의 모든 군대를 이끌고 자기에게 합세하라고 했다. 헤툼은 페르시아 주둔 몽골군 사령관인 바이주가 1243년 쾨세다그 전투에서 터키 셀주크왕조에 승리하자 1244년 자진해서 몽골의 종주권을 받아들인 인물이었다. 헤툼 1세는 사위이자 안티오크공국[26]과 트리폴리백작령의 왕자인 보헤문트(보에몽) 6세에게 훌레구와 함께할 것을 권유했다. 이렇게 해서 훌레구가 지휘하는 몽골군은 헤툼 1세의 아르메니아군, 보헤문트 6세의

---

26 안티오크공국과 트리폴리백작령은 예루살렘왕국, 에데사백작령과 함께 제1차 십자군전쟁 결과 지중해 동부 연안에 들어선 기독교 왕국이다.

기독교 증원군과 함께 1260년 1월 알렙포, 3월에는 다마스쿠스를 함락시키며 순식간에 전 시리아를 점령했다.

시리아를 정복한 훌레구는 1260년 봄, 카이로에 사신을 보내 항복하기를 권했지만 항전 결의에 차 있던 술탄 쿠투즈와 바이바르스는 훌레구의 사신을 살해하고 군대를 시리아로 진격시켰다. 격전을 바로 앞둔 그때, 이집트에 행운이 찾아왔다. 훌레구가 본대를 이끌고 이란으로 돌아가야만 하는 사정이 생겼기 때문이다. 대칸 뭉케가 남송 정벌 중 1259년 8월 이질로 사망하자 대칸 자리를 놓고 뭉케의 동생들인 쿠빌라이와 아릭 부케가 싸웠는데, 훌레구는 형 쿠빌라이를 지지하였기에 만일에 대비하여 이란으로 돌아가야만 했던 것이다. 아울러 킵차크의 칸 베르케가 바그다드의 칼리프를 살해한 훌레구를 비난하면서 캅카스 국경 지역을 위협하고 있어 이를 방어하기 위해서라도 이란으로 돌아가야만 했다. 베르케는 대칸 계승 전쟁에서 아릭 부케를 지지하고 있었다.

훌레구는 이란으로 돌아가면서 나이만 출신 네스토리우스교 신자인 키트 부카 장군을 시리아에 남겨두었다. 그는 자기가 없더라도 시리아에 몽골의 지배 체제가 갖추어져 있고 또 기독교권의 협력이 있어 안전할 것이라 생각했다. 그러나 안티오크의 보헤문트 왕자와는 달리 몽골과 동맹을 맺지 않은 시돈과 아크레 등 동부 지중해 연안의 기독교 도시들의 프랑크인[27] 들은 몽골인이 무슬림보다 더 미개하

27 프랑크왕국에서 설명했듯이 프랑크인은 이슬람교도가 부르는 기독교인들로, 이는 기독교도가 아랍인, 페르시아인을 구분하지 않고 무슬림을 사라센으로 부르는 것과 비슷하다.

다는 것을 깨달았다. 이러한 분위기 속에서 시돈[28]의 프랑크인 백작 줄리앙이 몽골의 소부대를 공격하고 키트 부카의 조카를 살해하는 사건이 벌어졌다. 격노한 키트 부카는 시돈을 약탈했는데 이는 몽골인과 기독교도 간의 동맹을 파국으로 몰고 갔다.

쿠투즈는 형세가 유리하게 돌아가는 것을 알고는 몽골군과 일전을 겨루기로 하고 1260년 7월 바이바르스가 지휘하는 전위 부대를 팔레스타인으로 보냈다. 프랑크인은 맘룩 군대가 자기네 해안 영토를 통과하는 것을 허가하고 물자도 지원하는 등 맘룩군을 도와주었다. 쿠투즈는 전쟁 장소로 아인 잘루트[29]를 선택했다. 이곳은 강과 늪지와 산이 있어 몽골군의 기동성을 약화시키기에 적합했다. 1260년 9월 개시된 전투에서 바이바르스가 이끄는 맘룩군이 몽골의 선봉군을 격파했고 그 여세를 몰아 맘룩군은 키트 부카를 사로잡았다. 키투 부카는 쿠투즈에게 끌려갔다. 쿠투즈가 "그렇게 많은 왕조들을 쓰러뜨리고, 이제 덫에 빠진 너를 보아라!" 하고 모욕하자 키투 부카는 "나는 태어난 이래 칸의 노예였다. 나는 너같이 자기 주인의 살인자가 아니다!"[30] 라고 말하며 장렬한 죽음을 맞았다.

술탄 쿠투즈는 아인 잘루트 전투의 승리로 중동의 이슬람 세계를 무적의 몽골군으로부터 지킨 영웅이 되었으나 바이바르스가 공을 세운 대가로 알렙포의 영주 자리를 원했을 때 이를 거부했다가 바이바르스가 일으킨 쿠데타에 의해 살해되고 만다. 아인 잘루트 전투가

28 베이루트, 티레와 같이 페니키아인이 지중해 동부에 세운 고대 도시들 중 하나이다.
29 팔레스타인 나사렛 근처로 알려졌다.
30 르네 그루쎄, 앞의 책, 516-517쪽.

끝나고 2달도 지나지 않아서였다. 바이바르스가 맘룩왕조 술탄 자리에 올랐다.

아인 잘루트 전투 이후에도 훌레구 칸국의 공격은 계속되었다. 이에 대한 근본적인 대책이 필요하다는 것을 느낀 바이바르스는 그 방책으로 볼가강 분지의 킵차크 칸국과 동맹을 맺고자 했다. 킵차크의 칸 베르케도 훌레구와 캅카스 지역에 대한 패권을 두고 다투고 있었고, 무엇보다 훌레구가 칭기즈칸 일족과 상의 없이 바그다드의 칼리프를 살해한 것을 응징하기 위해 동맹 세력이 필요했다. 이해관계가 맞아떨어진 두 왕국은 1262년 대사를 교환했고 1263년 동맹을 맺기에 이른다.

1262년 베르케가 훌레구에게 선전포고를 했다. 그해 말 훌레구가 공세를 취해 두 칸국의 캅카스 국경인 데르벤드 고개를 넘어 킵차크 칸국의 영토로 진격했지만 베르케의 조카 노가이가 지휘하는 킵차크군의 기습을 받고 아제르바이잔으로 퇴각했다.

훌레구는 서남쪽의 이집트 맘룩왕조와 서북쪽의 킵차크 칸국을 상대로 동시에 효과적으로 전쟁을 할 수 없었다. 맘룩왕조와 일 칸국(훌레구 칸국)의 정치적 긴장 관계는 훌레구가 1265년 사망하고 1282년 일 칸국의 아흐마드 칸(1282-1284, 훌레구의 아들)이 이슬람을 받아들이면서 종식되어갔다.[31]

맘룩왕조는 일 칸국의 몽골인에 의해 폐위된 아바스왕조의 후손

31 게오르기 베르낫스키 저, 김세웅 역,『몽골제국과 러시아』(선인, 2016), 256쪽.

을 카이로로 데려와 칼리프로 옹립하며 아바스왕조의 후원자임을 자처하다가 1517년 오스만제국에 병합되며 종말을 고했다. 카자흐스탄 정부는 바이바르스가 킵차크 출신의 카자흐스탄 사람이어서, 위인을 기리기 위한 사업의 일환으로 다마스쿠스에 있는 바이바르스의 성묘 복원을 지원하기도 했다.

8) 쿵그라트

쿵그라트(Khongirad) 부족의 근거지는 케룰렌강 하류에서 에르구네강과 부유르 호수에 이르는 지역이었다.

『집사1 부족지』에 따르면 이 종족은 몽골족 내에서 두릴리킨(평민)에 속하는데, 이들의 계보는 황금 항아리에서 태어난 세 남아에서 시작되었다고 한다. 황금 항아리는 비유적인 표현이다. 이 남아들을 출산한 사람이 완벽하고 교양이 뛰어나다 하여 그를 황금 항아리에 결부시킨 것이다. 실제 몽골인은 자기 군주의 얼굴이 "황금 항아리 같다."는 표현에 익숙하다고 한다.

세 아이 중 첫째는 쿵그라트의 조상이 되었다. 둘째는 이키레스와 올쿠누트, 셋째는 카라누트와 쿵글리우트의 조상이 되었는데, 이들은 모두 쿵그라트의 지파를 이루었다. 칭기즈칸의 어머니 우엘룬 에케는 올쿠누트, 부인 부르테 푸진은 쿵그라트 출신이었고, 칭기즈칸과 부르테 푸진 사이에서 태어난 5명의 딸 중 3명이 쿵그라트 남자들과 결혼하였다. 큰딸 코친 베키는 이키레스, 넷째 딸 투말룬은 쿵그라트, 막내딸 알탈룬은 올쿠누트 사람에게 시집갔다. 따라서 쿵그라트는 몽골제국의 황후와 부마를 배출하는 부족이었다. 칭기즈칸과의 이러한 각별한 인연으로 쿵그라트는 칭기즈칸이 함정에 빠지려 할 때 이를 사전에 알려 함정에 빠지지 않도록 하고, 곤경에 처했을 때는 칭기즈칸 편에 서며 칭기즈칸이 몽골고원을 제패하고 제국을 건설하는 데 크게 기여했다.

칭기즈칸의 어머니 우엘른 에케는 강인한 여성이었다. 그녀는 남편이 1167년경 타타르인[32]에게 독살당한 후 남편한테 복속했던 종족들이 칭기즈칸의 가족을 떠나자 직접 말을 타고 도망간 사람들을 추격하여 일부를 다시 울루스로 돌아오게 했다. 또 한 번은 칭기즈[33]칸이라는 칭호를 만든 주술사 쿠쿠추(텝 텡그리)가 칭기즈칸에게 이런 말을 한 적이 있었다.

"신령이 내게 영원한 하늘의 명을 드러냈다. 테무진이 처음에 통치할 것이나 그 뒤로는 카사르다. 카사르를 제거하지 않으면 그대

32 몽골고원 동부의 부유르 호수 인근에 살았던 부족으로 칼을 잘 쓰는 것으로 유명했다. 칭기즈칸의 조상들을 잡아 금나라에 보내 이들이 나무나귀에 못 박혀 죽도록 함으로써 칭기즈칸 집안과 원수 관계에 있었다. 이런 연유로 12세기 말 칭기즈칸이 타타르를 제압했을 때 많은 타타르인이 살해되었다. 그러나 나중에는 상호 혼인을 할 정도로 우호적 관계가 되었으며 많은 아미르들이 타타르에서 나왔다. 훗날 칭기즈칸의 군대가 유럽으로 진출하자 그의 군대와 종족들이 타타르라 불리게 되었는데, 이는 타타르족의 용맹함에 기인할 수도 있지만 칭기즈칸 군대가 잔혹하여 그리스 신화에서 지옥을 의미했던 타르타로스에 빗대어 그렇게 불렀을 수도 있다. 러시아인들은 약 240년간의 킵차크 칸국의 지배 시기를 '타타르의 굴레'라고 말하기도 한다. 13세기 몽골을 여행한 프란체스코회 소속인 루브룩에 의하면 몽골인은 자신들이 타타르인이라 불리는 것을 원하지 않았다고 한다.

33 테무진이 나이만 군주를 제압하고 사용한 호칭으로 칭기즈(Chinggiz)는 '강하다'는 뜻을 가진 칭(Ching)의 복수형이다.

는 위험에 빠질 것이다!"[34]

칭기즈칸은 이 말을 듣고 동생인 주치 카사르가 모반을 꾀한다고 의심하여 지휘권의 상징인 모자와 허리띠를 압수하고 동생을 죽이려 했다. 이때 우엘른 에케가 자기 젖가슴을 드러낸 채 울면서 이렇게 말했다.

"이것은 네가 빨던 젖가슴이다. 카사르가 무슨 죄를 지었기에 너는 네 혈육을 죽이려 하느냐? 너 테무진은 이 젖을, 네 동생 카치운과 옷치긴은 이 젖을 빨았다. 카사르만 두 젖을 모두 빨았다. 테무진은 재능이 있으나, 카사르는 힘이 있고 빼어난 궁수다. 부족들이 들고일어날 때마다 그의 활과 화살이 그들을 길들였다. 그러나 이제 우리의 적이 모두 제거되고 보니 카사르는 더 이상 필요 없게 되었다!"[35]

이 말을 듣고 정신을 차린 칭기즈칸은 카사르를 죽이지 않았다. 이렇듯 우엘른 에케의 강인한 정신과 형제애를 강조한 교육은 칭기즈칸에게 큰 영향을 미쳤다. 텝 텡그리는 이후에도 계속 칭기즈칸의 형제들을 이간시키려다가 결국 주치 카사르에게 살해되었다.

후세인 수피라는 쿵그라트 출신의 수령은 1350년대 말 킵차크

---

34 르네 그루쎄, 앞의 책, 322쪽.

35 위의 책, 322쪽.

칸국이 혼란해진 틈을 이용하여 1360년 호라즘에 독립 왕조를 세웠으나 1379년 티무르에게 정복당했다.

9) 아르군

위구르, 카를룩과 함께 돌궐제국을 무너뜨린 바스밀(Basmyl)의 거주지가 천산 북방에서 아르군의 거주지와 거의 비슷해 바스밀이 아르군(Argyn)의 종족 구성에 기여했을 것이라고 보는 견해가 있다.[36]

바스밀은 코초 위구르왕조보다 앞서서 군주의 칭호로 '신성한 군주'라는 뜻의 이디쿠트를 사용했는데[37]이에 비추어 아르군, 바스밀, 위구르는 서로 밀접한 관계가 있었던 것 같다. 주치의 맏아들 오르다의 손자로 백장 칸국의 칸이었던 바얀이 이 종족 출신을 왕비로 삼았다.

36 Argyn from Wikipedia
37 고마츠 히사오, 앞의 책, 162쪽.

2. 주즈(지연)

주즈의 의미

앞의 루에서 설명했듯이 주즈(Zhuz)는 루의 연합체이며 대·중·소 3개의 주즈가 있다. 대주즈를 울루 주즈(Ulu Zhuz), 중주즈를 오르타 주즈(Orta Zhuz), 소주즈를 키시 주즈(Kishi Zhuz)라 한다.

Zhuz는 카자흐어로 숫자 백(百)을 뜻해서 100명으로 이루어진 하나의 전투부대 단위를 의미했다. 이후 이 의미는 독자적 영토를 가진 '부족의 연맹'이란 뜻으로 확장되었다. 대주즈는 카자흐스탄 동남부(제티수)에, 중주즈는 중부와 동북부에, 소주즈는 서부지역에 형성되었다. 독자적인 영역을 가진 부족연맹이란 점에서 주즈는 몽골제국의 울루스와 비슷한 개념이다. 주즈는 지역을 기반으로 하고 있지만 유목민 특성상 이동이 잦아 지연적 특성이 강하지는 않다.

각 주즈마다 독자적인 영역과 지도자를 갖고 있었지만 상호 긴밀히 연맹하였고, 특히 이들이 공유한 투르크 언어, 문화, 이슬람이라는 종교는 3개의 주즈가 갈라지지 않도록 하는 데 기여했다. 이들은 같은 카자흐 민족이라는 인식이 있어서 어느 한 주즈가 외부의 다른 민족으로부터 공격을 받으면 하나가 되어 맞서 싸웠고, 이는 오늘날 카자흐스탄이 큰 영토를 갖게 된 원동력이 되었다.

현재 독립국가 카자흐스탄에서 주즈는 역사적 산물에 불과할 뿐, 독자적인 지도자나 영토를 갖고 있지 않다. 상호 간에 알력도 없으며 행정 단위도 아니다. 어느 주즈에 속해 있든 카자흐스탄 국민은 조상의 단결력 덕분에 넓은 영토를 지닌 것에 자부심을 갖고 있다.

주즈의 기원

주즈는 루와 달리 긴 역사를 갖고 있지 않다. 주즈의 역사가 오래되지 않았음에도 발생 과정에 대한 기록이 미비해 그 기원을 파악하는 것이 쉽지 않다. 그러나 주즈는 일반적으로 15세기 중반 카자흐 칸국이 건설될 무렵 카자흐스탄 내 여러 투르크-몽골족들이 카자흐 사람이라는 연대의식을 공유한 가운데 등장한 것으로 여겨지고 있다.

카자흐 칸국은 킵차크 칸국이 소멸한 후에 오늘날의 카자흐스탄에 들어선 칸국이다. 킵차크 칸국은 주치의 아들들에 의해 금장 칸국, 백장 칸국, 샤이반 칸국으로 나뉘어 통치되었는데, 1368년 원나라가 중국에서 쫓겨나면서 몽골제국이 몰락하자 14세기 후반 티무르의 공격을 받고 와해되기 시작해 15세기 중반에는 제4장에서 설명하듯이 여러 칸국으로 갈라지게 되었다. 금장 칸국은 크리미아·카잔·아스트라한 칸국으로 나뉘었고, 백장 칸국과 샤이반 칸국의 영역에는 우즈벡·카자흐·노가이·시비르 칸국이 들어섰다.

우즈벡 칸국은 주치의 다섯째 아들 샤이반계 왕자인 아불 하이르가 1428년 카자흐(스탄) 초원[38]에 세운 왕조이고, 카자흐 칸국은 주치의 장자인 오르다계의 자니벡과 케레이가 15세기 중반에 아불 하이르로부터 떨어져 나와 모굴 칸국의 변경(탈라스강과 추강 사이)에 세운 나라였다. 카자흐 칸국과 우즈벡 칸국은 카자흐 초원에 대한 패권을 두고 치열한 경쟁을 했다.

주즈는 카자흐 초원에 들어선 우즈벡, 노가이, 시비르 칸국과 주변 세력인 모굴 칸국 및 오이라트(준가르), 그리고 러시아와의 상호 관계 속에서 생겨났을 것이다.

우즈벡 칸국은 1468년 아불 하이르가 사망한 후 카자흐스탄 초원에서 사라졌는데, 이는 초기 주즈 형성과 관계가 있는 것으로 보인다. 노가이 칸국이 소주즈의 핵심을 이루고, 시비르 칸국의 주 구성원이었던 것으로 보이는 킵차크·나이만·케레이트 등이 중주즈에 속하는 루를 이루고 있는 사실에 비추어 이 투르크족들이 카자흐 칸국과 주즈 형태로 연합하여 우즈벡 칸국을 카자흐스탄에서 몰아냈을 것으로 추정되는 것이다.

카자흐 칸국은 우즈벡 칸국과 대결하는 와중에 오이라트의 침략에도 시달렸다. 15세기 중반에 서몽골 지역에서 흥기한 오이라트는

---

38 킵차크 초원에서 남러시아 초원을 제외한 부분으로 지금의 카자흐스탄 영토에 해당한다.

발하슈호까지 영토를 확대하고 카자흐 칸국과 모굴 칸국을 빈번히 침입한 것이다. 모굴 칸국의 핵심 부족인 두글라트가 현재 카자흐스탄의 대주즈에 속해 있다는 사실은 오이라트의 침략에 대처하는 과정에서 두글라트의 역할을 짐작케 한다. 모굴 칸국은 자니벡과 케레이가 자신들의 영토 변경에 정착하도록 도와주었는데 이는 두글라트와 무관치 않았을 것이다.

모굴 칸국은 16세기 초반부터 세력이 약화되었고, 카자흐 칸국은 이러한 상황을 이용해 16세기 중반 모굴 칸국의 영토였던 일리 방면으로 진출했다. 러시아는 16세기 중반에 카잔과 아스트라한 칸국을, 16세기 후반에는 시비르 칸국을 정복하며 카자흐스탄과 시베리아로 진출하려 했다. 17세기 초 동몽골에 의해 천산 북방의 타르바가타이 방면으로 밀려난 오이라트는 준가르제국을 세웠는데, 일리까지 진출한 카자흐 칸국과 충돌했다. 카잔, 아스트라한, 시비르 칸국이 붕괴되고 모굴 칸국이 약화되자 이들 나라의 많은 백성이 카자흐 칸국으로 유입되었고, 카자흐 칸국은 준가르와 러시아의 위협에 대처하기 위해 유입된 부족민들과 힘을 합쳐 더욱 긴밀한 형태의 주즈를 만들어나갔을 것이다.

오이라트는 15세기 중반, 건국 초기에는 오이라트 연맹이라 불렸다가 17세기 초반부터는 준가르라 불렸다. 칭기즈칸의 후예가 세운 나라가 아니어서 칸국으로 불리지 않았지만 실질적으로는 거대한 제국이었다. 이슬람권에서는 칼묵이라고 불렀다.

준가르의 갈단은 1680년경 모굴 칸국을 정복했고, 체왕 랍탄은

1723년 카자흐 칸국에 원정하여 3개 주즈 연맹을 와해시키고 대주즈와 중주즈의 일부 수령들로 하여금 준가르의 종주권을 인정하게 만들었다. 준가르의 침략에 대해 카자흐스탄에서는 공포심이 얼마나 심했는지 우는 아이에게 준가르가 온다고 하면 울음을 그친다는 말이 있을 정도였다.

준가르의 압박으로 주즈가 와해되며 카자흐 칸국이 준가르의 지배에 놓일 위기에 처하자 이를 타개하기 위해 1731년 소주즈를 필두로 러시아에 개별적으로 복속했다. 각 주즈의 이러한 결정으로 카자흐 칸국은 1991년 12월 독립할 때까지 260년간 러시아의 지배를 받았지만 중국에 흡수된 준가르와 달리 카자흐스탄공화국으로 독립할 수 있었다.

대·중·소 주즈의 의의

주즈의 성립 배경과 더불어 주즈를 대·중·소로 나눈 근거도 명확하지가 않다. 카자흐 칸국의 법을 제정한 테우케 칸이 각 주즈 지도자의 나이를 기준으로 나누었다는 설도 있고, 투르크인의 방향에 대한 인식이 주즈 명칭에 영향을 주었다는 이야기도 있다. 투르크인은 동쪽과 남쪽을 중시했음에 비해, 서쪽과 북쪽은 그렇지 않은 방향이라고 여겨 동남쪽에 위치한 주즈를 대주즈, 서쪽에 위치한 주즈를 소주즈, 중간을 중주즈로 정했다는 것이다.

그러나 주즈의 구분은 이러한 단순한 기준이 아니라 카자흐스탄의 역사적 상황과 관계가 있는 것으로 보인다. 그것은 국가 형성 과정에서 각 주즈의 기여도이다. 면적이 가장 큰 주즈는 중부와 동북부를 차지하는 중주즈이다. 그런데 면적이 훨씬 작지만 동남부에 위치한 주즈에게 대주즈 자리를 내주었다.

대주주가 있는 이 지역은 제티수(세미레치예)라고 불리는 곳으로, 천산산맥 밑자락에 위치하고 있어 물과 초지가 풍부하여 유목민이 생활하기에 적합하다. 아울러 천산 북방, 타림분지, 트란스옥시아나, 남러시아로 진출하는 길목에 위치하고 있어 군사적·경제적 측면에서도 매우 중요한 곳이기도 하다. 이러한 지리적 특성 때문에 제티수는 서돌궐과 카라한왕조 등 투르크계 왕조의 중심지였다. 몽골제국 시대에는 차가다이 칸국에 속했으나 15세기 중반 카자흐 칸국이 들어서며 이 지역의 패권을 놓고 카자흐 칸국, 우즈벡 칸국, 오이라트 제국, 모굴 칸국 간 치열한 경쟁이 벌어졌다. 이러한 연유로 이 지역을 차지한 세력이 대주즈가 되어 카자흐 칸국을 대표하여 중주즈와 소주즈를 리드해나간 것으로 보인다.

대주즈에는 오손, 캉글리, 두글라트, 잘라이르, 알반, 수안, 시르겔, 으스트, 오샤트, 샤프라시트가 속해 있다. 모굴 칸국에서 큰 영향을 행사한 두글라트, 칭기즈칸 일족과 긴밀한 관계를 맺었던 잘라이르, 고대부터 천산산맥 북방에서 흉노 및 중국의 한나라와 관계를 맺으며 오랜 역사를 이어온 오손이 대주즈의 일원인 것이다.

중주즈는 킵차크, 나이만, 케레이트 등으로 이루어져 있다. 이들은 시비르 칸국의 주요 구성원이었을 것으로 짐작된다. 시비르 칸국의 중심지인 이르티시강 중류 유역이 킵차크와 나이만의 활동 무대였다는 사실에서 그렇게 추론된다. 케레이트 왕가에 충성했던 토르구트 부족장이 자기의 딸을 시비르 칸에게 시집보낸 점도 케레이트 부족과 시비르 칸국의 관련성에 무게를 두게 한다. 시비르 칸국이 러시아에 정복된 후 이 칸국의 부족들이 카자흐 칸국으로 피난 와서 원 부족들과 함께 러시아와 준가르에 대항하며 중주즈를 형성했을 것으로 보인다.

소주즈는 노가이 칸국과 관계가 있다. 킵차크 칸국 붕괴 후 카자흐스탄 서부에서 세력을 형성하던 노가이 칸국은 16세기 중반 엠바강 전투에서 카자흐 칸국에 패한 후 일부는 아스트라한 방면으로 이주하고 나머지는 카자흐 칸국에 흡수되어 소주즈의 중추가 되었다. 노가이 칸국을 구성했던 예디산, 알쉰, 바이울르가 소주즈의 루가 되었는데 이들은 개별 부족이 아니라 작은 부족들의 연합체였다. 예디산은 '7개의 종족'이라는 뜻인데, 테우케 칸이 이들을 통합시키고 제티루라 불렀다 한다. 알쉰 종족은 후에 이름이 알리물르로 바뀌었다. 노가이 칸국의 핵심 부족이 망쿠트임에 비추어 이 부족들은 망쿠트족과 긴밀한 관련이 있을 것이다. 앞에서 얘기했듯이 망쿠트는 칭기즈칸의 7대조인 툼비나 칸의 첫째 아들 차크수의 후손이었다.

카자흐스탄 서부지역에서 활동한 투르크족 중 노가이 칸국을 이루던 부족들 대부분이 소주즈에 편입된 반면, 아랄해 인근에 자리를 잡고 있던 캉글리가 소주즈가 아닌 대주즈에 속한 점이 특이하다.

제4장

칭기즈칸과 카자흐스탄

1. 칭기즈칸이 카자흐스탄에 미친 영향

고대부터 카자흐스탄 지역에 스키타이, 흉노, 돌궐, 카를룩, 오구즈 등 여러 유목 세력이 진출하며 왕조를 수립했지만 지금의 카자흐스탄공화국의 모태가 되는 것은 15세기 중반에 세워진 카자흐 칸국이다. 카자흐 칸국은 칭기즈칸의 중앙아시아 원정전 결과로 카자흐 초원에 들어선 킵차크 칸국이 붕괴하며 탄생했기에 칭기즈칸은 카자흐스탄과 직·간접적인 관계를 맺고 있다고 볼 수 있다.

칭기즈칸이 태어날 당시 몽골고원은 몽골, 케레이트, 나이만 등 여러 울루스로 나뉘어 있었다. 칭기즈칸은 12세기 말경 자신이 속한 울루스 내에서 주도적인 위치를 굳혔는데, 이는 '루' 케레이트에서 언급했듯이 1196년 케레이트의 옹 칸이 칭기즈칸에게 도움을 청하러 온 사실에서 짐작할 수가 있다. 1203년 케레이트, 1204년 나이만을 제압하고 몽골고원을 평정한 칭기즈칸은 1206년 봄, 오논강 상류에서 개최된 쿠릴타이에서 최고 지도자로 선출되었다. 몽골에서 기념하는 칭기즈칸이 탄생한 해(1162년)로부터 계산하면 이때 그의 나이는 44세였다.

몽골고원을 통일시킨 칭기즈칸의 위세는 중국과 중앙아시아로 뻗어나갔다. 이는 흉노, 돌궐 등 유목 세력이 몽골고원을 차지하고 난 다음 일어난 것과 비슷한 패턴이었다. 칭기즈칸이 몽골고원을 제패했을 때 중국은 송나라·탕구트·금나라로 삼분되어 있었다. 칭기즈칸은 1205년부터 몇 차례 탕구트에 원정하여 그들을 복속시켰고, 금나라에 대해서는 1211년부터 원정했다. 칭기즈칸 생전에 금나라를 정복하지는 못했지만 후계자들이 금나라(1234년)와 송나라(1279년)를 정복하고 원나라(1271-1368)를 세웠다.

칭기즈칸이 중앙아시아로 진출하는 계기가 된 것은 1218년 호라즘왕조가 칭기즈칸이 보낸 사신과 상인단을 살해한 사건이었다. 이는 중앙아시아의 투르크계 왕조들을 평정하고 페르시아를 통치하고 있었던 호라즘왕조가 칭기즈칸과 일전불사를 각오하고 벌인 도발이었다. 칭기즈칸은 도전을 피하지 않았고, 1219년 중앙아시아 원정을 했다.

몽골제국과 호라즘왕조는 여러 면에서 달랐다. 몽골이 주로 샤머니즘을 믿는 유목 세력이었던 반면, 호라즘왕조는 이슬람을 믿고 페르시아와 트란스옥시아나의 정주세계에 기반을 두었다. 몽골제국에는 몽골인을 주축으로 나이만, 케레이트 등 칭기즈칸에게 정복당한 부족들과, 칭기즈칸에 귀순한 발하슈호 인근의 카를룩, 타림분지의 위구르가 참여했다. 호라즘왕조에는 트란스옥시아나와 카자흐스탄 서남부에 있는 투르크족과 페르시아인이 주축을 이루었다. 아랄해 인근에 거주하던 캉글리, 이 지역에서 오구즈 야브구 국가를 건국했던 오구즈, 11세기 초 오구즈를 트란스옥시아나로 밀어낸 킵차크 등이 이 투르크족들이었다. 이 가운데에서도 캉글리와 오구즈는 칭기즈칸 군대에 강력하게 저항하여 부하라·사마르칸트·메르브 같은 도시가 몽골군에게 정복된 후 철저하게 응징되었다. 채찍보다 키가 큰 캉글리인 수만 명이 학살되고 메르브에 있는 산자르의 묘는 파묘되었다.

1219년 여름에 출정한 칭기즈칸은 1220년 봄, 오트라르·부하라·사마르칸트 등 호라즘왕조의 핵심 지역을 정복했다. 절망에 빠진 호라즘 샤(알라 앗 딘 무함마드)는 도망 다니다가 1220년 12월 카스피해 인근의 섬에서 죽었다. 역사에 만약이란 없다지만, 만약 칭기즈칸이 이 전쟁에서 패했다면 카자흐스탄은 지금과 같은 모습이 아니었을 것이다. 셀주크왕조를 무너뜨리고 페르시아를 차지하고, 트란스옥시아나에서 카라키타이도 쫓아내며 시르다리야 연안까지 진출한 호라즘왕조가 분명히 카자흐스탄 지역을 정복했을 것이다. 그리되었다면 카자흐스탄은 페르시아의 색채가 강한 지역이 되었을 것이다. 비록 호라즘이 투르크 계통의 왕조이기는 했지만 페르시아 문화를 지향했으므로 그 문화가 카자흐스탄에도 전파되었을 것이기 때문이다.

칭기즈칸의 중앙아시아 원정전은 성공했고, 그 결과 중앙아시아와 페르시아가 몽골제국에 편입되었다. 칭기즈칸은 생전에 정복지를 자식에게 분봉했다. 장자 주치에게 이르티시강에서 서쪽으로 몽골의 말발굽이 미치는 지역까지, 그리고 호라즘 본토가 주어졌다. 제티수 지역을 제외한 카자흐스탄의 대부분 지역이 주치의 분봉지에 포함되었다. 주치가 칭기즈칸보다 먼저 사망하여 주치의 장남 오르다와 차남 바투가 분봉지를 물려받았다.

주치의 분봉지에 킵차크 칸국이 들어섰는데 우랄산맥과 시르다리야를 잇는 선을 경계로 볼가강 방면의 금장 칸국(바투 울루스)과 이르티시강 방면의 백장 칸국(오르다 울루스), 그리고 대략 이 두 울루스의 중간에 있는 샤이반 울루스(샤이반 칸국)로 나뉘었다. 대외적으로 금장 칸국이 킵차크 칸국을 대표했으므로 금장 칸국이 킵차크 칸국을 의미하기도 했다.

1368년 원나라가 몽골 본토로 쫓겨나며 몽골제국의 세력이 약해진 가운데 티무르의 침략을 받고 킵차크 칸국은 붕괴되어갔다. 금장 칸국이 있던 지역에 크리미아·카잔·아스트라한 칸국이 들어섰지만 모두 러시아에 복속되었다. 백장 칸국 지역에는 샤이반계의 왕자 아불 하이르가 우즈벡 칸국을 세웠다. 그리고 오르다계의 자니벡과 케레이가 아불 하이르로부터 떨어져 나와 카자흐 칸국을 세웠다.

킵차크 칸국은 1227년 세워졌는데 이 칸국을 대표한 금장 칸국이 1502년 크리미아 칸국의 공격을 받고 망할 때까지 약 280년간 존속하며 훈, 아바르, 페체넥, 오구즈, 킵차크 같은 여러 투르크족들이 슬라브족과 각축을 벌여왔던 남러시아 초원을 지배했다. 또 바투의 유럽 원정전을 통해 제압한 러시아 공국들에 대해서도 1480년 금장 칸국의 아흐마드 칸이 이반 3세와의 대결에서 퇴각할 때까지 약 240년간 종주권을 행사했다. 킵차크 칸국의 붕괴 후 남러시아 초원이

러시아로 넘어가 카자흐스탄의 영토가 줄어들었지만, 카자흐스탄 국민은 킵차크 칸국이 남러시아 초원을 지배하고 러시아 공국들을 속국으로 두었다는 사실에 자부심을 갖고 있다.

킵차크 칸국이 없어진 이후에도 칭기즈칸의 후손들은 카자흐 칸국의 대주즈, 중주즈, 소주즈의 칸이 되어 카자흐 칸국 건설에 핵심 역할을 했다. 칭기즈칸이 카자흐스탄과 중앙아시아로 진출할 때 함께 온 몽골-투르크 부족들도 현지 사회에 동화하며 새로운 정치 질서를 만들어나갔다. 둘라트, 잘라이르, 나이만, 케레이트, 쿵그라트 같은 루와 노가이의 후손들은 대·중·소주즈를 이루며 카자흐스탄 사회에 뿌리를 내렸다. 이런 연유로 카자흐스탄에는 몽골인처럼 생긴 사람들이 많다. 또 투르크메니스탄인과 달리 카자흐스탄인은 몽골인처럼 말고기 요리를 즐겨 먹는다.

2. 칭기즈칸의 중앙아시아 원정

원정 전의 상황

칭기즈칸이 1206년 봄에 개최된 쿠릴타이에서 몽골과 투르크 전 부족들에 의해 최고의 지도자로 선포되고 몇 년이 지나지 않아 카라키타이에 복속해 있던 타림분지와 발하슈호 인근의 군소 투르크계 군주들이 칭기즈칸에게 귀순해 오기 시작했다.

카라키타이에 복속해 있던 코초 위구르왕조의 이디쿠트인 바르축이 1209년 제일 먼저 귀순했다. 바르축은 카라키타이가 파견한 감관(監官)을 살해한 후 칭기즈칸에게 사신을 보내 종이자 아들이 되고자 한다고 했다. 바르축은 또한 메르키트 군주 톡타이 베키의 형제와 아들들이 보낸 사신을 죽였다(1209년). 이들은 1208년 이르티시강 근처에서 벌어진 칭기즈칸과의 전투에서 패사한 톡타이 베키의 시신을 수습하고자 그의 머리만 가지고 쿠쉴룩과 함께 위구르 지방으로 도망쳐 와 도움을 요청한 것이었는데, 바르축은 사신을 죽였을 뿐만 아니라 그들을 쫓아냈다. 이에 만족한 칭기즈칸은 1211년 바르축이 배알하러 왔을 때 그를 다섯째 아들로 삼고 후궁에게서 난 딸 일 알티를 주었다. 당시 코초 위구르왕조는 베쉬발릭, 투르판, 카라샤르, 쿠처 등 타림분지의 오아시스 도시들을 지배했는데, 위구르의 이디쿠트가 칭기즈칸에 귀순함에 따라 이들 지역은 자연스럽게 몽골의 예속지가 되었다.

카라한왕조를 건설한 주역으로 일리강 하류의 카얄릭을 중심으로 세력을 갖고 있던 카를룩의 군주 아르슬란 칸도 카라키타이의 종주권을 부인하고 1211년 칭기즈칸에게 귀순했다.

알말릭[1]의 군주인 부자르도 1211년 귀순했다.[2] 이에 나이만의 왕자 쿠쉴룩은 그 보복으로 부자르를 기습하여 죽이는 등 압박을 가했지만 부자르의 아내(살박 투르칸)가 지키는 알말릭을 함락시킬 수 없었다. 훗날 부자르의 아들(수크낙 티긴)은 쿠쉴룩에 대항에 싸운 칭기즈칸의 용감한 전사들 가운데 하나가 되었다.

위구르의 이디쿠트 바르축, 카를룩 군주 아르슬란, 알말릭의 군주 부자르 등의 귀순에 힘입어 몽골의 영향력은 타림분지의 오아시스 도시들을 넘어 천산 북방을 거쳐 카자흐스탄의 발하슈호까지 확대되었다. 이들은 칭기즈칸의 호라즘 원정에 병력과 식량을 지원하며 몽골이 승리하는 데 기여하게 된다.

---

1 신장위구르자치구 내에 있는 일리카자흐자치주의 주도인 이닝(쿨자) 인근에 위치

2 르네 그루쎄, 앞의 책, 342쪽.

타림분지와 발하슈호까지 영토를 넓힌 칭기즈칸은 1211년부터 금나라 원정을 개시했다. 금나라 공략 중 칭기즈칸은 쿠쉴룩과 메르키트의 잔당(톡타이 베키의 형제와 아들들)이 투르키스탄에서 재기하려 한다는 소식을 들었다. 앞에서 얘기했듯이 이들은 1209년 위구르 지방에서 이디쿠트의 공격을 받고 쫓겨났으며, 이때 쿠쉴룩은 카라키타이로 망명하여 구르 칸의 딸과 결혼하고 1211년에는 카라키타이를 차지하며 재기를 노리고 있었다.

칭기즈칸은 금나라 공략을 무칼리 구양에게 위임하고 이들을 처리하기 위해 몽골고원으로 돌아왔다. 칭기즈칸은 무엇보다 나이만의 쿠쉴룩이 카라키타이를 차지하고 있는 것을 묵과할 수가 없어 1217년 수베에테이를 보내 잠 무렌 인근에서 메르키트의 잔당을 패사시켰다. 1218년에는 쿠쉴룩을 처리하기 위해 제베를 카라키타이의 도읍인 발라사군으로 보냈다. 쿠쉴룩은 도망 다니다가 파미르고원의 사릭 콜(신장위구르 서남단에 위치한 타시쿠르간)에서 제베의 부하에게 붙잡혀 살해되고, 카라키타이의 영역인 발라사군, 일리, 이식쿨, 탈라스 지역이 몽골제국에 편입되었다.

이렇게 해서 몽골은 양기켄트, 잔드, 오트라르 등 시르다리야 연안의 실크로드 도시들을 차지하고 있는 호라즘왕조와 대치하게 되었다.

칭기즈칸 사신의 죽음

칭기즈칸이 메르키트 잔당과 나이만 왕자를 소탕하며 투르키스탄에서 세력을 확장하고 있을 때인 1218년 여름[3] 호라즘 왕에게 보낸 칭기즈칸의 사신과 상인 450여 명이 떼죽음을 당하는 사건이 발생했다. 『집사2 칭기스칸기』에 따르면, 호라즘왕조의 샤(알라 앗 딘 무함마드) 치세에 실크로드가 안정되어 있어 상인들은 이익을 내는 곳이 있다면 어디든지 물건을 팔러 갔다. 이들은 유목민인 몽골인에게는 직물과 의복, 카펫 등이 귀하므로 그들과의 교역에서 큰 이익이 생긴다는 것을 잘 알았다. 이런 연유로 부하라의 상인 3명이 몽골인에게 필요할 것으로 생각되는 각종 물건들을 갖고 칭기즈칸이 머물고 있는 곳으로 갔다.

칭기즈칸은 상인들이 호라즘 샤의 이름으로 물건을 가지고 왔다고 하자 기분이 좋아져 값을 후하게 쳐주었다. 그리고 술탄(샤)이 통치하는 지방에서 진귀품들을 구해 오기 위해 각 부족에서 한두 사람을 선발하여 약 450명의 상인단을 꾸려서 부하라 상인들이 돌아갈 때 동행하도록 했다. 칭기즈칸은 이 상인단에 자신의 사신도 동행하게 하여 호라즘 샤에게 다음과 같은 말을 전하도록 했다.

> "그 지방의 상인들이 내게로 왔소. 당신이 들은 것처럼 나는 그들을 되돌려 보냈소. 나도 일군의 상인들을 그들과 동행시켜 그 지방으로 보내 그 지방의 귀중품들을 이곳으로 가지고 오고, 또 그 지역의 물품들을 구해 오라고 했소. 그대 왕조의 강고함과 가문의 위대함은 충분히 알려져 있고, 그대 왕국의 광대함과 통치의 확고함

---

3 https://e-history.kz/en/history-of-kazakhstan/show/9542/

은 지상 대부분의 지방에서 귀족이든 평민이든 모두에게 분명하오. 그대는 내게 귀한 자식이자 아끼는 무슬림이오. 이제 내게 가까운 변경에서 적들이 일소되었고 모두 복속했으니, 우리 양측의 이웃 관계는 견고하오. 지혜와 용기에 근거하여 양측은 협력의 길을 걸어야 할 것이오. 사건이 생길 경우에는 반드시 서로 도움과 지원을 주도록 하고, 도로의 위험에서 마음을 놓게 해줍시다. 그래서 왕래를 통해 세상의 번영을 가져다주는 상인들이 마음놓고 올 수 있도록 합시다. 우리의 연맹을 통해 이후로는 불안을 일으키는 근원이 사라지고 분쟁과 반란을 부추기는 요인이 끊어지도록 합시다."[4]

사신과 상인들이 오트라르에 도착했을 당시 그곳의 아미르는 이날축이었고 가이르 칸이라는 칭호를 갖고 있었다. 그는 호라즘 샤의 모친과 친척이기도 했다. 상인단 가운데 이날축과 안면이 있던 힌두인 상인이 있었는데 그가 평소 습관대로 칭호 대신 이름(이날축)으로 부르는 등, 칭기즈칸의 '위대함'에 기고만장해진 나머지 예의를 갖추어 대하지 않았다. 이날축은 화가 나서 상인들을 감금하고 호라즘 샤에게 전령을 보내 이 상황을 알렸다. 호라즘 샤는 전령을 통해 들은 칭기즈칸의 말을 무시한 채 사신과 상인들을 처단하고 물건을 빼앗으라고 명령했다.

사신과 상인들이 살해되었는데, 그중 한 사람이 간신히 탈출하

4 라시드 앗 딘, 『집사2 칭기스칸기』, 310-311쪽.

여 칭기즈칸에게 참사를 알렸다. 칭기즈칸은 호라즘 샤에게 사과와 보상을 요구했으나 샤가 거부하자 전쟁을 하기로 결심했다.

칭기즈칸은 언덕에 올라가 혁대를 목에 걸치고 모자를 벗었다.(이와 같은 행동은 텡그리, 즉 [天神]에 대한 복종의 표시다.) 그런 후 얼굴을 땅에 대고 사흘 밤낮을 기도하며 복수의 힘을 달라고 빌었다. 기도를 마친 칭기즈칸은 사신을 호라즘 샤에게 보내 그가 저지른 행위에 대해 언급하고 선전포고를 했다.

사신의 죽음과 이에 대한 보복 전쟁은 뜻하지 않게 중앙아시아, 페르시아, 러시아에 대한 정복의 결과로 이어졌다. 앞에서도 이런 가정을 했지만, 만약 호라즘 샤가 사신을 죽이지 않았으면 세계의 역사는 어떻게 되었을까? 바그다드의 칼리프가 칭기즈칸의 손자 훌레구에게 죽지 않았을 것이고, 러시아도 240년 이상 몽골의 지배를 받지 않았을 것이며, 카자흐스탄의 역사도 오늘날과는 달라졌을 것이다. 호라즘왕조는 페르시아와 투르크 문화를 융합시키며 찬란한 문화를 꽃피웠을 것이고, 무엇보다 역사상 가장 큰 영토를 정복한 칭기즈칸이라는 인물이 탄생하지 않았을지도 모른다.

그런데 칭기즈칸과 호라즘 샤는 이 일이 있기 전에 몇 차례 사신을 보내며 소통해왔기에 호라즘 샤가 사신을 죽인 이유가 사뭇 궁금해진다. 이에 대해 명확하게 밝혀진 것은 없지만 다음과 같은 추측을 해본다.

첫째, 호라즘 샤의 자신감을 생각해볼 수 있다. 호라즘 샤는 1210년 카라키타이와의 전쟁에서 승리하며 트란스옥시아나의 패권을 차지했고, 또 1215년에는 구르왕조를 제압하고 전 아프가니스탄을 손에 넣었다. 그는 이와 같은 기세를 몰아 타림분지의 오아시스 도시로 진출하여 그 지역의 주민들에게 이슬람을 확고하게 전파시키려 했는지도 모른다. 타림분지 서부의 카쉬가리아 지역은 카라한왕조대에 이슬람화가 진행되었지만 투르판 등 동부지역은 이슬람이 뿌리를 내리지 못한 상태였다. 이 지역은 코초 위구르왕조의 바르축이 칭기즈칸에게 복속함에 따라 몽골의 예속지가 되었으며, 몽골은 카라키타이마저 제압하고 트란스옥시아나로 세력을 확장하고 있었다. 호라즘 샤는 이러한 상황 하에서 몽골과의 한판 승부가 필연적일 것으로 보고 도발 행위를 일으킨 것일 수도 있다.

둘째, 종교적 우월감이라는 견지에서 생각해볼 수 있다. 페르시아와 아프가니스탄, 트란스옥시아나를 수중에 넣은 호라즘왕조는 이슬람 세계를 대표한다고 생각했다. 반면 칭기즈칸 진영은 불교, 네스토리우스파 기독교, 샤머니즘, 이슬람 같은 각종 종교가 혼합된, 극단적으로 말하면 우상숭배자들이었다. 유일신 알라를 믿는 호라즘왕조의 무슬림들은 몽골인을 하찮게 여기고 있었는데 상인들이 칭기즈칸의 위용을 믿고 무례하게 행동하자 살해했을 가능성도 있다.

셋째, 상인들을 첩자로 보고 죽였는지도 모른다. 고대에는 실크로드를 통해 교역에 종사하는 상인들이 유일한 정보 소식통이었으며, 실제로 중앙아시아의 소그드인은 교역을 통해 얻은 정보를 자신의 고용주에게 전달하였다.

넷째, 칭기즈칸이 전달한 내용이 공손하지 못해서 그랬을 수도 있다. 칭기즈칸이 호라즘 샤를 '귀한 자식'이라고 표현했는데, 옛날이나 지금이나 부자 관계에서는 아버지가 아들보다 더 존중받는 것을 의미하기에, 호라즘 샤는 이 표현이 자신을 얕잡아 본 것이라 보고 감정이 상했을지도 모른다.

호라즘왕조와의 전쟁

몽골 군대가 쳐들어온다는 소식을 들은 호라즘 샤는 병력을 이끌고 잔드를 지나서 국경까지 나아갔다. 이때 초병이 몽골 군대가 국경 부근에 있다고 보고했다. 그러나 그 몽골 군대는 호라즘 샤와 전쟁을 하기 위한 군대가 아니라 1217년 메르키트 잔당을 소탕하기 위해 수베에테이를 지휘관으로 삼아 파견된 군대였다. 이를 몰랐던 샤는 몽골군을 공격하러 출정했고, 킬리와 카임치라는 두 강 사이에서 수베에테이 군대와 대치하게 되었다.

호라즘 군대가 공격하려 하자 몽골군은 "우리는 칭기즈칸으로부터 전쟁하라는 허락을 받지 않았다. 우리는 다른 일로 온 것이다."라고 했다.[5] 그러나 샤는 이 말을 믿지 않고 공격을 했고, 이에 몽골군이 맞서 싸우자 샤가 오히려 포로가 될 상황에 처하게 되었다. 이때 샤의 아들(잘랄 앗 딘)이 나서 아버지를 구해냈다.

전투는 끝났고, 호라즘 샤는 사마르칸트로 돌아갔다. 첫 대결에서 포로로 잡힐 뻔한 위험을 경험한 호라즘 샤는 공포와 불안에 휩싸였다. 몽골군의 전투력을 직접 목격한 그는 지금의 분란을 일으킨 원

---

5 라시드 앗 딘, 『집사2 칭기스칸기』, 314쪽.

인이 무엇인지 그때서야 비로소 파악하기 시작했고, 자신이 행한 말과 행동에 대한 후회의 빛이 역력했다. 한마디로 칭기즈칸과 본격적인 전투를 시작하기도 전에 몽골 군대에 대한 공포감으로 이미 기가 꺾인 것이다. 이는 그대로 호라즘왕조가 패망하는 결과로 이어지게 된다.

칭기즈칸이 호라즘왕조를 원정하여 트라스옥시아나, 호라산, 아프가니스탄을 정복한 구체적 시기는 사료들마다 다소 상이하지만, 1219년 봄 몽골고원에서 출정하여 1225년 봄 몽골고원으로 돌아온 것에 대해서는 대부분 일치한다. 대략적인 칭기즈칸의 중앙아시아 원정 과정은 다음과 같다.

칭기즈칸은 호라즘왕조와의 전쟁을 위해 1219년 출정했다. 그가 그해 여름 이르티시강을 지나 가을에 발하슈호 남쪽에 위치한 카얄릭 부근에 도착했을 때, 이전에 귀순한 카를룩 군주 아르슬란, 위구르의 이디쿠트 바르축, 알말릭의 군주 수크낙 티긴이 지원부대를 데리고 합류했다.

칭기즈칸은 먼저 사신과 상인들이 살해된 오트라르로 진격했다. 그는 차가다이와 우구데이에게 그곳을 공략하라고 지시하고, 주치를 잔드와 양기켄트로 보냈다. 칭기즈칸 자신은 막내아들 톨루이와 함께 호라즘 샤가 있을 것으로 예상되는 부하라와 사마르칸트를 공격하러 갔다.

오트라르의 아미르 가이르 칸(이날축)은 사신을 살해한 장본인이 그 자신이었으므로 죽음을 불사하고 격렬하게 저항했다. 그러나

1220년 초, 5개월의 공방 끝에 오트라르는 함락되고 가이르 칸도 살해되었다. 큰아들 주치도 잔드와 양기켄트를 점령했다.

칭기즈칸은 1220년 2월 부하라, 3월에는 사마르칸트를 함락시켰다. 그때 캉글리인이 철저하게 응징을 당해 '채찍보다 키가 더 큰 사람'은 살아남지 못했다. 호라즘 샤의 모친이 캉글리 출신[6]이어서 캉글리인이 호라즘왕조를 위해 치열한 저항을 한 탓에 처절한 응징을 당했을 것이다. 사마르칸트를 점령한 후 칭기즈칸은 인근에서 여름 휴식을 취했다.

그해 가을 칭기즈칸은 주치와 차가다이, 우구데이에게 호라즘을 정복하라고 지시했다. 그런데 평소 주치의 출생을 둘러싸고 세 형제간에 불화가 있었고, 이로 인해 호라즘에 진주한 몽골군은 지휘 체계에 혼선이 와서 호라즘을 쉽사리 정복하지 못했다. 그 결과 몽골 군대는 많은 피해를 입고 호라즘왕조의 옛 수도인 우르겐치를 1221년 4월이 되어서야 함락시켰다. 주치는 이 전쟁 후 킵차크 초원에 있는 자기의 속령[7]으로 돌아가 은둔하며 더 이상 아버지의 정복 전쟁에 참가하지 않았다.

칭기즈칸은 막내아들 톨루이와 함께 1221년 봄 아무다리야를 건너 호라산으로 들어갔다. 발흐를 점령한 후 칭기즈칸은 톨루이를 메

6 Henry H. Howorth, 『History of the Mongols: From the 9th to the 10th Century』 (Forgotten Books, 2012), p. 18.

7 카자흐스탄의 투르가이, 엠바, 우랄 지역.

르브로 보내고 자신은 탈리칸[8]으로 갔다. 톨루이는 메르브, 니샤푸르, 헤라트 같은 호라산의 도시들을 정복했다. 이 도시들은 치열하게 저항했던 만큼 철저하게 파괴되었다. 특히 메르브에서는 포로들이 대량 학살당하고 셀주크왕조의 술탄 산자르의 무덤은 파묘되어 불태워졌다. 전승에 의하면, 메르브 지역에서 유목하던 오구즈 씨족이 그때 아나톨리아반도로 이주해 오스만제국[9]의 기초를 놓았다고 한다.[10]

칭기즈칸이 탈리칸을 정복했을 때 차가다이, 우구데이, 톨루이가 칭기즈칸과 합류하여 그곳에서 여름을 함께 보냈다. 그러나 장남 주치는 오지 않았다.

칭기즈칸이 휴식을 취하고 있을 때 호라즘 샤의 아들 잘랄 앗 딘[11]

---

8 아프가니스탄 북부에 있는 도시로 이곳을 공략 중 차가다이의 아들이자 칭기즈칸이 사랑한 손자 무투켄이 화살을 맞고 사망하여 도시가 정복된 후 사람이 살지 못하는 지역으로 철저하게 파괴되었다.

9 술레이만 이븐 쿠툴미시(셀주크왕조 제3대 술탄인 말릭 샤의 숙부)가 1077년 아나톨리아에 터키 셀주크왕조를 세웠다. 이 왕조가 1243년 쾨세다그 전투에서 몽골군에 패한 후 아나톨리아에 여러 투르크멘 공국들이 등장했다. 이 중 하나가 오구즈 출신의 아미르 오스만이 1299년 아나톨리아 북서부지역에서 세운 오스만 공국인데 오스만제국은 이 공국에서 기원했다. 오스만제국은 1453년 동로마제국, 1517년 맘룩왕조 등을 정복하며 전성기 때의 영토가 아시아, 유럽, 아프리카 3개 대륙에 걸쳐 있었으나, 제1차 세계대전에서 동맹국(독일·오스트리아·불가리아) 편에 섰다가 연합국(영국·프랑스·러시아)에 패했다. 연합국의 오스만제국 분할 계획에 따라 아나톨리아의 상당 부분까지 신생국 아르메니아에 양도해야 하는 위기에 빠졌다. 이에 무스타마 케말 장군을 중심으로 외세에 대한 범국민적 독립 투쟁이 시작되었고, 이 덕분에 콘스탄티노플과 아나톨리아반도 대부분의 영토는 보존하게 되었다. 1920년 1월 선거에 의해 국민의회가 들어서고, 의회에서 1922년 11월 1월 술탄제 폐지가 의결되면서 약 620년간 존속한 오스만제국이 사라졌다. 국민의회는 1923년 10월 29일 무스타마 케말을 초대 대통령으로 선출하고 터키공화국의 출범을 선언했다.

10 르네 그루쎄, 앞의 책, 351쪽.

11 칭기즈칸이 1222년 몽골고원으로 돌아가기 위해 아프가니스탄을 떠나자 잘랄 앗 딘은 1224년 델리술탄국에서 페르시아로 돌아왔다. 그가 페르시아의 아타벡이나 세습 총독들로부터 술탄으로 인정받으며 호라즘왕조를 복원시키려 하자 우구데이는 1230년 초르마간 장군이 이

은 가즈니로 피난하여 재기를 도모하다 1221년 겨울 칭기즈칸의 공격을 받고 인더스강을 건너 델리술탄국(델리왕조)으로 망명했다.

칭기즈칸은 휴식을 취한 후 1222년 가을 아무다리야를 건너 원정했던 길을 역순으로 밟아 1225년 봄, 몽골고원으로 돌아왔다. 그는 귀환 중 탕구트가 반란을 일으키려 한다는 소식을 들었기에 곧 탕구트에 대한 원정을 준비했다.

칭기즈칸 군대의 호라즘 샤 추격과 캅카스 원정

1220년 3월 칭기즈칸이 사마르칸트를 정복했을 때 그는 호라즘 샤가 페르시아의 서북부에 위치한 카즈빈 근처에 있다는 정보를 들었다. 칭기즈칸은 제베와 수베에테이가 이끄는 추격대를 보내며, 3년 안에 임무를 완수하고 킵차크 초원을 경유해서 몽골고원으로 돌아오라고 지시했다.

몽골의 장수들은 발흐, 이스파한, 라이 등의 도시들을 따라 서진하며 호라즘 샤를 추격했다. 샤는 부하라에 이어 사마르칸트가 함락되었다는 소식을 듣자 두려움이 더욱 커졌다. 그는 후궁과 자식 그리고 재물을 어느 성채에 숨기고 도주했는데, 그 성채가 몽골군에게 함락되어 자식들은 살해되고 후궁들은 능욕되었다는 사실을 알게 되

끄는 몽골 군대를 파견하였다. 잘랄 앗 딘은 제대로 싸워보지도 않고 도망다니다 1231년 디야르바크르 산중에서 강도에 살해당했다. 잘랄 앗 딘이 사망하자 그를 따르던 투르크멘들도 분열하며 아나톨리아, 시리아, 투르키스탄 등으로 흩어졌다. 아나톨리아로 이주한 투르크멘들 가운데 에르토그룰을 지도자로 하는 그룹이 있었는데, 오스만제국의 기초를 세운 오스만은 에르토그룰의 아들이었다.

었다. 샤는 공포와 고통 속에서 추격대를 피해 도망 다니다가 1220년 12월경 카스피해의 한 작은 섬에서 죽었다. 제베와 수베에테이는 전령을 보내 샤가 죽은 사실을 알렸다.

샤의 사망 소식을 들은 칭기즈칸은 제베와 수베에테이에게 서부 페르시아와 아제르바이잔을 정복하라고 지시했다. 그 명령에 따라 이들은 라이, 하마단 등 페르시아의 서부지역을 약탈한 후 아제르바이잔 쪽으로 향했고 아제르바이잔에서도 살육과 약탈을 멈추지 않았다. 그러곤 타브리즈[12]로 갔다. 타브리즈의 아타벡[13]은 많은 재물과 가축을 보내며 우호를 청함으로써 간신히 살육과 약탈을 면할 수 있었다. 타브리즈는 훗날 페르시아 지역에 들어선 일 칸국의 수도가 된다.

제베와 수베에테이는 칭기즈칸의 명령대로 킵차크 초원을 거쳐 칭기즈칸과 합류하기 위해 캅카스산맥을 넘으려 했다. 이들은 조지아를 약탈하고 캅카스산맥의 관문인 데르벤드[14]로 향했다. 이들이 데르벤드를 통해 캅카스산맥 북쪽의 스텝으로 내려왔을 때 알란인(인도유럽어계)과 킵차크 투르크인의 저항에 부딪혔다. 몽골군이 킵차크인을 회유했다.

"우리와 너희들은 한 족속이고 같은 부류이다. 알란인들은 우리와

---

12 이란 서북부에 위치한 도시이나 옛날에는 아제르바이잔에 속해서 아제르바이잔인이 많이 거주하고 있다.

13 군사적 세습 봉건영주로 어린 왕자를 교육하고 보호하는 임무도 수행했다.

14 카스피해 서안의 다게스탄에 위치해 있으며, 캅카스 북쪽에 거주하는 유목민의 남침 통로였다.

다르니, 우리와 너희들이 협약을 맺고 서로를 공격하지 말자. 금이든 옷이든 원하는 것은 너희에게 모두 주겠다. 그들을 우리에게 맡겨라!"[15]

이 회유가 성공하여 킵차크인은 전장에서 떠났고, 몽골인은 알란인에게 승리를 거두었다. 그러나 몽골인은 안심하고 흩어져 있던 킵차크인을 공격하여 주었던 것의 배를 빼앗았다. 살아남은 킵차크인들은 키예프 루시로 도망갔다.

딸을 갈리치 공국의 왕자에게 시집보낸 킵차크의 칸(쿠탄)은 키예프공국 등의 왕공들이 연합하여 몽골군에 대항토록 했다. 몽골군은 갈리치, 키예프 공국 등 왕공들이 이끄는 8만 키예프 루시군에 맞서 즉각 응전하지 않고 후퇴하며 싸움을 피했다. 그러다 마침내 1222년 5월 아조프해로 흘러드는 칼카강 인근에서 양측 사이에 전투가 벌어졌고, 갈리치와 킵차크 군대가 대패했다. 이후 제베와 수베에테이가 이끄는 몽골군은 볼가강을 건너 카마강 연안의 불가르인과 우랄산맥의 캉글리인을 격파하고 1224년 이르티시강 부근에 머물고 있던 칭기즈칸과 합류했다.[16]

칼카강 전투의 승리로 몽골이 즉각 남러시아 초원을 지배한 것은 아니지만 이는 훗날 바쿠가 유럽 원정전을 통해 이 지역을 정복하는 밑거름이 된다.

---

15 라시드 앗 딘, 『집사2 칭기스칸기』, 378쪽.

16 https://e-history.kz/en/history-of-kazakhstan/show/9542/

3. 킵차크 칸국

칭기즈칸의 사망과 유언

칭기즈칸은 1225년 봄 몽골로 돌아와 1226년 여름까지 그곳에서 보냈다. 그리고 몽골의 신하국이 된 탕구트가 호라즘왕조 정벌전에 군대를 보내지도 않고 반란을 기도하고 있어 이를 징벌하기 위해 1226년 가을 출정했다. 탕구트의 군주(시두르크)는 그해 겨울 50만의 대군을 이끌고 칭기즈칸에 대항했으나 패하고 수도 영하(지금의 은천)로 돌아가 계속 저항을 했다. 다음 해 여름 몽골군의 포위공격에 지친 그는 항복하겠다는 의사를 전하고 주민들을 밖으로 데리고 나올 테니 한 달의 시간을 달라고 했다. 그러나 칭기즈칸은 병으로 자신이 곧 죽으리라는 것을 확신하고 아미르들에게 "나의 죽음을 알리지 말라. 적이 알지 못하도록 곡을 하거나 애도하지 말라. 탕구트의 군주와 백성들이 기간에 맞추어 밖으로 나오면 그들을 모두 없애버려라!"[17]라고 유언한 후 1227년 여름 사망했다.

칭기즈칸은 1227년 봄 이미 자신의 죽음을 예감하고 우구데이와 톨루이를 불러 이렇게 말했다.

"오, 아들들이여! 내가 세상을 하직하고 마지막 여행을 할 때가 가까워 왔음을 알라! 나는 창조주의 힘과 하늘의 도움으로, 그 중심에서 어느 방향으로 가든 1년이나 걸리는 거리인 광대한 왕국을 너희 자식들을 위해 정복하여 완성시켰노라. 이제 나의 유지는 너희들이 적을 물리치고 친구를 치켜세워주며, 한마음 한뜻이 되어 편안하고 풍요롭게 인생을 보내고 왕권을 향유할 수 있도록 하는 것이다."[18]

그는 셋째 아들 우구데이를 후계자로 지명하고, 그 자리에 없는 둘째 아들 차가다이에게는 분쟁이 일어나지 않도록 야삭(법령)을 잘 감독하라고 유언했다.

아들들에 대한 분봉은 다음과 같이 이루어졌다.

첫째 주치에게는 이르티시강에서 서쪽으로 몽골의 말발굽이 닿는 곳까지와 호라즘 본토가 주어졌다. 주치가 칭기즈칸보다 먼저 사망하여 이 정복지는 주치의 차남 바투와 장남 오르다가 승계했고 킵차크 칸국이라 불렸다. 둘째 차가다이는 천산 북방의 일리와 카쉬가리아(타림분지 서부지역), 카자흐스탄의 동남부지역(제티수)과 트란스옥

17 라시드 앗 딘, 『집사2 칭기스칸기』, 386쪽.

18 위의 책, 384쪽.

칭기즈칸의 약식 가계도

시아나를 영지로 받았고 그의 이름을 따 차가다이 칸국이라 불렀다. 셋째 우구데이는 발하슈호 동부와 알타이산맥 사이를 영지로 받고 칭기즈칸의 후계자가 되었다. 이 지역에는 에밀, 타르바가타이[19], 카라 이르티시강[20] 등이 속해 있었다. 넷째 톨루이에게는 몽골 본토가 주어졌다.

2대 우구데이(1229-1241)에 이어 3대 대칸이 된 우구데이의 장남 구육(1246-1248)이 1248년 사망하자 대칸 자리를 놓고 우구데이가와 톨루이가가 경쟁했다. 바투의 지지를 받은 톨루이가의 뭉케(톨루이의 장자)가 대칸(1251-1259)이 되었는데, 우구데이가에서 불만을 품고 반

19 타르바가타이는 산맥 이름 또는 그 인근 지역을 뜻하는 의미로 사용되고 있으며, 지역을 뜻할 경우 일부는 카자흐스탄 내 동카자흐스탄주에 있는 타르바가타이현, 다른 일부는 신장위구르자치구 내의 일리카자흐자치주에 속하는 타르바가타이현을 말한다.

20 알타이산맥에서 발원한 이르티시강이 자이산호로 흘러들어가는 부분.

란 음모를 꾸미다가 적발되었다. 구육의 부인 오굴 카이미쉬 등 반란 주모자들이 살해되고 우구데이의 영지는 뭉케 지지자들에게 나누어 졌다. 우구데이의 손자인 카이두는 죽음을 면해 에밀에서 영지를 유지할 수 있었지만, 가문의 부흥을 위해 대칸에게 도전하다가 1301년 사망하고 몇 년 지나지 않아 그의 후계자들도 차가다이 칸국에 의해 축출됨으로써 우구데이 가문은 종말을 고했다. 이런 연유로 우구데이 가문은 킵차크 칸국이나 차가다이 칸국 같은 독자적인 칸국을 세우지 못했다.

칭기즈칸의 손자들은 계속 영토를 확장해나갔다. 바투는 유럽 원정전을 통해 기존의 카자흐스탄 지역에서 남러시아 초원까지 영토를 넓히고 러시아 공국들을 속령으로 두었다. 4대 대칸 뭉케는 제베와 수베에테이가 휩쓸고 지나간 후 무정부 상태에 있던 페르시아의 총독에 동생 훌레구를 임명했다(1251년). 훌레구는 1258년 바그다드의 칼리프를 살해하고 일 칸국(1259-1335)을 세웠다. 한편 뭉케의 동생인 쿠빌라이는 1271년 중국에 원나라를 세우고 1279년 남송을 정복함으로써 북방 유목 세력으로서는 최초로 전 중국을 정복했다.

킵차크 칸국의 탄생

주치는 1221년 4월 호라즘의 우르겐치에 대한 공성전을 끝으로 킵차크 초원에 있는 자기의 속령으로 돌아갔다. 그는 이후 아버지의 정복 전쟁에도 참가하지 않은 채 은둔 생활을 하다가 1227년 봄경 사망했다.

주치는 자식만 40여 명이나 두었다. 첫째 아들 오르다와 둘째 아들 바투의 생모는 서로 달랐지만 모두 쿵그라트 출신이었다. 바투의 생모는 알치 노얀의 딸인데 그는 칭기즈칸의 처남이었다.

주치가 사망한 후 형 오르다의 지지를 받은 동생 바투(1227-1255)가 후계자가 되었다. 그렇지만 군대는 균분되었고 울루스도 나누어 바투는 우익을, 오르다는 좌익을 맡았다. 바투가 후계자가 되었을 무렵 주치의 울루스 영역은 이르티시강에서 볼가강 사이로, 대략 우랄 산맥과 시르다리야를 잇는 선이 바투의 우익과 오르다의 좌익을 나누는 경계였다. 바투는 이후 형제 및 사촌들과 유럽 원정전을 실시하여 볼가 불가르 칸국과 남러시아 초원을 정복하고 그의 울루스에 편입시켰다.

유목국가에서 왕이 사망한 후 영토가 자식들에게 분할되는 관례에 비추어 오르다와 바투 이외의 자식들에게도 영지가 나누어졌으리라 생각되는데, 이 중 오르다와 바투의 후손들 못지않게 킵차크 칸국의 격변기에 큰 역할을 한 것이 샤이반의 후손이다. 그는 주치의 5남으로 유럽 원정전에 참가했으며 오르다의 북쪽을 몫으로 받았는데, 그곳은 남부 우랄의 동쪽과 동남 지방, 특히 후자에서 악튜빈스크(악토베)와 투르가이 지역의 상당 부분이었다.[21]

바투의 우익 울루스를 금장 칸국, 오르다의 좌익 울루스를 백장 칸국, 샤이반의 울루스를 샤이반 칸국이라고 불렀다. 이 전체를 킵차크 칸국(Kipchak Khanate, 1227-1502)이라 했는데, 대외적으로 금장 칸국

21 르네 그루쎄, 앞의 책, 554쪽.

주치 칸의 약식 가계도

주치 (1221-1227)
오르다 (1227-1255?) [첫째 아들] [백장 칸국]
바투 (1227-1255) [둘째 아들] [금장 칸국]
베르케 (1257-1266) [셋째 아들] [금장 칸국]
샤이반 [다섯째 아들] [샤이반 칸국]
보알 [일곱째 아들]
투가 티무르 [열세 번째 아들]
샤르탁 (1256-1257)
토간
타타르
뭉케 테무르 (1267-1280)
투데 뭉케 (1280-1287)
노가이 [노가이 칸국 건설]
톡타이 (1287-1288, 1291-1312)
토그릴차
우즈벡 (1313-1341)
티니벡 (1341-1342)
자니벡 (1342-1357)
베르디벡 (1357-1359)
우루스 (우루스 칸의 약식 가계도 참조)
아불 하이르 (1428-1468) [우즈벡 칸국 건설]
샤부닥
무함마드 샤이바니 (1500-1510)

이 킵차크 칸국을 대표했기에 금장 칸국이 곧 킵차크 칸국을 의미했다. 킵차크 칸국은 러시아 공국들을 속국으로 삼았다.

백장 칸국은 자신의 칙령 상단에 금장 칸국의 칸의 이름을 기재하여 그를 군주로 섬겼지만 주치의 장자가 다스리는 지역이라 독립성과 권위가 인정되었다. 이는 대칸 뭉케가 그의 칙령에 오르다의 이름을 제일 먼저 기재한 사실에서 알 수가 있다.[22]

바투의 동생인 베르케 칸 재위(1257-1266) 시에 킵차크 칸국에 이슬람이 확고하게 뿌리를 내렸다. 1255년 바투가 48세의 나이로 볼가강 하류에 있는 그의 오르두[23]에서 사망했을 때 아들 사르탁이 후계자가 되었는데 갑자기 죽었고, 또 다른 아들 울락치가 후계자가 되었으나 그 역시 사망하여 베르케가 바투의 뒤를 잇게 되었다. 사르탁이 네스토리우스교 신자였던 반면 베르케는 독실한 이슬람 신자였다. 만약 사르탁이 죽지 않고 계승했다면 카자흐스탄이 이슬람으로 경도되는 데 어떤 변화가 있었을는지도 모를 일이다. 이슬람 신앙이 두터웠던 베르케는 그의 사촌인 훌레구가 1258년 바그다드의 칼리프를 살해하자 분노했고, 이는 캅카스에서의 국경 분쟁과 맞물려 베르케-훌레구의 전쟁으로 이어졌다. 베르케는 훌레구에 대항하기 위해 이집트의 맘룩왕조와 동맹을 맺었다.

---

22 라시드 앗 딘 저, 김호동 역, 『집사3 칸의 후예들』(사계절, 2005), 154-155쪽.

23 유르트와 비슷하게 이동과 조립이 가능한 유목 군주의 장막 궁전.

티무르의 킵차크 칸국 원정

티무르제국의 건설자인 티무르(1370-1405)[24]는 1336년 4월 사마르칸트 남쪽에 위치한 케쉬에서 태어났다. 그는 케쉬 근처에 영지를 갖고 있던 바를라스 부족에 속한 귀족이었다.

티무르가 11살 때인 1347년 차가다이 칸국이 동·서로 분리되었다. 그는 청년기를 서차가다이 칸국에 속한 트란스옥시아나에서 보냈다. 그는 훗날 트란스옥시아나와 페르시아를 아우르는 대제국을 건설하게 되는데, 그 시작은 모굴 칸국(동차가다이 칸국)의 투글룩 티무르 칸이 차가다이 칸국의 통합과 부흥을 위해 1360년 3월 트란스옥시아나를 침공했을 때였다. 이때 티무르는 투글룩 티무르에게 충성 서약을 했고, 이 덕분에 가문의 유력자인 숙부(핫지 바를라스)를 제치고 바를라스 부족의 장이자 케쉬의 영주가 되었다. 그는 또 투글룩 티무르의 아들로 트란스옥시아나의 총독이 된 일리아스 호자의 고문이 되었다. 이렇게 하여 그는 장차 제국을 건설할 수 있는 기반을 갖게 되었다.

티무르는 1360년대 중반 처남 미르 훗세인[25]과 연합하여 일리아스 호자에게서 트란스옥시아나를 빼앗고, 1370년에는 발흐에서 미르 후세인도 제압하며 트란스옥시아나의 군주에 올랐다. 이후 티무르는

---

24 정식 이름은 티무르 이븐 타라가이 바를라스이다. 전투에서 오른발을 부상당하여 절름발이로 살았고 그래서 '절름발이 티무르'라는 별칭으로 불리기도 했다. 이 별칭은 페르시아어로 티무르-랑이고 여기서 서양에서 부르는 '타멀레인'이라는 이름이 나왔다.

25 트란스옥시아나의 아미르 카즈간의 손자로, 트란스옥시아나에 대한 주도권 싸움에서 티무르에게 패하고 발흐로 밀려났다가 그곳까지 추격한 티무르에게 발흐가 함락당하며 결국 티무르의 부하들에게 살해되었다.

우루스 칸의 약식 가계도

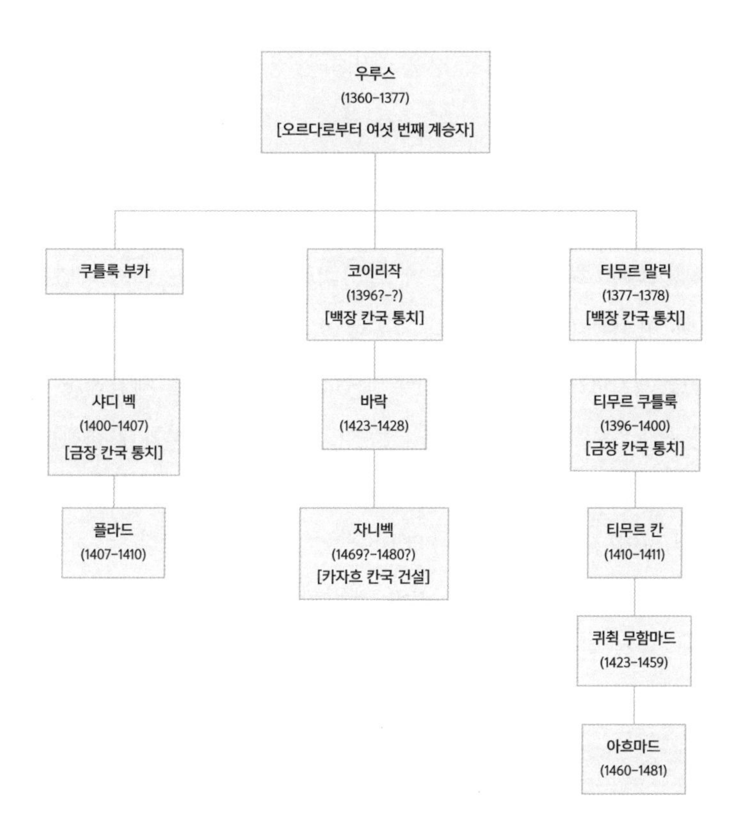

우루스
(1360-1377)
[오르다로부터 여섯 번째 계승자]
쿠틀룩 부카
코이리작
(1396?-?)
[백장 칸국 통치]
티무르 말릭
(1377-1378)
[백장 칸국 통치]
샤디 벡
(1400-1407)
[금장 칸국 통치]
바락
(1423-1428)
티무르 쿠틀룩
(1396-1400)
[금장 칸국 통치]
플라드
(1407-1410)
자니벡
(1469?-1480?)
[카자흐 칸국 건설]
티무르 칸
(1410-1411)
퀴췩 무함마드
(1423-1459)
아흐마드
(1460-1481)

호라즘·페르시아·아프가니스탄을 아우르는 제국을 건설하고 킵차크 칸국, 인도의 델리술탄국, 맘룩왕조 지배하에 있던 시리아, 아나톨리아의 오스만제국에 침입하여 이들을 굴복시켰다. 티무르는 중국의 명나라를 정복하기 위해 원정을 준비하던 중 1405년 1월 오트라르에서 사망했다.

티무르는 킵차크 칸국과 밀접한 관계가 있었다. 티무르가 트란스옥시아나를 통치하고 있을 때 톡타미쉬[26]가 킵차크 칸국의 칸으로 있었다. 톡타미쉬는 티무르의 지원에 힘입어 1378년 백장 칸국의 칸에 올랐고, 1381년에는 금장 칸국의 실권자 마마이[27]를 제압하고 킵차크 칸국의 칸이 된 인물이었다. 그는 1382년 모스크바를 공격하여 파괴함으로써 드미트리 돈스코이[28]를 중심으로 킵차크 칸국의 속박으로부터 벗어나려고 한 러시아 공국들을 다시 복속시켰다.

톡타미쉬는 러시아 공국들을 제압하며 세력이 강력해지자 티무르의 도움을 받은 사실을 잊고 칭기즈칸의 후손인 자기가 티무르로부터 아들이라 불리며 그의 신하로 있는 것에 불만을 가졌다. 이러한

---

26 주치의 열셋째 아들인 투가 티무르 후손으로 알려져 있다.

27 금장 칸국의 지휘관으로 1360년대 초부터 금장 칸국의 수도 사라이에 있는 칸과는 별개로, 크리미아 지역에 주치 후손을 칸으로 내세우며 볼가강 서부에서부터 크리미아 지역에 대한 실권을 장악했으나, 1380년 9월 쿨리코보 전투에서 모스크바공국의 드미트리 돈스코이 대공에게 패하고, 1381년에는 칼카강 인근에서 벌어진 전투에서 톡타미쉬에게도 패해 금장 칸국을 톡타미쉬에게 넘겨주고 말았다.

28 킵차크 칸국으로부터 독립을 추구한 모스크바공국의 대공으로 1380년 9월 돈강의 쿨리코보 전투에서 마마이 군대를 격파하고 러시아에 독립 정신을 고취시켰다.(게오르기 베르낫스키, 앞의 책, 378쪽.)

불만이 내재된 가운데 톡타미쉬는 아제르바이잔에 대한 영유권 다툼을 계기로 티무르와 갈라서게 된다.

아제르바이잔은 킵차크 칸국과 일 칸국이 늘 분쟁을 하는 지역이었는데 이 당시에는 잘라이르왕조에 속해 있었다. 톡타미쉬는 티무르가 개입하기 전인 1385년 겨울, 아제르바이잔을 침공하여 타브리즈를 함락시키고 약탈한 후 돌아갔다. 이때 서부 페르시아를 정복하기 시작한 티무르는 1386년 봄 타브리즈로 진격하여 잘라이르왕조의 아흐마드 술탄을 바그다드로 쫓아내고 아제르바이잔을 합병했다. 이는 톡타미쉬와 티무르의 관계를 더 악화시키고 말았다. 티무르가 1386년 겨울 조지아를 굴복시키고 1387년 봄, 아제르바이잔의 카라바흐[29]에 있을 때 톡타미쉬가 급습했다. 티무르의 전위부대가 패했으나, 티무르의 셋째 아들 미란샤가 지원군을 이끌고 와 톡타미쉬를 격퇴하여 티무르는 위기에서 벗어났다. 예고 없이 공격을 받았음에도 티무르는 포로들을 돌려보내고 톡타미쉬를 여전히 아들로 간주했다.

티무르의 호의에도 불구하고 톡타미쉬는 티무르가 서부 페르시아에 머물고 있는 기회를 이용하여 1387년 말부터 티무르제국의 심장부인 트란스옥시아나를 수차례 공격했다. 티무르는 매번 격퇴하여 톡타미쉬를 킵차크 초원으로 쫓아내곤 했다. 하지만 트란스옥시아나를 톡타미쉬의 공격에 노출시킨 채로는 서부 페르시아에 대한 정복전이 용이하지 않다는 것을 깨닫고 티무르는 톡타미쉬를 제거하기로

29 나고르노 카라바흐라고도 불리며 아제르바이잔과 아르메니아의 영토 분쟁 지역이다.

마음먹었다.

1391년 2월 티무르는 킵차크 초원으로 진격하여 같은 해 6월 볼가강 중류의 사마라[30] 부근에서 톡타미쉬를 격퇴했고, 톡타미쉬는 강을 건너 도주했다. 티무르는 더 이상 추격하지 않고 우루스 칸(1360-1377)[31]의 손자 티무르 쿠틀룩과 망쿠트 출신의 에디구에게 일정한 통치 권한을 주고 1391년 말 사마르칸트로 돌아왔다.

티무르가 사마르칸트로 돌아간 후 톡타미쉬는 러시아 공국들, 특히 모스크바공국의 지속적인 충성을 받아내며 볼가강 서부에서 권좌를 회복했다. 그는 베르케가 이집트 맘룩왕조와 동맹을 맺었듯이, 1394년과 1395년 맘룩왕조의 술탄 바르쿡과 반(反)티무르 연맹을 맺었다. 바르쿡은 티무르가 킵차크 초원 원정 후 다시 페르시아로 눈을 돌려 1393년 10월 바그다드를 침략했을 때, 이집트로 피난 온 잘라이르 왕조의 아흐마드 잘라이르에게 피난처를 제공하는 등 반티무르 정책을 취하고 있었다. 이렇게 톡타미쉬가 힘을 다시 갖추게 되자 티무르는 큰 위협을 느꼈다.

1395년 봄, 킵차크 칸국에 대한 2차 원정이 시작되었다. 이번에

---

30 러시아 서부에 있는 사마라주의 주도로 볼가강과 사마라강이 만나는 지점에 있다.

31 주치의 첫째 아들인 오르다의 후손으로 1360년경 시르다리야 연안의 실크도시 시그낙에서 백장 칸국의 칸으로 즉위했고, 1372년경 금장 칸국의 수도 사라이를 점령하며 금장 칸국의 칸임을 선언했다. 그러나 그는 주치가의 일족으로 자신이 데리고 있던 톡타미쉬로부터 도전을 받았는데 톡타미쉬는 이 도전에서 패하자 1376년 티무르에게 가 도움을 요청했다. 티무르의 킵차크 칸국 원정 후 우루스의 자손들은 백장 칸국 영역을 계속 차지한 가운데 톡타미쉬 후손들과 경쟁하며 금장 칸국도 부분적으로 지배했다.

는 킵차크 초원-시베리아 루트를 택했던 1차와 달리, 금장 칸국의 수도 사라이로 바로 연결되는 캅카스 루트를 택했다. 1395년 4월 데르벤드 협곡을 지나 테렉강 강가에서 양측의 군대가 부딪쳐 치열한 전투를 벌였으나, 톡타미쉬가 패하고 카잔으로 도주했다.

티무르는 가신인 코이리작[32]에게 볼가강 지역을 평정하도록 명령하고[33] 자신은 톡타미쉬를 지원한 모스크바공국을 응징하기 위해 러시아로 갔다. 1395년 8월 그는 모스크바까지 진격했으나 갑자기 공격을 중단하고, 1396년 봄 데르벤드를 거쳐 사마르칸트로 돌아왔다. 전설에 의하면, 블라디미르 사원에 보관 중이던 성모상을 모스크바 대사원으로 옮겼는데 이것이 티무르에게 심리적 압박감을 주었다고 한다.[34]

티무르가 사마르칸트로 돌아가자 다시 킵차크 초원으로 돌아온 톡타미쉬는 자신의 제국을 부활시키려 했으나 이번에는 경쟁자인 티무르 쿠틀룩과 에디구의 도전을 받았다. 1391년 티무르로부터 일정한 통치 권한을 받은 이후의 티무르 쿠틀룩과 에디구의 행적(티무르에 협조 또는 대항 여부)은 잘 알려지지 않았지만, 1396년 금장 칸국으로 돌아온 톡타미쉬를 격퇴할 때 이들은 티무르의 가신으로 있었다.[35]

톡타미쉬는 티무르와 몽골 귀족의 지원을 받은 티무르 쿠틀룩에

---

32 우루스 칸의 아들이자 바락 칸의 부친으로 티무르에 의해 백장 칸국(동부 초원)의 칸으로 임명되었다.

33 게오르기 베르낫스키, 앞의 책, 395쪽.

34 위의 책, 396쪽.

35 위의 책, 401쪽.

게 패하자 리투아니아대공국[36]의 위토우트[37]에게 도와줄 것을 요청했다. 위토우트는 금장 칸국에 대한 야망을 갖고 톡타미쉬를 지원했다. 그러나 둘의 연합 군대는 1399년 8월 드네프르강의 지류인 보르스클라강 인근의 전투에서 쿠틀룩과 에디구의 군대에게 패하고 말았다. 이 전투에서 공을 세운 에디구는 이후 킹메이커 역할을 하며 노가이 칸국을 부흥시켰고, 톡타미쉬는 유랑하다가 1406년경 튜멘에서 사망한 것으로 알려졌다.

킵차크 칸국의 붕괴

칭기즈칸과 그의 후손들은 중국에 원나라를, 중앙아시아 및 타림분지에 차가다이 칸국을, 페르시아에 일 칸국을, 카자흐스탄과 남러시아 초원에 킵차크 칸국을 세웠다. 중국에서 페르시아와 남러시아 초원에 이르는 대제국을 건설한 것이다. 1336년 페르시아에 들어

---

36 발트해 연안에 거주하던 리투아니아인이 13세기에 세운 나라로 이들은 몽골의 러시아 침략 후 키예프 루시의 붕괴와 동부 러시아에 비해 서부 러시아에 대한 몽골의 지배력이 약해진 기회를 이용하여 키예프, 볼린, 체르니코프, 스몰렌스크 등 서부 러시아 전역을 차지하며 발전해나갔다. 1385년에는 대공 요가일라가 폴란드의 여왕과 결혼하여 폴란드 국왕을 겸임하고 크레보 동맹을 맺으며 폴란드와 동군연합(同君聯合)을 이루었다. 이후 리투아니아공국은 폴란드가 믿는 가톨릭을 받아들였다. 위토우트 대공 재위 시 전성기를 맞았으나 15세기 후반 모스크바대공국과의 대결에서 밀리는 가운데 가톨릭과 그리스정교의 종교적 갈등과 폴란드의 간섭이 겹치면서 쇠퇴하기 시작했다. 리투아니아공국은 1569년 루블린 협약을 맺으며 폴란드와 국가연방체를 이루었으나, 18세기 말 연방이 해체되며 대부분의 영토를 러시아, 독일, 오스트리아에 빼앗겼다. 리투아니아는 2차 세계대전 후 소련의 지배하에 들어갔다가 1991년 소련 해체와 더불어 리투아니아공화국으로 독립했다.

37 요가일라의 사촌동생으로 러시아 귀족들과 요가일라의 폴란드화 정책에 반대했으며, 요가일라는 이를 무마하기 위해 1392년 위토우트를 리투아니아 대공으로 인정했다.

선 일 칸국이 제일 먼저 붕괴하기는 했지만[38] 이 대제국이 본격적으로 붕괴하기 시작한 것은 1368년 중국에서 원나라가 쫓겨나면서 부터이다. 칭기즈칸이 사망(1227년)하고 약 140년이 지난 후였다.

원나라가 붕괴하기 전, 캅카스 지역에서는 킵차크 칸국과 일 칸국이, 트란스옥시아나에서는 킵차크 칸국과 차가다이 칸국이 영토 경쟁을 벌였다. 그러나 이는 같은 칭기즈칸의 일족이라는 공감대 속에 국지적으로 벌인 분쟁에 불과했다. 대칸의 나라 원나라를 중심으로 몽골제국의 결속력이 유지되고 있어 주변의 복속 민족들이 칭기즈칸 일족들의 분쟁을 이용해 항거를 할 수 없었다. 그러나 원나라의 몰락은 칸국들 간 결속력을 와해시켰다. 이는 티무르라는 새로운 영웅의 등장과 맞물려 서차가다이 칸국, 킵차크 칸국이 붕괴되는 결과를 초래했다. 티무르 등장 전 이미 붕괴되어 잘라이르왕조 등이 통치하고 있던 과거 일 칸국과 서차가다이 칸국은 티무르의 영토가 되었고, 킵차크의 칸들은 티무르의 가신이 되었다.

킵차크 칸국은 티무르의 침략을 받기 전부터 이미 내부적으로 분열하고 있었다. 금장 칸국에서는 1359년 베르디벡 칸(1357-1359)[39]이

---

38 9대 칸인 아부 사이드가 1335년 사망하자 귀족들은 새로운 칸을 정통 훌레구 가문이 아닌 훌레구의 동생인 아릭 부케 가문에서 뽑았다. 그러나 1336년 이 칸이 반란을 일으킨 총독에 의해 살해되고, 일 칸국과 긴밀한 관계에 있던 원나라도 이 시기에 권력 다툼으로 몰락하고 있어 일 칸국에 영향력을 행사할 수 없었다. 이러한 혼란을 이용해 잘라이르족 영주 등이 독립왕조를 세움에 따라 일 칸국은 망하게 되었다.

39 1355년 타브리즈를 점령한 자니벡 칸의 아들로 아버지를 살해하고 권좌에 올랐다가, 형제인 쿨파가 일으킨 궁정 쿠데타에 의해 살해되었다. 그러나 쿨파도 또 다른 형제인 네브루스가 일으킨 반란으로 살해되었다. 이를 계기로 금장 칸국을 통치해오던 바투 가문의 위상이 추락

투가 티무르의 약식 가계도

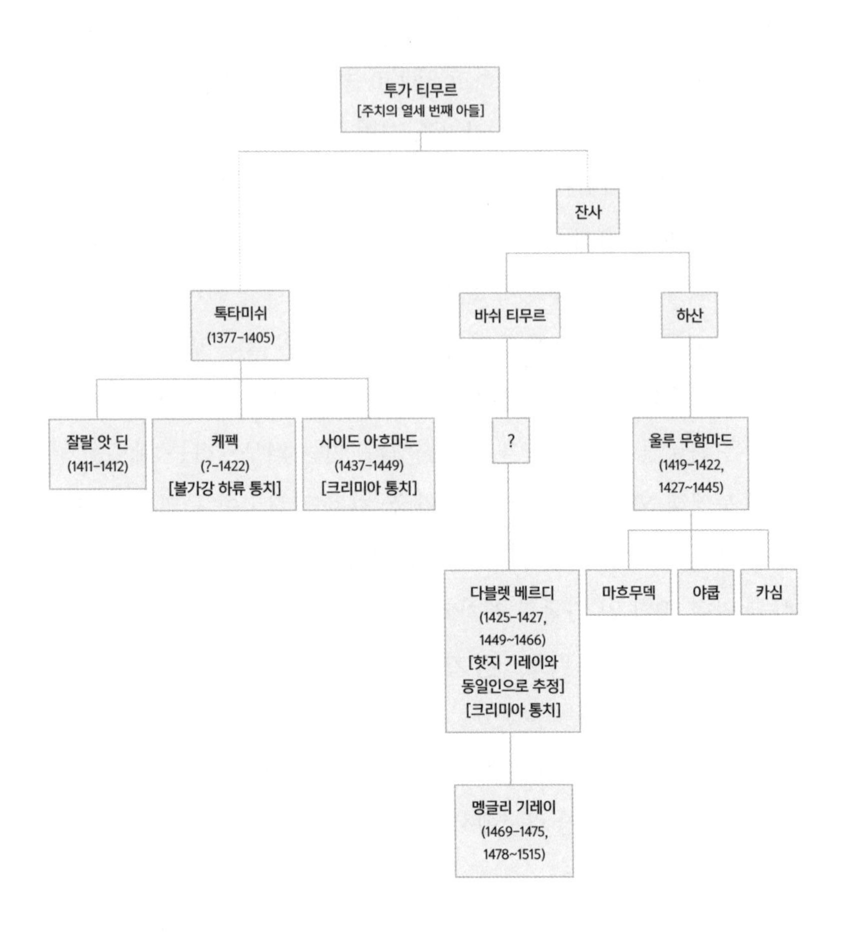

하였고, 오르다, 샤이반, 투가 티무르(주치의 열세번 째 아들) 등의 후손들이 금장 칸국을 차지하기 위한 경쟁에 뛰어들며 금장 칸국은 큰 혼란에 빠졌다.

살해된 후 주치의 후손들이 사라이와 크리미아에서 각각 적통임을 주장했다. 이때 마마이가 크리미아의 칸을 지원하며 볼가강 서부에서부터 크리미아까지의 실권을 장악했다. 이런 상황에서 백장 칸국의 칸 우루스가 1372년경 사라이를 점령하고 금장 칸국의 칸이라 선언했는데, 이는 바투의 후손이 금장 칸국의 칸이 되는 관례를 무너뜨린 것이었다.

백장 칸국에서는 톡타미쉬가 티무르를 끌어들여 우루스의 후손을 몰아내고 1378년 백장 칸국의 칸이 되었다. 그는 1378년 사라이를 접수하고, 1381년에는 금장 칸국의 실권자 마마이를 제압한 후 킵차크 전체를 실질적으로 지배했다. 이렇게 하여 금장 칸국과 백장 칸국의 구분도 미미해졌다.

두 칸국의 구분이 모호해진 가운데 킵차크 칸국에 대한 티무르의 원정(1395-1396)이 성공하며 최종적으로 티무르 쿠틀룩(우루스의 손자)이 금장 칸국의 영역을 차지했고, 백장 칸국 영역은 코이리작(우루스의 아들)에게 돌아갔다.

티무르 쿠틀룩이 사망한(1400년경) 후 샤디 벡과 플라드가 계승하였으나 실권은 에디구에게 있었다. 1410년 플라드가 사망하자 티무르 쿠틀룩의 아들인 티무르 칸이 칸위에 오르고 1411년에는 장인이기도 한 에디구를 쫓아냈으나 리투아니아 대공 위토우트의 지원을 받은 톡타미쉬의 아들 잘랄 앗 딘에게 칸위를 곧 빼앗겼다.[40] 이후 한동안 톡타미쉬의 직계 후손이 금장 칸국의 칸에 올랐는데, 1419년 투

40 게오르기 베르낫스키, 앞의 책, 415-417쪽.

가 티무르(주치의 열셋째 아들)의 또 다른 후손인 울루 무함마드에게 칸위가 넘어갔다. 그러나 그의 통치권은 금장 칸국의 서부지역에 한정되고, 볼가강 하류는 톡타미쉬의 또 다른 아들 케펙이 통치했다. 백장 칸국의 칸 바락[41]이 1422년 이들을 공격하자 케펙은 서부로 도주하고, 울루 무함마드는 위토우트에게 지원을 청하러 리투아니아로 갔다. 이 기회를 이용하여 울루 무함마드의 조카인 다블렛 베르디가 1425년 크리미아를 차지하였다.

바락이 울루 무함마드와 케펙을 공격한 이유에 대해 자세히 알려진 것은 없지만 퀴췩 무함마드[42]에게 금장 칸국의 통치력을 회복시켜주기 위한 목적이었을 가능성이 높다. 바락은 1425년 볼가강에서 카자흐 초원(백장 칸국)으로 돌아왔다가 1428년 우즈벡족 이슬람 신하들의 음모로 제거되었다.[43]

우루스의 후손과 톡타미쉬의 후손, 그리고 울루 무함마드가 이렇게 각축을 벌이는 가운데 1430년대 금장 칸국은 크게 3개 세력으로 나뉘었다. 1427년 리투아니아에서 돌아와 조카 다블렛 베르디를 쫓아내고 크리미아에 세력을 형성한 울루 무함마드, 드네프르강 동부 초원에 세력을 형성한 사이드 아흐마드(톡타미쉬의 아들), 볼가강 하류의 퀴췩 무함마드가 그들이었다.

수도 사라이가 있는 볼가강을 차지한 퀴췩 무함마드(1423-1459)가 금장 칸국의 명맥을 이었다. 1437년경 울루 무함마드는 사이드 아흐

41 코이리작의 아들이자 케레이와 함께 카자흐 칸국을 건설한 자니벡의 부친이다.
42 잘랄 앗 딘에게 칸위를 빼앗긴 티무르 칸의 아들로 티무르 칸은 바락 칸의 조카이다.
43 게오르기 베르낫스키, 앞의 책, 423쪽.

마드와 퀴축 무함마드의 압력을 받아 오카강 방면으로 밀려났고, 크리미아는 사이드 아흐마드가 차지했다.[44]

바락 칸이 피살되고 금장 칸국이 분열되면서 주치의 후손과 비주치 계열의 종족들은 각자의 왕국을 세웠다. 금장 칸국 지역에는 크리미아·카잔·아스트라한 칸국이, 백장 칸국과 샤이반 칸국에는 노가이·우즈벡·시비르·카자흐 칸국이 들어섰다. 여러 칸국으로 분열된 가운데 금장 칸국은 명맥만 유지하다가 1502년 크리미아 칸국의 공격을 받고 수도 사라이가 폐허가 되며 사라졌다.

킵차크 칸국이 해체되기 전 복속해 있던 러시아의 공국들이 모스크바대공국의 이반 3세(1462-1505, 드미트리 돈스코이의 증손자)의 주도하에 킵차크 칸국의 굴레에서 벗어나게 된다. 러시아의 공국들은 1237년 몽골의 침입을 받은 이후부터 그 지배하에 있었다. 그러나 1359년 베르디벡 칸이 사망한 후 사라이와 크리미아를 중심으로 한 주치 후손들의 칸위 경쟁, 1368년 원나라의 붕괴, 1390년대 티무르의 침입 등으로 킵차크 칸국이 혼란에 빠지자 러시아의 공국들은 독립을 시도했다.

1380년 드미트리 돈스코이가 쿨리코보 전투에서 마마이에 승리했을 때 러시아 공국들은 독립을 쟁취하는 듯했으나 톡타미쉬가 1382년 모스크바대공국을 굴복시킴에 따라 좌절되었다. 그러나 이반 3세가 등장하면서 타타르의 굴레로부터 벗어나고, 그의 손자인 이반

44 위의 책, 424, 435, 476쪽.

4세는 킵차크 칸국의 정복에 나서게 된다.

이반 3세는 1472년 동로마제국의 마지막 황제 콘스탄틴 팔레올로구스의 조카딸 소피아와 결혼했다. 그는 동로마제국이 1453년 오스만제국에 멸망했으므로 동로마 황제의 조카딸과 결혼한 자신이 동로마 황제와 그리스정교[45]의 수장 자리를 계승했다고 생각했다. 그는 또한 모스크바를 콘스탄티노플을 이은 제3의 로마라고 천명함과 아울러 러시아정교의 성립을 선언[46]하고 예전의 키예프 루시의 공국들을 모스크바대공국 중심으로 통합시켰다.

자부심이 넘친 이반 3세는 아흐마드 칸(1460-1481)에게 조공을 바치는 것을 거부했다. 아흐마드는 퀴췩 무함마드의 아들로 이반 3세가 조공을 거부한 데에는 금장 칸국의 약화도 한 원인이었다.

1480년 아흐마드 칸은 이반 3세를 응징하기 위해 모스크바로 향했고, 양측은 모스크바에서 250km 정도 떨어진 우그라강 인근에서 대치했다. 서로 선제공격을 주저한 가운데 아흐마드가 대치 상태를 풀고 사라이로 돌아갔는데, 이는 아흐마드가 패배한 것이나 마찬가지였다. 이렇게 하여 러시아는 약 240년간 지속된 '타타르'의 굴레에서 벗어나게 되었다. 이후 러시아는 카잔 칸국(1552년)과 아스트라한 칸국(1556년)을 정복하고, 1783년에는 크리미아 칸국도 병합함으로써 과거 금장 칸국의 전 영역을 러시아 영토로 만들었다.

---

45 키예프 루시의 블라드미르 대공이 989년 그리스정교를 받아들여 모스크바대공국 등 러시아 공국들은 이를 믿고 있었다.

46 김학준, 『러시아 혁명사』 (문학과지성사, 2015), 35쪽.

4. 킵차크 칸국 붕괴 후 등장한 칸국들

카잔 칸국, 크리미아 칸국, 아스트라한 칸국

금장 칸국의 해체 결과 카잔 칸국(Khanate of Kazan, 1445-1552)이 첫 번째로 생겨났다. 이 칸국은 울루 무함마드의 아들 마흐무덱이 1445년 아버지를 살해하고 카잔에 세운 칸국이다.[47] 앞에서 얘기했듯이, 울루 무함마드는 사이드 아흐마드와 퀴칙 무함마드에 의해 크리미아에서 쫓겨나 1437년경 오카강 상류(벨레프)에 정착하고 있었다.

1445년 7월 수즈달 인근에서 모스크바공국의 바실리 2세[48]가 울루 무함마드의 아들들을 공격하다가 오히려 사로잡혔다. 울루 무함마드는 배상금을 받기로 하고 바실리 2세를 돌려보냈으나 아들 마흐무덱이 배상금을 탐내어 아버지를 살해하고 카잔으로 이주하여 칸위

---

47 게오르기 베르낫스키, 앞의 책, 435, 463쪽.

48 1380년 9월 쿨리코보 전투에서 킵차크 칸국의 마마이를 물리친 드미트리 돈스코이 대공의 손자이자 이반 3세의 아버지.

에 올랐다. 이에 다른 두 형제(야쿱과 카심)는 형 마흐무덱과 결별하고 바실리 2세 진영과 우호 관계를 가졌고, 다른 왕족들은 마흐무덱을 떠나 사이드 아흐마드에게 갔다.

마흐무덱이 사망한 후 아들 이브라힘이 러시아의 뱌트카까지 함락시키며 세력을 키웠으나, 1552년 10월 공포왕 이반 4세(1533-1584, 이반 3세의 손자)가 포병을 끌고 와 도시를 함락시키고 칸국을 병합시켰다.

바실리 2세에게로 간 울루 무함마드의 아들 카심은 1453년 모스크바공국으로부터 오카강 강변에 위치한 고로제츠를 하사받고 카시모프라는 소칸국을 세웠다. 이후 모스크바공국은 카잔 칸국이나 사이드 아흐마드, 또는 퀴칙 무함마드 같은 타타르 세력에 대항할 때 카시모프 칸국을 보조 세력으로 활용했다.

크리미아의 사이드 아흐마드 칸은 1440년대 리투아니아공국에서 대공위를 두고 분쟁이 일어났을 때 카지미르(폴란드 국왕 요가일로의 아들이자 위토우트의 조카)에 반대하는 세력을 지원했다. 이에 대한 보복으로 카지미르는 사이드 아흐마드의 경쟁자로 1428년 이래 리투아니아공국에 살고 있는 핫지 기레이(1449-1466)를 크리미아로 보냈는데, 그는 1449년 그곳을 정복하고 크리미아 칸국(Crimean Kanate, 1449-1783)을 세웠다.[49] 핫지 기레이는 주치의 열세 번째 아들 투가 티무르의 후손으로 알려졌으며, 1427년 울루 무함마드에게 쫓겨난 다블렛 베르

49 게오르기 베르낫스키, 앞의 책, 476쪽.

디와 동일 인물이라 추정된다.

크리미아 칸국은 이슬람이 강했지만 제노바공화국[50]의 기독교 식민 도시인 카파와 좋은 관계를 유지했다. 1453년 비잔틴을 멸망시킨 오스만제국의 술탄 메흐메드 2세가 함대를 카파로 보내 1475년 점령했을 때, 핫지 기레이의 아들 멩글리 기레이(1469-1475, 1478-1515)는 제노바인을 지원하며 카파를 수비했으나 포로가 되어 메흐메드 2세에게 보내졌다. 그러나 2년 뒤에 그는 술탄의 신하로서 다시 크리미아로 돌아왔다. 멩글리는 1502년 사라이 공략에 성공하여 금장 칸국을 소멸시켰다.

크리미아 칸국은 카잔이나 아스트라한 칸국과 달리 오스만의 종주권을 받아들임으로써 러시아의 압력에 200년 이상 버티었으나, 러시아의 집요한 남하 정책과 오스만제국의 약화로 최후의 칸(샤힌 기레이)이 1777년 러시아의 에카테리아 2세에게 복속을 선언했다. 불만을 품은 귀족들이 반란을 일으키자 샤힌은 러시아에 구원 요청을 했고, 러시아군이 출동하여 1783년 칸국을 합병시켰다.

금장 칸국에서 탄생한 세 번째 칸국은 아스트라한 칸국(Astrakhan Khanate, 1466-1556)이다. 이 칸국은 금장 칸국의 칸 퀴췩 무함마드의 손

50 11세기 초부터 1797년까지 이탈리아 북서쪽 해안의 리구리아에 있었던 독립 도시국가로 베네치아 공화국과 함께 이탈리아의 양대 교역 도시국가로 번영했다. 코르시카섬을 지배하고, 크리미아반도의 카파, 케르치 등에 식민지를 건설하며 전성기를 누렸으나, 오스만제국의 지중해 진출 등으로 인해 쇠퇴하다가 1797년 나폴레옹에게 정복되었다. 나폴레옹전쟁에서 프랑스가 패배한 후 잠시 독립했으나 다시 사르데냐왕국에 편입되었다가 이탈리아 통일과 더불어 사라졌다.

자 카심이 아스트라한에 세웠으며 동쪽은 볼가강 하류, 서쪽은 돈강 하류, 남쪽은 쿠반강과 테렉강, 북쪽은 카잔 칸국에 둘러싸여 있었다. 크리미아 칸국과 노가이 칸국 사이에 끼어 있었으므로 두 나라가 칸 임명에 개입했다. 공포왕 이반 4세가 1556년 봄에 보낸 군대에 의해 함락되고 러시아에 편입되었다.

노가이 칸국

주치의 일곱째 아들(보알)의 손자[51]인 노가이가 이 칸국의 시조이며, 망쿠트 부족을 비롯한 여러 투르크－몽골족들이 노가이 칸국(Nogai Horde)을 구성했다. 노가이는 1260년대 베르케와 훌레구의 전쟁에 참여했으며, 1266년 베르케가 사망한 후에는 바투의 후손을 칸으로 옹립하며 권력을 행사했다. 그는 이러한 힘을 기반으로 흑해 북부지역을 중심으로 독자적인 영역을 구축했다.

바투의 직계 후손이 금장 칸국의 칸이어서 노가이 왕국은 정식 칸국은 아니지만 칸국에 버금가는 세력을 갖고 있었다. 비잔티움의 황제 미카엘 팔레올로구스가 친딸 유프로시네를 노가이에게 시집보내고, 일 칸국의 아바카 칸(훌레구의 아들)은 딸을 노가이의 아들에게 시집보낼 정도였다.

노가이는 자기가 칸으로 만들어준 톡타이(바투의 증손자)와 자신의 딸 문제로 반목했다. 『집사3 칸의 후예들』에 의하면 노가이는 딸

51 라시드 앗 딘, 『집사3 칸의 후예들』, 184쪽.

을 톡타이 장인의 아들에게 시집보냈는데 딸이 박대를 받았다. 노가이는 자신이 톡타이를 도와 칸으로 만들어준 사실을 환기시키고 장인을 그의 목지로 보내라고 요구했다. 그러나 톡타이가 "그는 내게 아버지와 같고, 스승이며, 연로한 아미르입니다. 그를 어떻게 넘겨줄 수 있겠습니까?"라며 거부했다. 그러자 노가이의 아들들이 톡타이 휘하의 장군들을 꿰어내 복속시킨 뒤 볼가강을 건너 톡타이의 영역을 점령했다. 이에 톡타이는 부하 장수들을 돌려보내라 요구했고, 노가이는 장인과 처남을 보내면 그때 돌려보내겠다고 대답했다.

결국 양측 사이에 전쟁이 벌어졌다. 1297년 돈강 근처에서 벌어진 1차 전투에서 톡타이가 패하고 사라이로 철수했다. 1299년 드네프르강 부근에서 벌어진 2차 전투에서는 노가이가 패사하여 노가이 칸국은 세력을 잃게 되었다.

노가이 칸국은 약 100년 후 에디구에 의해 부흥하게 된다. 그는 망쿠트족의 아미르로 백장 칸국 우루스 칸의 신하였다가 티무르가 트란스옥시아나를 제패하자 톡타미쉬처럼 티무르에게로 간 인물이었다.[52] 그러나 톡타미쉬가 나중에 티무르에게 반기를 든 반면, 에디구는 1391년 티무르가 톡타미쉬를 공격했을 때 티무르의 군대를 지휘했다. 그는 티무르 쿠틀룩(우루스 칸의 손자)과 연합하여 톡타미쉬에 대항했고, 1399년 보르스클라강 전투에서 톡타미쉬를 무찌르는 데 공을 세웠다.

---

52 게오르기 베르낫스키, 앞의 책, 359쪽.

에디구는 이러한 공로를 바탕으로 과거 노가이가 했던 것처럼 칸 임명에 영향력을 행사하며 노가이 칸국을 부활시켰다. 그러나 사위이기도 한 티무르 칸(티무르 쿠틀룩의 아들)과의 불화로 권좌에서 밀려나 1411년 호라즘으로 망명했고, 거기에서도 1414년 우르겐치를 정복한 티무르의 넷째 아들 샤 루흐와 사이가 안 좋아져 다시 크리미아로 갔다. 에디구는 그곳에서 티무르 칸을 몰아내고 사라이를 차지하고 있는 톡타미쉬의 아들들을 쫓아낼 계획을 세웠고, 1419년 그들과 전투를 벌이던 중 죽고 말았다.[53]

노가이 시대의 칸국의 중심지가 흑해 북부의 초원이었던 반면, 에디구 시대는 볼가강과 아랄해 사이가 중심지였다. 수도는 우랄강 하류의 사라이 치크였다. 에디구는 칭기즈칸의 후손이 아니었으므로 재흥(再興)한 노가이 칸국 역시 정식 칸국은 아니었다.

러시아가 1556년 아스트라한 칸국을 병합했을 때 노가이 칸국은 아스트라한 지역으로 진출하며 러시아에 대항했던 것으로 보인다. 이는 러시아가 17세기 초 이 지역으로 이주한 토르구트 부족을 이용하여 노가이 칸국을 공격한 사실에서 짐작해볼 수 있다.

노가이 칸국은 볼가강 방면에서는 세력을 유지한 반면, 카자흐스탄 초원에서는 새로 등장한 카자흐 칸국에 밀려났다. 1568년 엠바강[54]

---

53 위의 책, 415-416쪽.

54 우랄산맥 남단의 무고자르 구릉에서 발원하여 카자흐스탄 북서부를 흘러 카스피해 북동안으로 흘러드는 길이 약 650km의 강이다.

전투에서 카자흐 칸국에 패해[55] 카자흐스탄 서북부에서 영향력을 상실했다. 패배한 노가이 구성원들 중 상당수는 카자흐 칸국에 편입되어 소주즈의 중추 세력이 되었다.

볼가강의 아스트라한 인근으로 세력이 축소된 노가이 칸국은 17세기 초 이 지역으로 이주해 온 토르구트 부족의 공격을 받고 와해되었다.[56] 칸국이 붕괴된 후 일부는 크리미아 칸국으로, 또 다른 일부는 쿠반 지역(아조프해 동부 연안)의 소(小)노가이 칸국[57]으로 가서 이들과 함께 러시아에 대항했다.

15세기 후반 노카이 칸국의 핵심 종족인 망쿠트족의 일부가 우즈벡 칸국의 샤이바니를 따라 트란스옥시아나로 왔는데 이 부족 출신이 1785년에 부하라 칸국의 칸(아미르)이 되었다.

우즈벡 칸국

우즈벡 칸국(Uzbek Khanate, 1428-1468/1500-1920)은 샤이반 가문의 왕자인 아불 하이르(1428-1468)가 세운 칸국이다. 주치의 5남인 샤이반에게 주어진 분봉지가 샤이반 칸국이 되었는데 15세기 들어 우즈벡족을 비롯한 여러 부족들로 나누어져 있었다. 이러한 가운데 아불 하이르가 1428년 시베리아의 투라 강가에서 우즈벡 집단의 칸으로 선포

55 Kazakh Khanate from Wikipedia

56 Nogai Horde from Wikipedia

57 아스트라한 칸국 붕괴 후 노가이 칸국의 지도자가 러시아를 종주국으로 인정하자 이에 반발한 일부 노가이인이 쿠반 지역으로 가서 세운 칸국.

되었다. 그해에 카자흐스탄 지역을 통치하던 바락 칸이 우즈벡족의 음모로 살해당했다. 바락 칸의 죽음과 아불 하이르의 등장 시기가 일치하는 것에 비추어 아불 하이르의 즉위는 바락의 죽음과 관계가 있었을 것으로 보인다. 이러한 배경 때문에 바락 칸의 아들 자니벡이 사촌인 케레이[58]와 함께 훗날 아불 하이르로부터 독립해 카자흐 칸국을 세웠을 것이다.

우즈벡의 명칭에 대한 기원은 분분하다. 금장 칸국의 칸 우즈벡의 치세 기간(1312-1340)이 길었으므로 추종자들이 많아져 이들이 우즈벡이라는 족명을 사용했다는 주장과, 카자흐처럼 '자유로운 인간'을 뜻한다는 견해도 있다.[59]

우즈벡족 이외에 망쿠트족의 지지도 받았던 아불 하이르는 1430년대 에디구의 손자(바카스)와 함께 호라즘을 수차례 침략했다.[60] 그리고 1440년대 중반부터는 트란스옥시아나로 진출하여 시르다리야 연안에 위치한 시그낙을 칸국의 수도로 삼고 백장 칸국의 전 영토를 차지했다. 그는 또한 1451년 티무르의 후예들이 벌인 계승 전쟁[61]

58 Establishment of the Kazakh Khanate (e-history.kz)

59 게오르기 베르낫스키, 앞의 책, 420쪽.

60 Abu'l-Khayr Khan from Wikipedia

61 티무르의 넷째 아들인 샤 루흐(1407-1447)의 아들이자 후라산과 트란스옥시아나의 통치자였던 울룩 벡(1447-1449)이 1449년 발흐에서 반란을 일으킨 아들 압둘 라티프에 의해 살해당한 후 울룩 벡의 조카들 간에 일어난 계승권 전쟁.

에서 아부 사이드(1451-1469)[62]가 압둘라 미르자[63]를 제치고 사마르칸트의 권좌를 차지하도록 도와주며 트란스옥시아나에서 자신의 영향력을 높였다.

아불 하이르는 시베리아의 토볼스크에서 시르다리야까지 세력을 넓히던 중 1456년경 오이라트의 공격을 받고 패하였다. 이 패배 전에 이미 복속해 있던 케레이와 자니벡이 떨어져 나갔는데, 이들은 아불 하이르의 패배 후 이탈한 유목민들과 1465년 모굴리스탄의 변경(탈라스강과 추강 사이)에 카자흐 칸국을 세웠다. 아불 하이르는 카자흐 칸국을 복속시키기 위해 1468년 전투를 벌였으나 패사하고 우즈벡 칸국도 백장 칸국의 영역에서 사라지고 말았다. 그러나 약 30년 뒤에 우즈벡 칸국은 아불 하이르의 손자 무함마드 샤이바니에 의해 트란스옥시아나에서 부활하게 된다.

시비르 칸국

시비르 칸국(Khanate of Sibir, 15세기 초-1598)은 킵차크 칸국이 약화되자 이르티시강 중류에 위치한 시비르[64]를 중심으로 칭기즈칸의 후손이

---

62 티무르의 셋째 아들 미란샤의 손자로 울룩 벡의 사촌 조카이다. 1451년 우즈벡 칸국의 아불 하이르의 도움을 받아 트란스옥시아나의 군주에 오른 후 티무르제국을 복원시키기 위해 아제르바이잔으로 출정했다가 1469년 카라바흐 부근에서 백양왕조 군주 우준 하산의 부하들에게 붙잡혀 처형되었다.

63 티무르의 넷째 아들 샤 루흐의 손자로 울룩 벡의 친조카이다.

64 칭기즈칸이 생전에 주치에게 정복하라고 지시한 이비르 시비르 지역으로, 토볼스크에서 동남쪽으로 약 17km 떨어졌으며 시베리아의 어원이 되었다.

아닌 타이부가 베키의 후손이 15세기 초경 건국한 칸국이다.[65]

이 칸국은 샤이반계 소속 부족들과 인접하여 이들의 침입을 받으며 칸국의 주인이 바뀌곤 했다. 1598년 러시아에 정복될 때에는 샤이반계 사람들이 통치하고 있었다. 샤이반계의 아불 하이르가 1428년 시비르 칸국과 인접한 투라강 부근에서 우즈벡족의 칸으로 선출된 것은 당시 샤이반계의 우즈벡족이 타이부가 베키계에 대한 우위를 보여주는 것이었다.

아불 하이르가 우즈벡계와 망쿠트계 유목민을 이끌고 호라즘과 트란스옥시아나로 세력을 넓히며 이동하자 남은 유목민들이 샤이반 가문의 한 지파에 속하는 이박이라는 또 다른 수령을 중심으로 모여들었다. 이박은 1480년 시비르 칸국의 튜멘(투라강 연변에 위치)을 정복하고, 1481년에는 모스크바공국의 이반 3세와 우르강에서 대치하다 철수했던 아흐마드를 기습하여 살해했다. 1493년경 이박이 사망한 후 시비르 칸국은 다시 타이부가 베키계로 넘어갔으나 이박의 손자 쿠춤(1556-1598경)이 타이부가 베키계의 칸(야디가르)을 1563년에서 1569년 사이에 패사시키고 시비르 칸국을 다시 차지했다.[66]

쿠춤이 러시아의 요새를 공격하고 시베리아에 이슬람을 전파시키자, 이반 4세는 1579년 시비르 칸국을 정복하기 위해 코사크족[67]의 수령 예르막을 보냈다. 1581년 화승총으로 무장한 예르막의 군대가 시비르 군대를 격파하자 쿠춤은 도주했다가, 1584년 이르티시강의

65 르네 그루쎄, 앞의 책, 679쪽.

66 위의 책, 679쪽.

67 남부 러시아에 거주하던 슬라브족 계통의 민족.

한 섬에서 예르막을 공격하여 살해하고 시비르를 되찾았다. 그러나 러시아는 튜멘, 토볼스크(이르티시강 연변에 위치)를 다시 정복하며 시비르 칸국을 압박했다. 퀴춤은 1598년 8월 오비강 인근에서 전투를 벌였으나 패하고 노가이 부족에 피신했다가 피살되고 말았다. 이렇게 하여 시비르 칸국도 실질적으로 종말을 고하였다.

오이라트 연맹을 구성한 토르구트 부족의 수령 코 우를룩이 부족민을 데리고 준가르분지에서 카스피해 북방으로 이주해 왔을 때, 자기 딸을 퀴춤의 아들이자 시비르 칸국의 명목상 마지막 칸인 이심에게 시집보낸 일이 있었다(1620년). 시비르 칸국의 중심지인 이르티시강 유역이 킵차크와 나이만의 중심 무대이고 케레이트가에 충성하는 토르구트 부족장이 시비르 칸에게 자신의 딸을 시집보낸 사실을 볼 때, 킵차크, 나이만, 케레이트 세 종족은 시비르 칸국의 주요 부족이었을 것으로 추정된다. 이 부족들은 시비르 칸국이 러시아에 병합될 때 카자흐스탄으로 피난 와서 중주즈를 구성하며 카자흐 칸국의 건설에 참여했을 것이다.

ЧУЛУ

제5장

카자흐 칸국

1. 카자흐 칸국의 건국

카자흐 단어의 뜻과 유래

15세기 중반에 건국된 카자흐 칸국은 오늘날 카자흐스탄공화국의 모태가 되었다. 카자흐의 뜻에 대해서는 여러 가지 설이 있는데, 통상 '구속받지 않고 자유로운 상태'라는 의미로 여겨지고 있다. 우즈벡 칸국의 아불 하이르에 복속해 있던 유목민들이 1450년대 아불 하이르로부터 떨어져 나왔을 때 '카자흐'(Kazakh 또는 Qazaq)라 불렸고, 이는 '떨어져 나온 사람'[1]이라는 의미였다. 이 의미가 '자유로운 사람들의 민족'[2]이라는 뜻으로 발전했고, 이후 '카자흐'는 어떤 특정 부족이 아니라 카자흐스탄에 사는 모든 부족들을 통칭하는 의미로 사용되기 시작했다. 부족별로 뿔뿔이 흩어져 있던 사람들이 '카자흐'란 이름 아

---

1 김호동, 앞의 책, 177쪽.

2 게오르기 베르낫스키, 앞의 책, 420쪽.

래 연대하기 시작한 것이다. 오손, 캉글리, 잘라이르, 킵차크, 두글라트, 나이만 등의 루들이 각 종족의 정체성을 유지한 가운데 카자흐 사람이라는 큰 울타리 안에서 통합된 것이다.

카자흐에서 카자흐 칸국, 카자흐스탄, 카자흐 초원이라는 말이 나왔다. 카자흐 칸국은 카자흐인이 세운 칸국(Khanate)을 말하며, 칸국은 왕과 비슷한 칸(Khan)이 지배하는 왕국 이라는 뜻이다. 스탄(-stan)은 땅이나 나라를 뜻하는 페르시아어로 카자흐스탄(Kazakhstan)은 카자흐인이 사는 땅을 말한다.

오늘날 카자흐스탄의 영토는 대략 백장 칸국의 영역에 차가다이 칸국에 속했던 제티수 지역을 포함한 것에 해당한다. 금장 칸국의 영역(볼가강에서 흑해 북부에 이르는 지역)이 러시아로 넘어감에 따라 이르티시강에서 남러시아 초원까지를 지칭하던 킵차크 초원이라는 명칭은 역사상의 용어가 되었다. 현재 카자흐스탄 영역의 초원은 카자흐(카자흐스탄) 초원이라 하고, 나머지는 통상 남러시아 초원으로 불린다.

'카자흐'는 카자흐인의 언어를 지칭하기도 하며 이는 신장위구르자치구 내에 있는 일리카자흐자치주와 몽골의 서부 끝자락에 있는 바얀-욀기주에서도 사용되고 있다.

카자흐 칸국의 건국 배경과 의의

제4장에서 살펴본 대로 카자흐 칸국(Kazakh Khanate, 1465-1847)은 킵차크 칸국이 해체되는 과정에서 탄생했다.

고대부터 카자흐스탄 초원에는 스키타이부터 시작해 킵차크 칸국에 이르기까지 여러 유목 세력이 등장했다. 이곳의 일부 지역에 세력을 갖고 있던 스키타이, 오구즈 등은 카자흐스탄을 떠나 남러시아 초원이나 트란스옥시아나로 이주했다. 서돌궐 영역이던 카자흐스탄은 동돌궐의 영향 아래에 있었고, 발하슈호 동남부를 중심으로 세워진 카라한왕조도 동·서 카라한왕조로 나뉘어 셀주크왕조, 호라즘왕조, 카라키타이의 지배를 받았다. 8세기 중반 돌궐제국 붕괴 후 알타이산맥 인근에서 카자흐스탄 북부로 이주해 살다가 11세기 중엽부터 이르티시강에서 남부 러시아 초원까지 광범위하게 세력을 형성한 킵차크는 몽골에게 제압당했다.

이들 유목 세력은 카자흐스탄의 일부만 차지했거나 또는 외부 세력에 종속되어 있었기에, 진정한 의미에서 이곳에 사는 모든 부족이 연대감을 갖고 세운 왕조는 아니었다. 카자흐스탄에 거주하는 사람들이 '카자흐인'이라는 민족의식을 갖고 주즈로 연합하여 최초로 세운 왕조가 카자흐 칸국이었다.

카자흐 칸국이 등장했을 때 백장 칸국과 샤이반 칸국 지역에는 우즈벡·노가이·시비르 칸국이, 외부 세력으로는 모굴 칸국·러시아·오이라트(준가르)가 있었다.

백장 칸국 영역에서 패권을 차지하려는 우즈벡 칸국과, 15세기 중반 서몽골에서 흥기한 오이라트가 카자흐 칸국의 가장 큰 위협 세력이었다. 한편 금장 칸국의 굴레에서 벗어난(1480년) 러시아는 카잔·아스트라한·시비르 칸국을 정복하고 노가이 칸국을 압박하며 카자흐스탄 초원과 시베리아로 세력을 뻗치고 있었다.

카자흐 칸국의 탄생은 우즈벡 칸국과 관계가 깊다. 1456년경 우즈벡 칸국의 아불 하이르는 오이라트와의 전투에서 패했다. 이 전투 이전에 케레이와 자니벡은 아불 하이르로부터 떨어져 나와 모굴 칸국의 에센 부카 2세의 도움으로 추강과 탈라스강 사이에 정착했다. 자니벡의 부친 바락 칸이 1428년 우즈벡족의 음모로 살해되었는데 케레이와 자니벡의 이탈은 이와 관련이 있는 것으로 보인다.

아불 하이르가 패배한 후 그에게 복속해 있던 유목민들이 케레이와 자니벡에게로 왔고, 이들은 함께 1465년 카자흐 칸국을 세웠다. 아불 하이르는 카자흐 칸국을 복속시키기 위해 1468년 카자흐 칸국을 공격하였으나 오히려 패사하고 말았다. 카자흐스탄 정부는 1465년을 카자흐 칸국이 건국된 해로 보고 2015년에 건국 550주년을 기념하는 우표를 발행했다.

케레이와 자니벡, 아불 하이르는 모두 주치의 자손이다. 앞의 두 사람은 장자 오르다의 후손이고, 아불 하이르는 다섯째 샤이반의 후손이다. 오르다가 백장 칸국을 물려받았으므로 카자흐스탄 영토에 대한 권리는 케레이와 자니벡이 아불 하이르보다 더 크다고 보아야 할 것이다. 바락 칸의 죽음과 함께, 가문의 서열 배경도 두 사람이 이탈하는 데 영향을 미쳤을 것이다.

한편 카자흐 칸국은 우즈벡 칸국을 몰아냈지만 아불 하이르의 손자 무함마드 샤이바니에 의해 우즈벡 칸국이 트란스옥시아나에서 부활함에 따라 카자흐스탄 남부지역에서는 우즈벡 칸국과 계속 전쟁을 벌어야 했다. 1510년 샤이바니가 사망한 후 우즈벡족이 새로 세운 히바·코칸드 칸국과도 상황이 비슷했다.

그러나 카자흐 칸국에 더 큰 위협은 우즈벡 계열의 칸국들보다 준가르였다. 15세기 중반 서몽골에서 흥기한 준가르(오이라트)는 17세기 초 동몽골에 의해 호브도에서 타르바가타이 방면으로 밀려났는데, 18세기 초부터 카자흐 칸국에 대한 공세를 강화했다. 카자흐 칸국은 준가르의 위협에서 벗어나기 위해 1731년 소주즈를 시작으로 중주즈, 대주즈가 러시아에 복속했다.

1465년 건국되어 1847년 최종적으로 러시아의 속국이 될 때까지 카자흐 칸국은 약 400년간 존속하며 카자흐스탄의 정체성에 큰 영향을 미쳤다. 카자흐 칸국의 등장을 계기로 흩어져 있던 부족들이 권역별로 대·중·소 주즈로 통합되었고, 이들 전체는 카자흐인이라는 이름으로 연대했다. 이 덕분에 킵차크 초원이 카자흐 초원으로 불리게 되었고 카자흐스탄이라는 국명도 탄생하게 되었다.

카자흐 칸국의 발전

케레이와 자니벡의 자리를 그 아들들인 바란둑과 카심이 이어받았다. 자니벡의 아들 카심 칸(1511-1523)은 우즈벡의 무함마드 샤이바니와 페르시아의 이스마일(1501-1524)[3]이 호라산 지역을 놓고 긴장 관계에 있을 때 후방에서 우즈벡의 군대를 공격해 파멸시켰다.[4] 세력이 약

3 이란 아르다빌주의 주도인 아르다빌에 근거를 둔 시아파 수피 종단의 지도자로 1501년 백양왕조를 격파하고 타브리즈를 점령한 후 1502년 아제르바이잔과 이란을 통치하는 사파비왕조(1502-1736)를 세웠다.

4 르네 그루쎄, 앞의 책, 671쪽.

자니벡 칸의 약식 가계도

자니벡
(1469?-1480?)
카심
(1511-1523)
아디크
우세크
야디크
마마쉬
학나자르
(1538-1580)
타히르
시가이
타우에켈
(1582?-1598)
이심
(1598-1628?)
야항기르
테우케
(1680-1718)
왈리
아불 하이르
(1710-1748)
[소주즈]
불라트
아빌맘베트
[중주즈]
아블라이
(1745?-1781)
[중주즈]
카심
케니새르
(1841-1847)

화된 샤이바니는 1510년 메르브에서 벌어진 이스마일과의 전투에서 패사했다. 카심은 이 기회를 이용하여 시르다리야 지역으로 세력을 확장했다.

카심 사후 그의 후계자(마마쉬 칸과 타히르 칸)대에 시르다리야 연안의 실크로드 도시 시그낙·사이람·투르키스탄 시 등을 우즈벡 칸국(부하라 칸국)에 빼앗기며 세력이 위축되었으나 카심의 막내아들 학나자르 칸(1538-1580)이 다시 세력을 확장하였다.

학나자르는 16세기 중반 우즈벡 칸국에 빼앗긴 실크로드 도시들을 되찾고, 모굴 칸국을 압박하며 발하슈호 동남부와 천산 북방으로 영토를 확장시켰다. 모굴 칸국의 압둘 라시드 칸(1533-1565)이 학나자르의 진출을 저지시키려 했지만 오히려 라시드의 장남 압둘 라티프가 사망했다.[5] 학나자르는 1568년 엠바강 전투에서 노가이 칸국에 승리하고 아스트라한까지 진격했다가 러시아 군대에 격퇴되었다.[6] 과거 킵차크 칸국의 영토였던 아스트라한을 수복하는 데는 실패했지만, 학나자르는 상당수의 노가이인을 카자흐 칸국에 통합시켰고, 이들은 나중에 소주즈의 중추가 되었다. 학나자르의 이러한 활발한 정복 활동에 힘입어 카자흐스탄 초원에서 우즈벡족을 쫓아내면서 싹을 틔우고 있던 주즈가 구체적으로 형성되기 시작했다.[7]

학나자르 칸의 사촌조카인 타우에켈 칸(1582?-1598)은 부하라 칸

5 위의 책, 693쪽.

6 Kazakh Khanate from Wikipedia

7 *Khzakhstan Travel Guide* (Saryarka, 2013), p. 274.

국의 압둘라 2세(1560-1598)[8] 사후 일어난 혼란을 이용하여 부하라 칸국에 속했던 타슈켄트와 사마르칸트를 점령하고 부하라까지 진격하였다. 그러나 부하라 공략에 실패하고 부상을 당해 1598년 타쉬켄트로 돌아와 사망하고 말았다.

타우에켈과 형제인 이심 칸(1598-1628?)은 수도를 시그낙에서 투르키스탄 시로 옮겼다. 그는 부하라 칸국과 평화협정을 맺고 사마르칸트만 돌려주었다. 그러나 부하라 칸국이 이에 불만을 갖고 타슈켄트를 무력으로 수복하자, 1627년 부하라 칸국을 제압하고 타슈켄트를 다시 차지하였다. 이심 칸 시절은 카심 칸과 학나자르 칸 시절과 함께 카자흐 칸국의 3대 전성기로 일컫는다.

카자흐 칸국의 법을 만든 테우케 칸(1680-1718)은 투르키스탄 시에서 카자흐 칸국을 침략했던 준가르의 체왕 랍탄이 보낸 사신단을 맞이했다(1698년). 그러나 테우케는 1년 전에 갈단이 사망하고 청나라와의 대립으로 준가르가 약화된 점을 이용하여 사신단 500명을 처형해버렸다. 이 사건은 480여 년 전 칭기즈칸의 사신단이 오트라르에서 호라즘 샤의 수하에게 살해된 것과 비슷한 양상이었다. 천산 북방의 초원 세력과 투르키스탄 세력, 불교도와 무슬림 중에서 누가 실크로드를 지배하느냐 하는 패권 의식이 작용했던 것이다.

체왕 랍탄은 이에 대한 보복으로 카자흐 칸국을 수차례 침략하여 결국 1723년에 사이람, 투르키스탄 시, 타슈켄트를 빼앗았다. 이

---

8 카자흐 칸국의 투르가이와 모굴 칸국의 카쉬가리아까지 원정하며 부하라 칸국의 전성기를 이끌었으나, 후계자가 된 아들이 6개월도 안 되어 피살됨으로써 샤이바니계의 대가 끊겼다.

여파로 연합했던 카자흐 칸국의 3개 주즈가 분리되고, 대주즈와 중주즈의 일부 수령들은 체왕 랍탄의 종주권을 인정해야 했다.[9]

1726년 3개 주즈 회의에서 최고사령관으로 선출된 소주즈의 아불 하이르 칸(1710-1748)은 준가르에게 빼앗긴 사이람, 투르키스탄 시, 타슈켄트를 되찾기 위해 노력했다. 그러나 대주즈와 중주즈의 일부 수령들이 준가르의 종주권을 인정하며 주즈 연맹이 와해된 상황에서 준가르에 대한 항쟁에 역부족을 느끼고 1730년 러시아에 복속하겠다는 의사를 전달했고, 러시아는 1731년 이를 받아들였다.[10] 이 결정은 궁극적으로 카자흐스탄의 독립과 영토 보전에 기여하게 되어 아블하이르는 카자흐스탄의 영웅으로 평가받고 있다.

중주즈의 아블라이 칸(1745?-1781)은 젊어서부터 준가르와의 전쟁에 참가하며 명성을 쌓았고, 1740년 8월 당시 중주즈의 칸이던 아빌맘베트와 오렌부르크로 가서 카자흐인이 러시아 국적을 받는 것에 동의했다.[11] 그는 러시아에 경도되는 정책을 취하면서도 준가르를 압박하며 카자흐스탄 방면으로 진출하려는 청나라와의 관계도 중시하여, 러시아와 청나라 사이에서 카자흐 칸국의 이익을 수호하기 위해 노력했다. 또한 분열된 주즈를 통합하고 러시아의 지나친 간섭을 막으려 힘썼다. 특히 제티수 지역을 수호하기 위해 18세기 초 페르가나에서 등장한 코칸드 칸국과 수차례 전쟁을 했다.

---

9 르네 그루쎄, 앞의 책, 736쪽.

10 *Khzakhstan Travel Guide*, p. 97.

11 *ibid*, p. 96.

중주즈의 칸이던 케니새르 카시모프(1841-1847)가 1841년 쿠릴타이에서 카자흐인을 대표하는 칸으로 선출되었다. 칸에 오르기 전 소주즈와 중주즈는 러시아에 복속된 상태였고, 대주즈의 일부는 19세기 초부터 코칸드의 지배하에 있어 그의 입지는 약했다. 케니새르는 러시아로부터의 독립과 코칸드로부터 대주즈 지역을 되찾기 위해 투쟁했으나 1847년 북부 키르기스(당시는 코칸드 칸국에 속함)를 공략하던 중 살해되고 말았다.[12]

러시아에 자발적으로 복속

18세기 초 카자흐 칸국은 서북쪽에서는 러시아, 남쪽에서는 코칸드 칸국, 동쪽에서는 준가르의 위협을 받고 있었다. 러시아는 카잔, 아스트라한, 시비르 칸국을 정복한 후 카자흐 초원으로 진출하려 했고, 1710년경 샤이반계가 코칸드를 수도로 삼아 페르가나 지역에 세운 코칸드 칸국은 카자흐스탄의 남부를 호시탐탐 노리고 있었다. 그러나 가장 큰 위협은 준가르였다.

준가르의 갈단은 1680년경 모굴 칸국을 속국으로 만들었고, 그의 후임자 체왕 랍탄은 1723년 카자흐 칸국을 공격하여 도시들을 빼앗고 주즈 연맹을 와해시켰다. 카자흐 칸국에 대한 준가르의 침략은 15세기 중반부터 꾸준히 이어져왔지만, 특히 1723년 체왕 랍탄의 공격을 받고 사이람 등을 빼앗긴 때부터 그가 사망한 1727년까지의 시

12 *ibid*, p. 98.

기를 카자흐스탄 역사에서는 '대고난의 시대'라고 부른다.[13]

준가르와의 오랜 전쟁으로 주즈가 와해되자 소주즈의 아블하이르 칸이 자구책으로 러시아에 보호를 요청했고(1730년) 중주즈는 1740년, 대주즈는 1742년에 소주즈의 길을 따랐다.[14] 대주즈의 상황은 다소 복잡했다. 이들은 러시아에 복속을 하면서도 일부는 1757년 준가르가 망한 후 코칸드 칸국이 강력해지자 코간드의 종주권을 받아들였다.

각 주즈들은 러시아에 대한 복속을 일시적인 방편으로 생각했으나, 러시아는 이를 중앙아시아 진출의 기회로 삼고 1820년대 소주즈와 중주즈의 칸을 없애면서 주즈를 완전히 제압하려고 했다. 그 일환으로 1822년 〈시베리아의 키르기스 법(Charter on the Siberian Kyrgyz)〉을 제정하여 카자흐인을 유목민에서 농업인으로 전환시키는 정책을 추진했다. 이에 반발한 지도자들이 투쟁을 했으나 마지막 칸인 케니새르가 1847년 코칸드 칸국과의 전쟁 중에 살해됨으로써 카자흐 칸국은 종말을 고하고 러시아에 완전히 편입되었다.

카자흐 칸국이 위기를 타개하기 위해 인종적·문화적으로 더 가까운 준가르 대신 러시아를 선택한 결정이 흥미롭다. 이에 대한 자세한 이유는 알 수 없다. 다만 각 주즈 지도자들이 칭기즈칸의 후손인 반면 준가르는 그렇지 않아 준가르의 보호를 치욕으로 여겨 그랬을

---

13 *ibid*, p. 275.

14 Embassy of the Republic of Kazakhstan in Brussels (archive.org)

가능성이 있다. 또는 킵차크 칸국이 러시아를 속국으로 둔 경험이 있어 준가르보다 러시아가 상대하기가 편하다고 생각했을 수도 있다.

카자흐스탄은 1731년 소주즈가 러시아에 복속한 때로부터 1991년 독립할 때까지 260년간 러시아의 지배를 받았지만 오늘날 카자흐스탄은 세계에서 9번째로 큰 영토를 가진 국가가 되었다. 여기에는 과거의 세력 범위였던 남러시아 초원, 시비르 칸국의 서시베리아, 트란스옥시아나의 타슈켄트, 호라즘의 우르겐치, 천산 북방의 일리 지역은 포함되지 않는다. 만약 카자흐 칸국이 이들 지역까지 아우르며 독립을 유지할 수 있었다면 지금보다 2배 이상 영토가 확장되었을 것이다. 그러나 청나라가 준가르를 제압하고 차지한 내몽골, 신장위구르, 티베트가 독립 국가를 이루지 못하고 있는 현실을 볼 때, 만약 러시아에 복속하지 않았다면 카자흐스탄은 이들 지역의 운명을 밟고 있을지 모를 일이다.

발하슈호 동쪽에서 타르바가타이와 일리에 이르는 지역은 과거 카자흐 칸국과 준가르의 쟁탈지였다. 지금 이 지역은 일리만 제외하고 대부분 카자흐스탄의 영토가 되었는데 이 또한 러시아 덕분이다. 러시아는 1864년 청나라와 타르바가타이조약을 체결하여[15] 발하슈호, 자이산호, 타르바가타이 지역을 확보하고, 1881년에는 일리조약(상트페테르부르크조약)[16]을 통해 일리의 일부를 확보하였다. 이 일부가

15 Zhetysu from Wikipedia

16 1865년 카쉬가리아에 야쿱 벡 무슬림 정권이 세워지자 투르키스탄 총독 카우프만이 일리에 거주하는 카자흐인들을 보호한다는 명분으로 1871년 군대를 파견하여 일리를 점령하였다. 카자흐 칸국이 러시아에 병합되었으므로 일리에 거주하는 카자흐인은 국제법상 러시아인이었다. 1877년 청나라는 야쿱 벡 왕국을 무너뜨리고 타림분지는 되찾았으나 러시아가 점령한 일

호르고스(Khorgos)로 오늘날 카자흐스탄과 중국의 경제특구이다. 이러한 역사적인 사실 때문에, 앞에서도 언급했듯이, 러시아에 보호를 요청한 소주즈의 아불 하이르 칸은 카자흐스탄에서 위인으로 평가받고 있다.

리는 수복이 여의치 않았다. 이에 청나라는 900만 루블 배상 및 일리 최서단지역 할양을 주요 내용으로 하는 일리조약을 러시아와 체결하고 일리를 돌려받았다.

2. 우즈벡 칸국과의 관계

개관

우즈벡 칸국의 아불 하이르 칸이 1468년 카자흐 칸국과의 전투에서 사망하고 그의 아들 샤 부닥도 모굴 칸국의 유누스 칸에 의해 같은 해에 살해되었다. 이로써 아불 하이르가 백장 칸국 영역에 세운 우즈벡 칸국은 소멸했다.

그러나 샤 부닥의 아들인 무함마드 샤이바니(1500-1510)에 의해 우즈벡 칸국은 트란스옥시아나에서 부활하게 된다. 아버지가 사망할 당시 17세이던 샤이바니는 트란스옥시아나로 갔다. 당시 트란스옥시아나는 타슈켄트를 중심으로 모굴 칸국의 마흐무드 칸(1487-1508, 유누스의 아들)이 다스리는 지역과 티무르의 후예 아흐마드 미르자(1469-1494)[17]가 사마르칸트를 수도로 통치하는 지역으로 나누어져 있었다.

---

17 티무르의 증손자인 아부 사이드의 아들로 모굴 칸국의 유누스 칸의 딸과 결혼했기에

티무르 칸의 약식 가계도

마흐무드와는 처남매부 관계였다.

샤이바니는 마흐무드 칸의 휘하로 들어갔고(1488년), 마흐무드는 그에게 투르키스탄 시를 주었다.

샤이바니의 삶은 그다지 알려진 게 없지만 한때 자기 추종자들과 아흐마드 미르자 군대에 소속되어 있었다. 아흐마드 미르자는 마흐무드로부터 타슈켄트를 빼앗기 위해 1488년 치르치크강에서 전투를 벌였으나 샤이바니가 마흐무드 편으로 돌아서는 바람에 패했다.[18] 마흐무드가 샤이바니에게 투르키스탄 시를 준 것은 이에 대한 보답이었을 것이다.

샤이바니는 곧 힘을 키워 아흐마드 미르자의 아들 알리로부터 사마르칸트를 빼앗고 트란스옥시아나의 군주가 되었다(1500년). 그러나 샤이바니는 이에 만족하지 않고, 1503년 자기를 거두어준 타슈켄트의 마흐무드로부터 타슈켄트와 사이람을 빼앗았다. 그리고 1506년 호라즘의 히바, 1507년 티무르왕조 최후의 수도 헤라트를 정복하며 호라산마저 차지했다. 우즈벡족의 주도하에 주치 가문의 영광을 카자흐 초원에서 부활시키려 했던 할아버지 아불 하이르의 꿈은 카자흐 칸국과 모굴 칸국 때문에 실패했지만, 트란스옥시아나와 호라산에서 티무르의 후예와 모굴 칸국을 몰아내고 우즈벡 칸국을 재건함으로써 이에 상응하는 꿈을 실현시켰다. 재건된 우즈벡 칸국을 샤이바니 칸국이라고도 한다.

그러나 샤이바니는 약 450년 동안 투르크 및 몽골 군주들에

18 Battle of the Chirciq River from Wikipedia

게 예속해 있던 페르시아를 독립시킨 사파비왕조와 충돌하게 된다. 1467년 카라코윤루(흑양)왕조[19]를 제압한 아크코윤루(백양)왕조[20]를 1501년에 무너뜨리고, 사파비왕조(1502-1736)를 세운 샤 이스마일이 우즈벡 칸국으로부터 호라산을 빼앗아 페르시아의 통일을 완성시키려 했기 때문이다.

사파비왕조와 우즈벡 칸국은 종파 및 민족 면에서 달랐다. 사파비왕조는 시아파를 추종하는 아제르바이잔-이란인이었고, 우즈벡 칸국은 수니파를 믿는 몽골-투르크족이었다. 이러한 종파, 종족의 차이와 호라산을 차지하려는 패권 다툼은 곧 전쟁으로 이어졌다.

우즈벡 칸국이 사파비왕조와 막 전쟁을 시작하려 할 때 샤이바니는 카자흐 칸국의 공격을 받게 된다. 1510년 카자흐 칸국의 카심 칸이 샤이바니의 후방을 공격해 샤이바니의 아들 무함마드 티무르가 이끄는 군대를 괴멸시킨 것이다. 후방에서 치명적인 타격을 입은 샤이바니는 메르브에서 벌어진 사파비왕조의 샤 이스마일과의 전투에

---

19 14세기 중반 일 칸국이 붕괴될 무렵 투르크멘이 터키 동부에 있는 반 호수의 주변을 세력권으로 하여 세운 왕조로, 부족 표시가 흑양이어서 흑양왕조라 불렸다. 잘라이르왕조와 함께 서부 페르시아로 진출하는 티무르에 대항했으며, 이 왕조의 카라 유숩은 티무르의 셋째 아들로 부친 사후 아제르바이잔과 서부 페르시아를 영지로 받은 미란샤를 1408년, 잘라이르왕조의 아흐마드 잘라이르를 1410년 타브리즈 근처에서 각각 제압하며 아나톨리아 동부에서 서부 페르시아에 이르는 지역을 차지했다. 1467년 이 왕조의 군주 자한 샤가 경쟁자인 백양왕조의 수령 우준 하산을 제거하러 디야르바크르로 갔다가 오히려 역습을 받고 살해되며 왕조가 멸망했다.

20 흑양왕조가 들어선 시기와 비슷하게 투르크멘에 의해 터키 동남부에 위치한 디야르바크르에서 세워진 수니파 이슬람 왕조로 부족 표시가 백양이어서 백양왕조라 불렸으며 흑양왕조와 달리 티무르에 협조적이었다. 이 왕조의 군주인 우준 하산은 1467년 자기를 공격하러 온 흑양왕조의 군주 자한 샤를 역습하여 살해하고, 1469년에는 티무르 왕조의 아부 사이드를 카라바흐 인근에서 생포해 처형시키며 페르시아와 아나톨리아 동부의 주인이 되었다.

서 패하고 1510년 12월 살해되었다.

사파비왕조는 호라산 지방을 회복하고 트란스옥시아나와 호라즘에 샤 이스마일의 군대를 주둔시켰다. 그러나 얼마 지나지 않아 샤이바니계가 샤 이스마일 군대를 쫓아낸 후 우즈벡 칸국을 부활시키고 호라즘에는 히바 칸국을 세웠다. 16세기 중반부터 우즈벡 칸국은 부하라 칸국이라 불리기도 했으며, 18세기 초에는 샤이바니계 일족이 페르가나 지역에 코칸드 칸국을 세웠다.

카자흐 칸국은 부하라 칸국과는 시르다리야 연안에서, 히바 칸국과는 망기쉴락반도에서 영토 경쟁을 했으며, 코칸드 칸국은 대주즈에 대해 한때 종주권을 행사하기도 했다.

부하라 칸국

샤이바니를 제거한 이스마일은 아프가니스탄의 카불에 있던 티무르의 후손 바부르[21]를 트란스옥시아나로 불러들였다. 바부르는 모굴 칸국 유누스 칸의 외손자이기도 하다.[22] 그가 이스마일의 군대를 이끌고 1511년 트란스옥시아나로 들어오자 사마르칸트와 부하라에서는 성문을 열어주었고, 우즈벡인들은 타슈켄트로 퇴각했다.

그러나 수니파인 사마르칸트와 부하라 주민들은 바부르가 시아

---

21 1469년 백양왕조의 우준 하산에게 살해당한 아부 사이드의 아들 우마르 셰이흐의 아들로 사마르칸트의 주인 자리를 놓고 자기 사촌들과 경쟁하였다. 그러나 무함마드 샤이바니가 트란스옥시아나를 차지하자 1504년경 작은 아버지의 영지였던 카불로 가서 자신의 왕국을 세웠다.

22 Qutlugh Nigar Khanum from Wikipedia

파인 이스마일과 한편이 된 것을 비난하며 그를 배척했다. 이 예기치 않은 사태에 고무된 우즈벡인들이 다시 나타나 1512년 12월 부하라 인근에서 바부르와 사파비왕조의 군대를 격파했다.[23] 이 패배 후 바부르는 카불에 있는 자기 왕국으로 돌아갔고, 14년 후 인도에 침입하여 델리술탄국을 멸하고 무굴제국(1526-1857)[24]을 세웠다.

우즈벡인이 다시 트란스옥시아나를 차지했지만 부하라, 사마르칸트, 타슈켄트 등 주요 도시들이 친족에 의해 분할 통치하면서 우즈벡 칸국의 세력이 약화되었다. 그러나 1556년 압둘라 2세(1583-1598)가 등장하면서 상황이 호전되었다. 그는 분할 통치되던 각 지역들을 통합시키고, 1560년 아버지 이스칸다르를 칸의 자리에 앉혔다. 그는 아버지가 사망한 후인 1583년 칸위에 올랐고, 그의 근거지인 부하라가 수도가 되었기에 이때의 우즈벡 칸국을 부하라 칸국(Khanate of Bukhara, 1500-1920)이라고도 한다.[25]

압둘라 2세는 카자흐 칸국의 학나자르 칸이 사망하고 2년이 지난 1582년 봄 카자흐스탄의 투르가이 지역을 원정하였다. 그는 (후기) 모굴 칸국이 지배하는 카쉬가리아도 원정하고, 사파비왕조로부터는 호라산도 빼앗았다. 그러나 1597년 헤라트 부근의 전투에서 사파비왕조의 샤 압바스에게 패해 호라산을 다시 빼앗기고 1598년 사망하

23 르네 그루쎄, 앞의 책, 672쪽.

24 이슬람 왕조이지만 힌두교도 존중하며 인도에 두 종교가 융합한 문화를 꽃피웠다. 18세기 중반 영국의 인도 식민지 지배가 본격화되고 이에 세포이(인도에 진출한 영국의 동인도회사가 고용한 인도인 용병)들이 항쟁을 하자 영국 군대가 강제 진압하며 명목상 유지되던 무굴 황제를 1827년에 폐함에 따라 망하게 되었다.

25 김호동, 앞의 책, 178쪽.

였다. 앞서 얘기했듯이 카자흐 칸국의 타우에켈 칸은 이러한 정세를 이용하여 1598년 부하라 칸국으로부터 사마르칸트와 타슈켄트를 빼앗았다.

압둘라 2세의 아들 압둘 무민이 계승했지만 6개월도 안 되어 피살됨으로써 16세기 내내 트란스옥시아나를 통치하던 우즈벡 칸국의 샤이바니계는 막을 내리게 된다.

샤이바니계가 막을 내린 후 부하라 칸국은 아스트라한 가문으로 넘어갔다. 1556년 러시아가 아스트라한 칸국을 병합할 때 오르다의 후손인 야르 무함마드라는 인물이 아들 잔과 함께 부하라의 이스칸다르(압둘라 2세의 아버지)에게 망명했고, 이스칸다르는 딸을 잔에게 주었다.

압둘 무민이 사망하고 샤이바니계 남자 후손이 없게 되자 잔의 아들이 칸위를 계승했다. 이렇게 하여 아스트라한 출신이 1599년부터 1785년까지 부하라를 수도로 트란스옥시아나를 통치하게 된다.[26]

부하라 칸국은 18세기 초 코칸드 칸국이 건설될 때까지는 페르가나를 통치하고 발흐도 속령으로 두었으나, 1740년 페르시아의 나디르 샤[27]에게 굴복한 후 발흐를 넘겨주고 페르시아와의 국경을 아무다리야로 정했다.

---

26 르네 그루쎄, 앞의 책, 675쪽.

27 호라산의 투르크멘 아프샤르족 출신으로 사파비왕조에 봉사하다가 1736년 이 왕조를 무너뜨리고 아프샤르왕조를 열었으나 1747년 쿠르드족의 반란을 진압하던 중 부하에게 암살당했다.

부하라 칸국에 망쿠트족이 있었다. 이들은 노가이 칸국을 구성하는 핵심 부족으로, 무함마드 샤이바니를 따라 트란스옥시아나로 와서 그와 생사고락을 같이하고 있었다. 그러면서 점차 영향력을 확대하여 18세기 후반 궁정의 실권자가 된 그들의 수령(마으숨 샤 무라드)이 마지막 칸의 딸과 혼인하고 1785년에 권좌에 올랐다.[28] 그 수령은 칭기즈칸 후손이 아니어서 이때부터 부하라 칸국을 부하라 에미리트[29]라고도 부른다. 부하라 칸국은 1868년 5월 사마르칸트가 러시아 총독 카우프만에게 점령된 후 형식적으로는 독립을 유지했지만 실질적으로는 러시아의 피보호국이 되었다가 1920년 볼셰비키(레닌의 노선을 따르는 다수파로 구 소련공산당의 별칭) 군대에 의해 왕정이 무너지고 1924년 소련에 흡수되었다.

히바 칸국

사마르칸트 및 부하라에서와 마찬가지로 수니파인 호라즘의 우르겐치와 히바의 주민은 1512년 샤이바니계 지파의 수령 일바르스의 주도하에 호라즘에 주둔하고 있는 페르시아 군대를 몰아내고 부하라 칸국과 별개의 왕국을 세웠는데, 이것이 히바 칸국(Khanate of Khiva, 1512-1920)이다.[30] 그 중심지는 원래 우르겐치였으나 17세기 초 아무다리야의 왼쪽 지류가 말라버리는 바람에 우르겐치가 더 이상 수도의

---

28 르네 그루쎄, 앞의 책, 676쪽.

29 아미르가 통치하는 왕국.

30 르네 그루쎄 앞의 책, 676쪽.

기능을 하지 못하자 히바로 옮겼다.

히바 칸국은 호라즘에 들어섰던 여타 투르크계 왕조와 비슷했지만, 수도를 옮긴 후 러시아 사가들이 히바 칸국으로 불렀다.[31] 샤이바니계 인물들은 1740년 나디르 샤의 침입을 받고 페르시아에 복속한 7년을 제외하고 1512년부터 1920년 볼셰비키 군대에 의해 왕정이 무너질 때까지 약 400년간 히바 칸국을 다스렸다.

호라즘은 원래 이란계 사람들이 다수 거주하는 곳이었으나 가즈나, 셀주크, 호라즘왕조의 영향을 받으며 투르크화되었다. 호라즘은 통상적으로 호라산을 통치하는 왕조의 속령이었으며 호라산과 마찬가지로 투르크멘이 다수 거주했다.

한때 호라즘왕조의 수도였던 우르겐치는 칭기즈칸의 아들들에 의해 함락되었고(1221년 4월), 칭기즈칸이 호라즘 지역을 주치에게 분봉하여 킵차크 칸국에 속하게 되었다. 그러나 킵차크 칸국의 베르케가 일 칸국의 훌레구와 벌인 전쟁에 발이 묶인 틈을 타 차가다이 칸국의 알루구(차가다이의 손자)가 이 지역을 차지했다(1260년대 초). 이후 킵차크 칸국이 일부 지역을 되찾아 우르겐치와 그 북쪽은 킵차크 칸국에, 히바와 그 남쪽은 차가다이 칸국에 속하게 되었다.[32]

1360년경에는 후세인 수피라는 쿵그라트 부족의 수령이 킵차크 칸국의 혼란을 틈타 호라즘 지역에 독립적인 왕조를 세웠으나 1379년 티무르에게 정복되었다. 티무르가 사망한 후 호라산 군주(티

---

31 Khanate of Khiva from Wikipedia

32 르네 그루쎄, 앞의 책, 592쪽.

무르의 후손 후세이니 바이카라)의 통치를 받다가 1506년 무함마드 샤이바니에게 정복되었다.[33] 그러나 몇 년 후 샤이바니가 메르브 전투에서 사파비왕조의 샤에게 패하자(1510년) 다시 페르시아 수중으로 떨어졌다.

이처럼 호라즘은 페르시아 문명권 아래 투르크화가 진행되었고, 이후 몽골 시대를 거치면서 우즈벡족 등 오구즈(투르크멘) 이외의 투르크계와 몽골족이 진출하며 기존의 투르크멘과 경쟁한 결과 이 지역은 오늘날 투르크메니스탄, 카자흐스탄, 우즈베키스탄 영역으로 나뉘게 되었다.

투르크멘은 한때 카자흐스탄의 망기쉴락반도까지 세력을 형성했다. 이는 17세기 초 카스피해 북부지역으로 이주해 온 토르구트 부족이 17세기 중반 망기쉴락반도에 있는 투르크멘을 제압하고 그곳을 장악했다는 사실에서 알 수가 있다. 이 지역은 노가이 부족의 활동 무대이기도 했다. 카자흐 칸국이 노가이 부족을 흡수하고, 토르구트 부족의 귀향과 맞물려 오늘날 망기쉴락반도는 카자흐스탄의 영토가 되었다.

아불 가지 바하두르 칸(1643-1665) 재위 시 망기쉴락반도를 차지한 토르구트 부족이 히바 칸국을 수차례 약탈, 공격했으나 바하두르 칸이 이를 격퇴했다. 그는 주치 가문에 대한 중요한 역사서인 『투르크 계보Shajare-i Turk』를 저술한 역사가이기도 하다.

히바 칸국도 부하라와 같은 운명을 맞게 된다. 1873년 6월 러시

---

33 위의 책, 669쪽.

아에 점령되어 피보호국이 되었다가 1920년 볼셰비키 군대에 의해 왕정이 무너지고 1924년 소련에 흡수되었다.

코칸드 칸국

코칸드 칸국(Khanate of Kokand, 1710-1876)은 1710년경 샤이바니계의 샤루흐라는 인물이 부하라 칸국이 지배하던 페르가나 지역에서 코칸드를 수도로 삼아 세운 칸국이다. 이 칸국은 청나라가 1757년 준가르를 정복하고 다음 해 코칸드 변경에 나타나자 청나라의 종주권을 인정하기도 했다.[34]

페르가나는 기원전 129년경 장건이 방문했던 대완의 일부분이었다. 한나라는 기원전 104년 이광리 장군을 파견하여 기원전 100년경 이 지역을 정복한 후 어느 정도 영향력을 행사해오다가 751년 탈라스 전투에서 이슬람 군대에 패한 다음부터는 영향력을 완전히 상실했다. 이광리 장군 때부터 계산하면 중국은 약 2천 년 만에 다시 이 지역에 나타나 종주권을 인정받은 것이다. 그러나 1689년 네르친스크조약[35]때문에 중국의 코칸드 칸국에 대한 종주권은 오래 지속되지 않았다.

---

34 위의 책, 678쪽.

35 러시아와 청나라가 아무르강 유역에서 두 나라의 국경을 조정하고, 앞으로 영구히 평화롭게 지낼 것을 약속한 조약이다. 준가르와 전쟁을 하던 청나라는 이를 통해 러시아의 묵시적 중립을 확보하고 준가르에 승리하여 동투르키스탄을 차지하였다. 청나라는 이에 상응하여 러시아의 서투르키스탄 진출을 양해하였기에, 이 조약은 러시아와 중국에 의한 동, 서 투르키스탄 분할의 시발점이 되었다.

코칸드 칸국은 1759년 동투르키스탄이 청나라에 넘어간 후에는 이 지역의 무슬림 해방운동을 지원하고, 1808년에는 타슈켄트를 영토로 편입시켰다. 무함마드 알리 칸(1822-1842경)은 카자흐 칸국의 러시아 복속에 따른 혼란을 이용하여 제티수와 파미르고원까지 진출하여 영토를 최대한 넓혔고, 그의 치세에 제티수 지역에 있던 카자흐 칸국의 대주즈가 코칸드 칸국의 종주권을 인정하기도 했다.[36]

그러나 코칸드 칸국은 1842년 부하라 칸국의 침입을 받고 알리 칸이 살해되면서 쇠락해갔다. 이 나라도 부하라 및 히바 칸국과 마찬가지로 러시아의 서투르키스탄 진출에 대한 야망의 희생물이 되어 1876년 러시아에 합병되었다.

코칸드 칸국이 파미르로 영토를 확장해나갈 때 천산 이식쿨과 파미르고원 산악지대에는 키르기스인이 있었다. 코칸드 칸국과 키르기스인의 관계에 대해 알려진 것이 별로 없지만, 오늘날 이 지역에 들어선 국가 이름이 키르기스로 불리고 있는 사실에 비추어 키르기스인이 코칸드 칸국 내에서 주도적인 역할을 했을 것으로 짐작된다.

키르기스인은 카자흐 칸국의 대주즈와 교류하고 카쉬가리아의 무슬림 세력인 백산당과 흑산당에 각각 가담하며 상당한 세력을 갖고 있었다. 이 키르기스인이 예니세이강 상류에 살던 그 키르기스인인지, 아니면 원래부터 천산에 살던 사람인지에 대해 확실하게 밝혀진 것이 없다. 예니세이강 상류에 살던 키르기스인은 중국 사서에 "격

36 위의 책, 678쪽.

곤(隔昆)"으로 나오는데 이에 대한 최초의 기록은 사마천의 『사기열전 2』이다. 이 책의 「흉노열전」에 "흉노의 선우 묵특이 격곤, 정령(丁零) 등 북방의 종족들을 제압했다."라는 기록이 있다.

예니세이강의 키르기스는 이외에도 위구르제국을 붕괴시킨 세력, 칭기즈칸이 정복한 세력 등으로 사료에 꾸준히 언급된다. 이와 같은 정황에서 볼 때 오늘날 이식쿨호를 중심으로 천산에 살고 있는 키르기스인은 예니세이강 유역에서 온 사람들이라 생각된다.

학자들은 840년 위구르제국을 무너뜨리고 몽골 본토를 차지한 예니세이강 키르기스인이 924년 거란에 망한 후 그 일부가 고향으로 돌아가지 않고 천산 방면으로 이주했거나,[37] 또는 오이라트에 복속해 있던 키르기스인이 오이라트가 15세기 초 모굴 칸국과 전쟁할 때 따라왔다가 돌아가지 않고 천산에 머물렀을 것으로 보고 있다.[38] 돌궐제국의 흥망과 위구르제국의 붕괴 후 알타이산맥, 예니세이강, 이르티시강 유역에 살던 투르크족들이 대거 동·서 투르키스탄으로 이주한 사실에 비추어 키르기스도 이때 이동하여 카자흐스탄 초원과 천산산맥 부근에 흩어져 살았을 수도 있다.

키르기스인이 그들의 원주지를 언제, 왜 떠났는지 자세히 알 수는 없지만, 카자흐인과 키르기스인은 몽골제국이 붕괴하며 카자흐스탄 초원과 동·서 투르키스탄 지역에 여러 칸국이 등장했을 때에 우호적인 관계를 유지했던 것으로 보인다. 카자흐 칸국의 대주즈가 코칸

---

37 제임스 A. 밀워드, 앞의 책, 127쪽.

38 김호동, 앞의 책, 176-177쪽.

드 칸국의 종주권을 한동안 인정했다는 사실에서 이를 짐작케 한다. 투르크족들 중에서도 카자흐인과 키르기스인은 언어가 비슷해 소통에 별 어려움이 없고 말고기를 먹는 풍습도 동일해 다른 투르크족에 비해 더 친밀감을 갖고 있다. 카자흐인과 키르기스인이 유사하고 우호적 관계를 유지해서 그런지 소련은 중앙아시아 지역의 칸국들을 러시아식 행정구역으로 개편할 때 카자흐스탄의 명칭을 처음에는 키르기스소비에트사회주의자치공화국으로 했다가 나중에 카자흐소비에트사회주의자치공화국으로 바꾸었다.

키르기스가 킵차크, 오구즈, 위구르, 나이만, 두글라트 같은 투르크족들과 다른 점은 오늘날 자신의 부족명을 국가명으로 갖고 있다는 것이다. 카자흐스탄이나 우즈베키스탄은 특정 부족의 명칭이 아니라 여러 부족의 연합체라 볼 수 있고, 투르크메니스탄은 이슬람으로 개종한 오구즈족이 주축을 이루고 있지만 오구즈를 국가 이름으로 사용하지 않는다. 타지키스탄은 타지크인이 사는 나라를 말하므로 키르기스와 마찬가지로 타지크인도 부족(민족)명을 국가 이름으로 사용하는 것이지만, 타지크는 페르시아계이다.

코칸드 칸국은 러시아에 병합된 후 코칸드주가 되었다가 몇차례의 행정구역 개편을 통해 1936년 키르기스소비에트사회주의공화국의 지위를 부여받고, 다른 중앙아시아 국가들과 마찬가지로 1991년 소련으로부터 독립했다. 독립 후 국명은 '키르기스스탄 공화국'이었으나 1993년 5월 이를 다시 '키르기스 공화국'으로 바꾸며 '스탄'을 뺐다.

3. 모굴 칸국과의 관계

개관

모굴 칸국(Moghul Khanate, 1347-1680)은 '루' 두글라트에서 설명했듯이 1347년 차가다이 칸국이 동·서로 분리되었을 때의 동차가다이 칸국을 지칭한다. 이 칸국은 트란스옥시아나 지역을 티무르에게 넘겨주며 영토가 모굴리스탄과 타림분지로 축소되었지만, 1397년경 히즈르 호자 칸이 딸을 티무르에게 시집보내며 왕국을 안정시켜나갔다.

티무르가 1405년 중국 원정 준비 중 오트라르에서 사망하여 킵차크 칸국에 대한 티무르의 영향력이 사라지자, 1428년 아불 하이르가 카자흐스탄 초원에서 우즈벡 칸국을 건설하며 제티수 지역에서 모굴 칸국과 긴장 관계를 형성했다. 아불 하이르는 또한 1451년 티무르의 후예들인 벌인 계승 전쟁에서 아부 사이드(티무르의 셋째 아들 미란 샤의 손자)가 압둘라 미르자(티무르의 넷째 아들 샤 루흐의 손자)를 제치고 사마르칸트의 권좌를 차지하도록 도우며 과거 차가다이 칸국의 영역이

모굴 칸국의 약식 가계도

투글룩 테무르
(1347-1362)
[차가다이 후손]
일리야스 호자
(1362-1365)
히즈르 호자
(1389-1399)
시르알리
(?-?)
우와이스
(1418-1429)
유누스
(1469-1486)
에센 부카
(1429-1462)
마흐무드
(1487-1508)
아흐마드
(1486-1504)
두스트 무함마드
(1462-1469)
만수르
(1504-1543)
사이드
(1514-1533)
케벡
(1469-1472)

던 트란스옥시아나에서 영향력 확대를 시도했다.

서몽골 지역에서 흥기한 오이라트도 모굴 칸국 방면으로 세력을 확장시키려 하고 있었다. 우와이스 칸(1418-1429) 재위 시 모굴 칸국은 일리, 쿠처, 투르판 등지에서 오이라트의 에센 타이시의 침입을 받았고, 우와시스는 몇 차례 포로가 되었다가 마지막으로 잡혔을 때에는 자신의 누이를 에센 타이시에게 시집보낸 후 풀려날 수 있었다.

모굴 칸국이 이와 같이 우즈벡 칸국 및 오이라트와 긴장 관계에 있을 때 아불 하이르에 복속해 있던 케레이와 자니벡이 1450년 중반경 아불 하이르로부터 떨어져 나왔다. 우와이스가 사망한 후 아들인 에센 부카 2세와 유누스가 차례로 계승자가 되었는데 이들은 케레이와 자니벡이 카자흐 칸국을 건설하는 데 많은 도움을 주었다. 에센 부카 2세는 케레이와 자니벡이 제티수 서부지역(탈라스와 추강 사이)에 정착할 수 있도록 허락했고, 유누스는 1468년 우즈벡 칸국에 대항하는 카자흐 칸국을 도우러 왔다가 아불 하이르의 아들(샤 부닥)을 살해했다.

카자흐, 모굴, 우즈벡 칸들의 족보를 거슬러 올라가면 모두 칭기즈칸의 후손들이다. 그런데 모굴 칸국이 샤이반의 후손이 세운 우즈벡 칸국보다 오르다의 후손이 세운 카자흐 칸국에 더 우호적이었다는 것이 흥미롭다. 카쉬가리아에 영지를 갖고 모굴 칸국에서 킹메이커 역할을 했으며, 오늘날 카자흐스탄의 대주즈에 속한 두글라트가 영향을 미친 까닭일 수도 있다.

모굴 칸국은 트란스옥시아나를 되찾기 위해 아부 사이드와 대결하는 한편, 자신들의 영역으로 세력을 팽창하려는 우즈벡 칸국과 오이라트를 견제해야 했는데, 이러한 주변 정세도 모굴 칸국이 카자흐 칸국을 돕는 배경이 되었다.

모굴 칸국의 유누스가 후술하듯이 티무르의 후손으로부터 서차가다이 칸국의 영역이던 타슈켄트와 사이람을 1484년에 되찾았지만, 1503년 유누스의 두 아들(마흐무드와 아흐마드)이 페르가나 계곡에서 벌어진 무함마드 샤이바니와의 전투에서 패해 이 지역을 우즈벡 칸국에게 빼앗기고 영토가 모굴리스탄과 타림분지로 축소되었다. 그리고 이때 카자흐 칸국은 모굴 칸국과의 우호 관계를 깨뜨리고 모굴리스탄으로 진출해 16세기 중반 카자흐 칸국의 학나자르 칸이 모굴 칸국의 압둘 라시드 칸으로부터 제티수와 천산 북방의 일리를 빼앗았다.

에센 부카 2세와 유누스

1429년 우와이스 칸이 죽은 후 에센 부카 2세(1429-1462)와 유누스(1469-1486) 사이에 후계자 경쟁이 벌어졌다. 동생인 에센 부카가 두글라트의 아미르(사이드 알리)의 지지를 받고 승리하자 1429년 유누스는 사마르칸트의 통치자 울룩 벡에게 망명했다. 우와이스의 딸이 울룩벡의 아들(압둘 아지즈 미르자)에게 시집을 가서[39] 두 가문은 사돈 관계였다.

에센 부카 2세는 케레이와 자니벡이 1450년대 중반 우즈벡 칸국의 아불 하이르로부터 떨어져 나왔을 때 모굴 칸국의 변경에 자리잡

39 Uwais Khan from Wikipedia

도록 도와주었다. 그가 케레이와 자니벡을 도와준 동기는 앞에서 얘기했듯이 주치 후손들과의 친소 관계와 더불어 트란스옥시아나 군주 아부 사이드(울룩 벡의 조카)와 우즈벡 칸국의 아불 하이르에 대항하기 위한 것이었다. 이는 결과적으로 카자흐 칸국이 탄생하는 데 기여하였다.

에센 부카 2세는 트란스옥시아나를 되찾기 위해 시르다리야 연안의 사이람, 투르키스탄 시, 타슈켄트에 침입했다. 당시 이 지역은 아부 사이드가 통치하고 있었는데 우즈벡의 아불 하이르가 조금씩 침식해오고 있었다.

아부 사이드는 에센 부카 2세의 세력을 약화시키기 위해 이란의 시라즈에 망명해 있던 유누스를 불러들여 군대를 주고 에센 부카 2세와 싸우도록 했다(1456년). 유누스는 동생을 권좌에서 밀어내는 데는 실패했지만 이식쿨과 일리 지역에서 독자적인 세력을 형성했고, 에센 부카 2세는 악수와 율두스, 위구리스탄 등 동부지역의 군주로 계속 남았다.

에센 부카 2세가 1462년 자연사하자 유누스에게 모굴 칸국 전체를 차지할 기회가 왔다. 두글라트의 유력자들은 에센 부카 2세의 아들이자 계승자인 두스트 무함마드 지지 그룹과 유누스 지지 그룹으로 나뉘었는데 종국에는 반대파도 유누스 편으로 돌아섰다. 이런 상황 하에 1469년 두스트 무함마드가 사망하자 유누스는 모굴 칸국의 수도인 악수를 점령했다. 두스트 무함마드가 죽은 후 그의 추종자들이 두스트 무함마드의 어린 아들 케벡 2세를 데리고 위구리스탄으로 가 그를 칸으로 선포했다. 그러나 이들은 1472년 케벡을 살해한 후 그의 머리를 가지고 유누스에게로 왔다. 유누스는 조카 손자의 죽음에 경악하고 살해자들을 처형했다. 그러나 케벡이 사망함에 따라 결과적으로 유누스는 모굴 칸국의 유일한 군주가 되었다.

유누스도 에센 부카 2세와 마찬가지로 카자흐 칸국을 지원했다. 그는 우즈벡 칸국에 대항하는 카자흐 칸국을 도우러 왔다가 1468년 타슈켄트 인근에서 아불 하이르의 아들이자 샤이바니의 부친인 샤 부닥을 기습하여 살해했다. 또한 1470년 초에는 우즈벡 칸국에 끝까지 충성하던 집단을 무력화시켰다.

유누스는 티무르 후예들과 혼인 관계를 맺으며 세력을 더 키웠다. 그는 자신을 도와주었던 아부 사이드의 아들들에게 딸 둘을 시집보냈다. 1469년 아부 사이드가 백양왕조의 우준 하산에게 살해된 후 트란스옥시아나의 군주가 된 아흐마드 미르자와, 페르가나를 영지로 받은 우마르 셰이흐가 이들이었다. 페르시아의 사파비가 샤이바니에게 승리한 후 트란스옥시아나로 불러들인 바부르는 우마르 셰이흐의 아들이자 유누스의 외손자였다.[40]

우마르 셰이흐는 타슈켄트에 대한 통치권을 놓고 형 아흐마드 미르자와 분쟁했는데, 유누스는 장인으로서 1484년 두 형제의 분쟁을 중재하며 오히려 타슈켄트와 사이람을 차지했다. 그는 타슈켄트를 거처로 정하고 1486년 그곳에서 사망했다.[41]

---

40 Qutlugh Nigar Khanum from Wikipedia

41 르네 그루쎄, 앞의 책, 686쪽.

모굴 칸국의 멸망

유누스가 사망한 후 큰아들 마흐무드가 서부지역(제티수·타쉬켄트·페르가나 등)을, 동생 아흐마드는 동부지역(일리·카쉬가리아·투르판 등)을 물려받았다. 앞서 얘기했듯이 마흐무드는 샤이바니에게 투르키스탄 시를 식읍으로 주었는데 샤이바니는 이에 만족하지 않고 타슈켄트까지 빼앗으려 했다. 이에 형제는 1503년 페르가나 계곡의 아흐시에서 샤이바니와 전투를 벌였으나 패하고 포로로 잡혔다. 샤이바니는 이들을 풀어주는 대신 타슈켄트와 사이람을 차지했다. 이 사태 후 아흐마드는 1504년 사망하고, 마흐무드는 1508년 샤이바니에게 다시 도전했다가 사로잡혀 처형되었다. 이들의 죽음으로 모굴 칸국은 서투르키스탄에서 세력을 상실하고 모굴리스탄과 타림분지로 영토가 축소되었다.

아흐마드의 아들 만수르(1504-1543)가 투르판를 중심으로 타림분지를 통치했는데 카쉬가리아(타림분지 서부지역)에 세력을 갖고 있던 두글라트의 수령 아바 바크르[42]가 만수르에게 대항했다. 그러자 만수르의 동생 사이드 칸(1514-1533)이 1514년 아바 바크르로부터 야르칸드, 카슈가르, 호탄 등 카쉬가리아의 주요 도시들을 빼앗고 그를 라다크 지방[43]으로 쫓아냈다. 아바 바크르를 쫓아낸 후 사이드 칸과 만수르는 악수와 쿠처 사이를 경계로 서쪽(카쉬가리아)은 야르칸드와 카슈가르

42 에센 부카 2세와 유누스의 후계자 경쟁 때 에센 부카 2세를 지지해던 사이드 알리의 손자.

43 주민 대부분은 티베트계 라마교도이나 현재는 인도령 잠무카슈미르주에 속해 있고, 중국은 티베트 쪽으로 돌출된 북동부를 중국령이라 주장하고 있다.

를 중심으로 사이드 칸이, 동쪽은 투르판에 계속 근거를 두고 만수르가 지배했다. 사이드 칸이 지배하는 지역을 카슈카르(또는 야르칸드) 칸국, 만수르의 지배 영역은 투르판 칸국이라고도 하였다. 투르판 칸국은 이슬람 전파를 위해 하미와 감숙성 방면에서 명나라와 성전을 벌이기도 했으나 1678년 준가르의 갈단에게 투르판과 하미를 점령당하며 사라졌다.

카슈카르 칸국에서는 압둘 라시드(1533-1565)가 아버지 사이드 칸을 계승했다. 그는 권력 기반을 다지기 위해 두글라트의 수령들을 제거했다. 그중 한 명이 사이드 무함마드 미르자로, 역사가이자 정치가인 하이다르 미르자의 숙부였다. 하이다르 미르자는 중앙아시아 몽골인의 역사서로 유명한『라시드사』를 저술한 인물로, 그의 모친이 유누스 칸의 딸이었으므로 하이다르는 칭기즈칸의 후손이기도 했다. 압둘 라시드는 천산 북방으로 진출하려는 카자흐 칸국의 학나자르 칸과 전쟁을 했으나 오히려 아들 압둘 라티프가 사망하고 일리 등 천산 북방을 빼앗겨 영토가 타림분지로 축소되었다. 모굴 칸국의 칸과 두글라트의 불화가 이에 영향을 미쳤을 것으로 짐작된다.

17세기 들어 준가르의 흥기와 청나라의 등장으로 모굴 칸국은 타림분지의 영토마저도 축소되다가 마지막에는 카쉬가리아를 중심으로 세력을 유지했는데 그나마도 낙쉬반드 교단 소속의 호자[44]에서

44 낙쉬반드 교단의 종교 지도자를 뜻하나, 예언자 무함마드와 라시둔 칼리프의 후손을 의미한다는 견해도 있다.

기원한 흑산당(근거지 야르칸드)과 백산당(근거지 카슈가르)[45]의 영향 아래 놓이게 되었다. 낙쉬반드 교단은 15세기 말 부하라 출신의 바하 앗 딘 낙쉬반드가 창안한 이슬람 수피 교단의 하나로 이 교단의 호자들은 아흐마드, 만수르, 사이드 칸 등 몽골 군주들을 개종시키며 타림분지의 이슬람화를 공고히 하는 한편, 강력한 종교적 세속적 세력을 구축하고 있었다.

1677년경 카슈가르 칸국의 최후의 칸 이스마일이 백산당의 영수인 호자 아팍크를 카슈가르에서 추방하자 아팍크는 티베트로 망명해 달라이 라마에게 도움을 요청했다. 달라이 라마(가방 롭장)는 자신의 제자였던 준가르의 갈단에게 아팍크가 다시 카슈가르의 권좌에 복귀할 수 있도록 도와줄 것을 부탁했다.

갈단은 이를 카쉬가리아에 대한 지배권을 확립하는 좋은 기회로 받아들이고 1680년경 아팍크를 앞세워 카슈가르와 야르칸드를 점령했다. 갈단은 이스마일 칸을 포로로 잡아 쿨자에 구금시키고, 야르칸드에 주재하던 흑산당의 영주도 쫓아내고 호자 아팍크로 하여금 그곳을 관리하도록 했다. 이렇게 하여 차가다이 후손에 의해 명맥이 유지되던 모굴 칸국은 종말을 고하고 카쉬가리아는 준가르의 피보호령이 되었다.

1757년 준가르가 청나라에 멸망한 후 카쉬가리아도 1759년 청나

---

45 16세기 말 호자 아흐마드 카사니의 아들 호자 이스학과 또 다른 아들 무함마드 아민, 그리고 그의 아들인 유스프가 카쉬가리아로 와서 포교 활동을 했는데 이들은 점차 파벌을 만들며 대립과 경쟁을 하게 되었다. 호자 이스학을 따르는 집단을 흑산당, 호자 유스프와 그의 아들 아팍크을 따르는 집단을 백산당이라 했다. 이들은 포교뿐만 아니라 추종 세력들을 규합하여 킹메이커 역할을 하며 세속 권력도 가지고 있었다.(김호동, 앞의 책, 189쪽.)

라에 정복되어 타림분지 전체가 청나라 수중에 떨어졌다. 코칸드 칸국의 지원을 받는 호자들이 타림분지에서 무슬림 해방을 위한 독립투쟁을 했지만 코칸드 칸국이 1876년 러시아에 병합되고 1877년 야쿱 벡 무슬림 정권[46]도 청나라에 의해 붕괴되며 실패로 끝나고 말았다. 청나라에 정복된 천산 북방의 준가르 영역과 타림분지의 모굴 칸국의 영역이 현재의 신장위구르자치구이다.

---

46 1864년 쿠처에서 무슬림 봉기가 일어나자 코칸드 칸국의 장군 출신인 야쿱 벡이 1865년 1월 카쉬가리아에 와서 세운 무슬림 왕국.

4. 오이라트(준가르)제국과의 관계

개관

오이라트제국은 칭기즈칸의 몽골제국이 몰락한 후 서몽골[47] 세력의 주도하에 세워진 왕국을 말한다. 오이라트(Oirat)는 칭기즈칸 시대에는 오이라트 부족(집단)이란 의미로, 14세기 후반 몽골제국이 쇠락한 이후에는 4개 부족의 연합체인 오이라트 연맹이라는 의미로 사용된 것으로 보인다. 오이라트는 이슬람권과 러시아에서는 칼묵, 서양에서는 준가르라 불렸다.

라시드 앗 딘의 『집사1 부족지』에 따르면 오이라트는 셍키스 무렌이라는 지역에 거주했다. 이곳은 예니세이강 상류의 켐강 부근이

[47] 몽골인은 전통적으로 알타이산맥을 기준으로 하여 그 서쪽을 서몽골, 동쪽을 동몽골이라 불렀다. 동몽골을 다시 고비사막을 중심으로 하여 그 북쪽을 북몽골, 남쪽을 남몽골이라 했다.(고마츠 히사오, 앞의 책, 285쪽.)

다.[48] 이들은 칭기즈칸이 몽골고원을 제패해나갈 때 나이만 편에 서며 오랫동안 저항했다. 그러나 칭기즈칸이 메르키트의 수령 톡타이 베키와 나이만 군주의 아들인 쿠쉴룩을 공격하기 위해 1208년 이르티시강 부근으로 출정했을 때 쿠투카 베키를 수령으로 하는 오이라트와 마주쳤고, 이때 오이라트는 칭기즈칸에게 귀순하고 안내자 역할을 했다.

칭기즈칸에 복속한 후 오이라트족과 칭기즈칸 일족은 상호 혼인을 하며 사돈과 의형제 관계를 맺었다. 칭기즈칸은 둘째 딸 치체겐을 쿠투카 베키의 아들인 투랄치 쿠레겐에게 시집보냈고, 이들에게서 태어난 자녀들은 차가다이가, 훌레구가, 주치가의 자녀들과 혼인을 했다.

14세기 후반 몽골제국이 붕괴하면서 오이라트는 초로스·두르베트·토르구트·호쇼트 등 4개 부족의 연맹을 뜻하는 것으로 알려지게 되었다. 초로스와 두르베트 수령들은 동일한 가계에 속했고, 토르구트는 케레이트 군주들의 후손에게 충성을 바치는 집단이었다. 호쇼트의 지배자들은 자신들이 칭기즈칸의 첫째 동생 주치 카사르의 후손이라 주장했다.[49]

오이라트는 몽골고원 동부 방면에서는 북중국을, 서부 방면에서는 모굴·우즈벡·카자흐 칸국을 위협했다. 군주 에센 타이시는 수차례 모굴 칸국을 원정하여 우와이스 칸을 포로로 잡았으며, 약탈 원정

48 김호동, 앞의 책, 180쪽.

49 르네 그루쎄, 앞의 책, 721쪽.

대는 1456년경 우즈벡 칸국의 아불 하이르 칸을 공격하여 시그낙으로 도망치게 했다.

카자흐 칸국은 1468년의 전투에서 아불 하이르를 패사시키고 우즈벡 칸국을 카자흐스탄 초원에서 몰아냈다. 이후 모굴 칸국의 마흐무드와 아흐마드가 사망하여 세력이 약해진 상황을 이용해 모굴 칸국의 영토인 제티수와 천산 북방 방면으로 진출했다. 카자흐 칸국이 천산 북방의 일리 지역을 차지했을 때, 카자흐 칸국은 17세기 초 동몽골에 의해 호브도[50]에서 타르바가타이 방면으로 밀려난 준가르(오이라트)와 충돌하게 되었다.

카자흐 칸국은 준가르와의 대결에서 패해 카자흐스탄 남부지역으로 밀려나며 계속 수세에 몰렸다. 준가르의 수령 바아투르 홍타이지는 1635년 카자흐 칸국의 대주즈에 원정을 하여 테우케 칸(체왕 랍탄의 사신단을 살해한 인물)의 선친인 야항기르(자항기르)를 포로로 잡았다. 한편 갈단의 휘하에 있던 체왕 랍탄은 1680년대 카자흐 칸국의 타라즈 등 남부지역을 원정하여 카자흐인을 더 서쪽으로 물러나게 했다.[51] 카자흐 칸국은 1690년 준가르가 청나라와의 전쟁에 발목이 묶여 있는 기회를 이용하여 세력을 일시 회복했으나 1723년 체왕 랍탄의 공격을 받고 주즈 연합이 와해되었다. 이에 카자흐 칸국은 자구책의 일환으로 소주즈를 필두로 러시아에 자발적으로 복속하게 되었으며, 이는 결과적으로 오늘날 카자흐스탄이 영토를 보존하고 독립국가를

50 몽골 서부에 있는 호브도주의 주도로 알타이산맥 북쪽에 있다.

51 Galdan Boshugtu Khan from Wikipedia

이루는 데 기여했다.

오이라트(준가르)제국

오이라트는 두 번의 강력한 제국을 건설했다. 첫 번째는 오이라트의 수령 토곤이 1434년경 동몽골의 실력자 아다이[52]를 살해하고 건설했다. 그는 칭기즈칸 후손을 명목상의 칸으로 내세우고 타이시[太師]로서 전권을 휘둘렀다.

토곤의 아들 에센 타이시(1438-1453)가 오이라트 군주가 되었을 때 영토는 바이칼호에서 발하슈호, 그리고 바이칼호에서 만리장성의 북부까지 달했다. 카라코룸, 오아시스 도시 하미, 중국의 열하 지역도 영역의 일부였다.[53] 에센 타이시는 1438년 제위에 오르기 전부터 모굴 칸국의 우와이스 칸과 수차례 전투를 하여 패배시키고 몇 번은 포로로 잡았다. 우와이스 칸이 마지막으로 잡혔을 때 그는 자신의 누이(마흐툼)를 시집보내는 조건으로 풀려날 수 있었다. 에센 타이시는 1449년 토목보(土木堡)[54]에서 명나라 황제 영종을 포로로 잡았으나 대가도 받지 않고 황제를 풀어주어 오이라트인들에게 실망감을 주었다. 이런 실망감에 더하여 1453년 그가 명목상 내세운 칸을 죽이고 칭기즈칸의 혈통을 중시하는 몽골인의 관념을 무시한 채 스스로 칸이라 칭하자 곧 살해되고 제국도 붕괴되었다(1453년).

---

52 몽골 동부에 있는 호르친(친위병을 의미) 부족의 지도자로 칭기즈칸 동생의 후손이다.

53 르네 그루쎄, 앞의 책, 703쪽.

54 하북성 장가계시 화래현에 있다.

에센 타이시가 죽자 칭기즈칸 일족이 서서히 재기했다. 그 선두주자는 다얀 칸(1487-1524)이었다. 칭기즈칸의 직계 후손인 그는 가문의 권위를 부활시켜 자신의 지배하에 들어온 몽골인들은 6만 호로 재편하였다. 이들 6만 호는 좌익(차하르, 우량카이, 할하)과 우익(투메드, 오르도스, 웡시에부)에 3만 호씩 배치되었으며, 다얀 칸이 속한 차하르부에서 칸이 배출되었다. 그의 손자로 투메드부(중심지 후흐호트)에 속한 알탄 칸(1543-1583)은 에센 타이시 사후 제국은 와해되었지만 몽골제국의 상징인 카라코룸을 여전히 차지하고 있던 오이라트를 1552년 호브도 지역으로 몰아냈다.

오이라트는 호브도에서도 17세기 초 동몽골의 압력을 받아 다시 타르바가타이 방면으로 더 밀려났다.[55] 이때 부족 연맹 중 초로스, 두르베트, 호쇼트의 일부가 타르바가타이 인근에 정착한 반면, 토르구트는 카스피해 방면으로, 호쇼트의 다른 일부는 청해로 이주했다. 이러한 상황에서 초로스는 두르베트와 그 속부(屬部)인 호이트와 연맹하며 두 번째 오이라트제국을 건설하게 되는데 이를 준가르제국(Dzungar Khanate, 1600 초-1757)이라고도 한다.

준가르의 타르바가타이 방면으로의 진출은 일리에 진출해 있던 카자흐 칸국과의 충돌을 불가피하게 만들었다. 초로스 부족을 타르바가타이에 정착시킨 수령은 카라 쿨라로 에센 타이시의 후손이었다.

---

55 르네 그루쎄, 앞의 책, 727쪽.

카라 쿨라가 1634년경 사망하자 아들 바아투르 홍타이지(1634-1653)가 후계자가 되었다. 그는 1635년 투르키스탄 시에서 일리에 걸쳐 유목하고 있던 카자흐 칸국의 대주즈에 원정을 하여 야항기르를 포로로 잡고, 이들을 일리에서 몰아냈다.

바아투르 홍타이지가 죽은 후 왕위가 아들 셍게에게 넘어갔는데, 그는 1671년경 이복형제들에 의해 살해되었다.

바아투르 홍타이지의 넷째 아들로 티베트 라사에서 공부하고 있던 갈단은 1676년경 귀국하여 이복형제들을 살해하고 준가르의 군주(1676-1697)가 되었다. 그는 또한 이복형제와의 싸움에서 자기를 지원했던 호쇼트의 지도자인 오치르투 세첸[56]도 1677년 살해하고 자이산호[57] 인근의 영토와 부민들을 병합했다. 이에 달라이 라마는 갈단에게 '보슉투'(신성한 은혜를 받은 사람) 칸이라는 칭호를 부여하여 칭기즈칸의 후손이 아닌 갈단이 칸으로 칭할 수 있는 권위를 갖도록 해주었다. 이후 갈단은 서쪽으로는 카자흐스탄 방면, 동쪽으로는 외몽골까지 진출하며 준가르제국의 전성기를 이끌었다.

갈단과 체왕 랍탄

이복형제와 오치르투 세첸을 살해하고 천산 북방에서 군주 자리를

56 17세기 초 호쇼트부 백성들을 호브도에서 자이산호와 이르티시강 유역으로 이주시킨 바이바가스 바아투르의 아들.

57 타르바가타이산맥과 알타이산맥 사이에 있는 호수로 동서 길이 100km, 최대폭 30km이다. 카자흐스탄에 속하며 이르티시강이 흘러들어가 형성된다.

굳힌 갈단은 관심을 타림분지로 돌려 1678년 투르판 칸국, 1680년경에는 카슈가르 칸국을 제압하였다.

천산 북방과 타림분지를 장악한 갈단은 동몽골을 복속시키고(1635년) 중국(명나라)을 정복한(1644년) 여진족의 청나라와 한판 승부를 벌이려 했다. 그는 과거에 몽골인의 명령을 듣던 자들에게 노예로 있을 수는 없다며 몽골의 제족이 단결하여 여진인으로부터 극동의 제국을 찾자고 호소했다. 그러나 동몽골의 왕공들은 혼인과 동맹서약을 통해 청나라와 이미 긴밀한 관계를 맺고 있어 이러한 호소는 소용이 없었다.

어쩔 수 없이 무력으로 동몽골을 제압할 기회를 보던 갈단은 자신의 형제가 할하(외몽골) 부족에게 살해된 사건을 구실로 1688년 할하를 침입했다. 이에 할하의 왕공들은 고비사막 남쪽으로 내려가 청나라의 강희제(1661-1722)에게 도움을 요청했다. 갈단이 외몽골을 장악한 후 내몽골까지 정복하려 하자 강희제와의 한판 대결이 불가피했다. 강희제는 갈단과의 일전에 앞서 1689년 러시아와 네르친스크 조약을 맺고 러시아가 준가르를 지원할 가능성을 사전에 차단했다.

1690년 가을, 갈단이 내몽골로 진격해 강희제에게 맞섰으나 예수회 선교사들이 제작한 대포로 맞서는 청나라 군대를 상대할 수가 없어 퇴각하였다. 1695년 재차 전쟁이 발발했고, 1696년 봄 강희제가 병력을 이끌고 케룰렌강에 주둔하고 있는 갈단을 향하자 갈단은 이번에도 퇴각했다. 그러나 강희제 휘하의 장군이 자운 모도[58]에서 갈단

58 올란바토르 남쪽에 위치한 지명.

과 조우하여 격파했다. 막대한 타격을 입은 갈단은 알타이 지방으로 도주했으나 1697년 4월 사망했다.

갈단이 사망한 후 그의 조카이자 셍게의 아들인 체왕 랍탄(1697-1727)이 준가르 왕좌에 올랐다. 할하를 보호령으로 만든 청나라는 갈단이 죽었고 체왕 랍탄이 일리에서 갈단에게 반란을 일으킨 적이 있었기에 그가 타르바가타이와 일리 지역에서 준가르의 왕좌에 오르는 것을 방관하며 청나라의 동맹자가 되리라 보았다.[59] 그러나 그는 티베트 불교 내에서의 정치적·종교적 불안을 계기로 청나라와 대립했다. 이 대립의 중간에 과거 오이라트 연맹을 구성했던 호쇼트가 끼어 있었다. 결론적으로 후술하듯이 체왕 랍탄은 호쇼트를 제압하고 일시적으로 티베트를 정복하지만, 곧 청나라의 반격으로 티베트에서 쫓겨나고 티베트는 청나라의 지배를 받게 된다.

체왕 랍탄은 티베트에서는 밀려났지만 제티수 방면에서는 성과를 거두었다. 앞서 얘기했듯이 카자흐 칸국의 테우켄 칸은 1698년 체왕 랍탄이 보낸 사신과 사절단 500명을 살해하며 준가르에 대해 적의를 드러냈다. 이에 체왕 랍탄은 보복 공격을 준비했다. 본격적인 공격은 1722년 강희제가 사망하고 청나라와의 전쟁이 소강상태에 빠졌을 때였다. 체왕 랍탄은 1723년 카자흐 칸국을 공격하여 주즈 연맹을 와해시키고 대주즈와 중주즈의 일부 수령들로부터 복속을 받아냈다. 체왕 랍탄의 공세는 그가 사망한 1727년까지 지속되었는데 카자흐스탄에서는 이 기간을 '대고난의 시대'라 부른다.

---

59 르네 그루쎄, 앞의 책, 734-735쪽.

준가르제국의 멸망

청나라에서는 강희제가 사망한 후 아들 옹정이 즉위했고, 준가르에서는 1727년 체왕 랍탄이 사망하고 아들 갈단 체렝이 후계자가 되었다. 준가르와 청나라는 국지적으로 계속 전쟁을 했지만 청나라가 1735년 화평을 제의하여 양측은 1745년 갈단 체렝이 사망할 때까지 비교적 평화롭게 지냈다.

그러나 준가르는 갈단 체렝 사망 후 혼란에 빠졌다. 1753년 체렝 돈돕[60]의 손자 다와치가 체왕 랍탄의 외손자인 아무르사나의 지원을 받아 쿨자로 진격해 다르자라는 칸를 살해하고 칸에 올랐다. 칸에 오른 다와치는 조력자 아무르사나가 일리에 근거를 두고 독립 군주처럼 행세하자 공격하여 쫓아냈다. 쫓겨난 아무르사나는 1754년 두르베트·호이트·호쇼트의 수령들과 함께 청나라로 가서 건륭제(1736-1799, 옹정제의 아들)의 신하가 되겠다고 했다.[61] 건륭제는 이를 준가르의 내정에 개입할 호기로 보고 1755년 봄 반디 장군이 지휘하는 군대와 아무르사나를 준가리아로 보냈다. 반디는 쿨자에 무혈 입성했고, 다와치는 붙잡혀 북경으로 호송되어 1759년 자연사했다.

청나라는 준가르를 해체하여 초로스, 두르베트, 호쇼트, 호이트 등 부족별로 칸을 임명했다. 준가르의 군주가 될 것이라 기대했던 아무르사나가 실망감을 내비치자 반디는 그를 강제로 북경으로 보냈다. 그러나 아무르사나는 도중에 탈출하여 주민들에게 청나

60 체왕 랍탄의 동생으로 쿤룬산맥을 넘어 티베트 원정을 한 인물.

61 르네 그루쎄, 앞의 책, 742-743쪽.

라의 지배에 대항하자고 호소했다. 성급하게 군사를 감축했던 반디는 1755년 여름 아무르사나의 포위 공격을 받고 절망한 나머지 자살했다.

그러나 아무르사나의 저항은 오래가지 못했다. 건륭제는 1757년 조혜 장군을 보내 아무르사나를 격파하고 준가르를 복속시켰다. 준가르가 청에 정복된 후 이 지역에는 인구 공백이 발생했다. 인구의 4할은 천연두로 사망했고, 3할은 청나라군에 살해되었으며, 2할은 카자흐 칸국으로 도망갔고, 1할만 고향에 남았다.[62] 이 인구 공백을 카스피해 방면으로 이주했던 토르구트 부족이 1771년 귀환하여 메웠다.

청나라 군대가 1755년 일리에 입성 시 흑산당계 호자들이 카쉬가리아를 통치하고, 백산당계 호자들은 일리에 감금되어 있었다. 청나라 군대는 흑산당을 제압하기 위해 일리에 구금되어 있던 백산당의 지도자인 호자 형제(부르한 앗딘과 야흐야)를 석방하고, 이들과 연합하여 흑산당을 타도하였다. 청나라는 준가르에 복속해 있던 카쉬가리아도 자연히 청나라의 일부가 될 줄 알았으나 호자 형제들이 청나라에 반대하며 독자적인 왕권을 세우자 건륭제는 1758년 원정군을 보내 본격적인 정복전에 착수했다. 카쉬가리아의 중심도시 카슈가르가 1759년 투항했고, 호자 형제는 바다흐샨 산지로 도주했으나 키르기스인에게 피살되었다. 이로써 청나라가 준가르와 카쉬가리아의 정복을 끝냈고 이 지역은 오늘날 신장위구르자치구가 되었다.

---

62 김호동, 앞의 책, 208쪽.

오이라트와 티베트

티베트는 북으로는 쿤룬산맥, 남으로는 히말라야산맥, 서로는 파미르고원으로 둘러싸여 있지만 파미르고원의 산악 실크로드를 통해 타림분지 서부와 인도, 서투르키스탄으로 갈 수가 있고, 동부의 하서회랑을 통해서는 타림분지·몽골·중국과 연결되어 있어 이 지역 사람들은 고대부터 실크로드의 주요 참여자였다.

『사기열전 2』에 한나라가 흉노와 강족[63]의 교류를 끊기 위해 하서회랑에 주천군을 두었다는 내용이 나오는데, 이는 하서회랑을 통해 티베트가 오래전부터 북방 유목 세력과 긴밀한 교류를 했음을 알려주는 것이다. 당나라의 고선지 장군이 파미르고원을 원정하여 티베트 세력을 축출한 사실도 티베트가 파미르고원을 통해 외부 세계와 긴밀히 교류했음을 보여주는 것이다.

티베트의 고대 역사에 관해 알려진 것이 별로 없는데, 최초의 통일 왕조는 중국 문헌에 '토번(土蕃)'으로 나오는 티베트왕국이다. 이 왕국은 7세기 초 송첸 감포에 의해 세워졌으며, 하서회랑과 타림분지, 파미르고원의 실크로드를 놓고 당나라와 격돌하며 한때는 그 지역을 차지했다. 티베트는 천산 북방까지 진출하여 위구르와도 격돌했는데 이 사실은 위구르 카간의 비문에도 나타난다. 위구르의 10대 카간(알프 빌게)은 그의 비문에서 티베트와 카를룩의 연합군을 격파하

63 일반적으로 티베트계 종족으로 알려져 있으나 인도유럽어족에 속한다고 보는 학자도 있다. 이는 어근 분석을 통해 민족 명칭인 '羌'이 토하라어로 전차를 모는 사람이라는 뜻을 가진 'klank'와 동일하다는 데 근거를 두고 있다.(크리스토퍼 벡위드, 앞의 책, 648-649쪽.)

고 베쉬발릭[64]을 되찾았다고 했다.[65] 티베트와 당나라는 오랜 실크로드 전쟁 끝에 821년경 평화협정을 맺고, 이를 기념하는 '당번회맹비(唐蕃會盟碑)'를 라사에 있는 조캉 사원 앞에 세웠다. 그러나 티베트왕국은 이후 귀족들의 반란과 불교에 대한 과보호로 인해 왕권이 약해져 중앙집권적 왕조를 유지하지 못하고 여러 지방 왕조로 할거하다가 1240년대 칭기즈칸의 손자 쿠텐[66]에게 굴복했다.

원나라의 황제이자 대칸인 쿠빌라이와 그 후계자들은 7세기에 티베트에 전래된 티베트 불교를 숭상했다. 쿠빌라이는 유명한 티베트 승려 팍바를 불러들여 몽골인의 개종과 티베트인을 순응시키는 데 활용했다. 쿠빌라이는 1260년 즉위하자 팍바를 국사(國師)로 임명했다.

1368년 원나라가 몽골로 쫓겨난 후 티베트에서도 몽골 세력이 축출되었지만, 티베트는 중앙집권적 통일 왕조를 건설하지 못하고 종파별, 부족 단위로 분열되었다.

1552년 동몽골의 알탄 칸이 오이라트를 카라코룸에서 쫓아내며 강력해지자, 알탄 칸과 티베트의 승려 소남 갸초가 1578년경 청해(코코노르)의 차브치알에서 역사적인 만남을 가졌다. 이 자리에서 소남 갸초는 적통이 아닌 알탄 칸[67]을 쿠빌라이(몽골제국의 5대 대칸)의 전생

64 5개의 도시라는 의미로 우루무치 인근에 있으며 위구르제국과 코초 위구르왕조의 도읍지들 중 하나였다.

65 김호동, 앞의 책, 104쪽.

66 우구데이의 둘째 아들로 탕구트를 영지로 받았다.

67 동몽골을 통합시킨 다얀 칸의 손자(셋째 아들의 아들)이나 칸을 배출하는 차하르부 출

(轉生)으로 인정하며 그가 칸으로 칭할 수 있는 권위를 주고, 알탄 칸은 황교[68]의 소남 갸초에게 달라이 라마[69]라는 칭호를 주며 티베트 내 최고의 종교 지도자로 인정했다.

티베트는 17세기 중반 외부 세력을 라사로 불러들이는 상황을 초래했다. 그 발단은 티베트 불교계 내 황교(황모파)와 홍교(홍모파)[70]의 대결이었다. 달라이 라마의 반대파인 홍교의 어느 왕족이 1630년대 초 라사를 점령하자 가방 롭장(5대 달라이 라마)이 구시 칸[71]에게 지원을 요청했다. 이에 구시 칸이 라사로 원정하여 홍교를 몰아내고 가방 롭장을 1642년경 최고 종교 지도자로 선포했다. 코코노르와 동부 티베트를 지배하던 구시 칸은 황교의 보호자로 인정받아 사실상 티베트의 최고 실력자가 되었다.

달라이 라마(가방 롭장)는 앞서 얘기한 대로 갈단에게 보숙투 칸이라는 칭호를 주고 청나라에 대항하는 그를 지지했다. 1682년 가방

신이 아니었다.

68 14세기 후반에 승려 총카파가 홍교(紅敎)를 혁신하기 위하여 세운 라마교의 신파(新派)로 계율이 엄격하고 도덕적 교의를 중요시했다. 노란색 옷과 모자를 착용한다 하여 황모파라고도 하며 오늘날 티베트, 몽골 등지에서 믿는 라마교는 주로 이 종파에 속한다.

69 달라이는 몽골어로 바다, 라마는 티베트어로 스승을 뜻해 달라이 라마는 사해와 같이 넓은 지혜를 지닌 스승이라는 의미이다. 소남 갸쵸는 이 칭호를 2명의 교단 스승들에게 추존하고 자신은 3대 달라이 라마가 되었다.

70 7세기에 티베트에 전래된 불교의 변형인 라마교의 구파(舊派)로 붉은 옷에 붉은 모자를 착용한다 하여 홍모파라고도 한다.

71 17세기 초 호쇼트부 백성들을 호브도에서 자이산호와 이르타시강 유역으로 이주시킨 바이바가스 바아투르의 형제로, 1636년 호쇼트부의 일부 백성들을 이끌고 다시 코코노르로 이주하여 동부 티베트 지역에 정착했다.

롭장이 사망했는데도 그의 아들인 상게 갸초가 이 사실을 숨긴 채 어린 달라이 라마를 조종하며 계속 갈단을 지원했다. 1697년 갈단이 죽은 다음에야 이러한 사실을 알게 된 청나라는 티베트 내정에 개입하기로 했다. 코코노르에 있는 호쇼트의 라창 칸(구시 칸의 증손자)도 준가르에 경도된 상게 갸초의 행동에 불만이 있었으므로 청나라와 이해관계가 맞아떨어졌다. 이에 청나라의 지원을 받은 라창 칸이 1705년 라사로 쳐들어가 상게 갸초를 처형하고 어린 달라이 라마를 폐위시켰다.

호쇼트와 청나라는 이후 은밀하게 새로운 달라이 라마를 선출했다. 티베트에서 벌어지고 있는 이러한 상황을 우려한 체왕 랍탄은 1717년 6월경 동생 체렝 돈돕을 지휘자로 삼아 군대를 티베트로 보냈다. 체렝 돈돕은 호탄을 경유하여 쿤룬산맥을 넘는 대담한 행군으로 티베트에 진입해 낙추(Nagchu)에서 청나라 대표단과 사냥을 하고 있던 라창 칸을 공격했다. 라창 칸은 수개월간 저항을 하다가 라사로 퇴각했다. 라사의 포탈라궁에서 저항을 이어가던 라창 칸은 더 이상 버티지 못하고 도망치다가 1717년 12월에 살해당했고 이렇게 하여 호쇼트의 티베트 지배는 끝나게 되었다.

강희제는 티베트에서의 이와 같은 상황 반전을 방치할 수가 없었다. 그는 1720년 군대를 보내 준가르 군대를 격파하고 라사를 점령하며 티베트를 복속시켰다. 이 상태가 계속 유지되는 가운데 중국은 1965년 9월 티베트를 자치구로 지정하였다.

5. 제정러시아와의 관계

개관

카자흐스탄과 러시아는 북부와 서부에서 6,467km에 달하는 국경을 마주하고 있다. 이 국경의 대부분은 큰 산맥이 없는 초원이나 구릉지대로 단지 이르티시강, 이심강, 토볼강, 우랄강 등이 두 나라의 국경을 넘나들고 있다. 이러한 지리적 특성으로 두 나라는 과거부터 상호 이동이 용이했다. 또한 몽골고원에서 남러시아에 펼쳐진 약 7천km의 초원길을 통해 몽골고원이나 알타이산맥 인근에 사는 유목민들이 카자흐스탄 초원을 경유하여 남러시아 초원으로 활발하게 진출했다. 이 초원길 위에 알타이산맥, 천산산맥, 우랄산맥 등이 놓여 있지만 이 산맥들은 유목민이 이동하는 데 큰 장애가 되지 않았다. 오히려 이들 산맥에서 발원한 많은 강과 그 강들이 만들어낸 호수들은 초원을 풍요롭게 하여 유목민의 생활 기반인 가축들을 살찌웠다.

이 초원길을 통해 기원전 2000년경에는 인도유럽어족이 남러시아 초원에서 중앙아시아로 이동했고, 기원후에는 이와 반대로 흉노·킵차크·몽골 등이 몽골고원과 중앙아시아에서 남러시아 초원으로 이동했다.

몽골고원에서 일리 방면으로 쫓겨나 카자흐스탄 초원에 세력을 형성했던, 흉노의 후예로 보기도 하는 훈족은 2세기 후반경 남러시아 초원에 출현하여 고트족, 알란족 등을 제압하고, 5세기 중반에는 아틸라의 영도 아래 유럽을 공포의 도가니로 몰아넣었다.

카자흐스탄의 루에 속하는 킵차크는 11세기 중반경 남러시아 초원에 진출하여 강력한 세력을 구축했다. 13세기 중반 몽골은 남러시아 초원을 정복하고 오늘날 카자흐스탄과 남러시아 초원에 이르는 광대한 지역에 킵차크 칸국을 건설했다. 킵차크 칸국은 또한 여러 공국으로 나뉘어 있던 러시아를 속국으로 두었다.

킵차크 칸국의 칸들은 칭기즈칸의 후손이었지만 그 구성원의 상당 부분은 카자흐스탄의 부족이었으므로, 11세기 중반에 루 킵차크가 남러시아 초원에 진출한 때로부터 15세기 후반 러시아가 몽골의 굴레를 벗어날 때까지 러시아는 약 450년간 카자흐스탄에 약세를 보였다고 할 수 있다. 러시아에 대한 이러한 우위는 14세기 후반 몽골제국의 몰락과 16세기 러시아가 대포로 무장함에 따라 무너져, 16~18세기에 걸쳐 금장 칸국 전 지역이 러시아에 병합되어 러시아의 영토가 되었다.

16세기 중반 카잔과 아스트라한 칸국을 정복한 러시아는 1598년 시비르 칸국마저 정복하며 시베리아로 적극 진출하기 시작했다. 러시아가 시비르 칸국을 정복하고 얼마 지나지 않아 준가르는 천산 북방의 타르바가타이와 제티수 방면으로 진출해 카자흐 칸국을 위협했다. 카자흐 칸국은 준가르의 위협에 시달리다가 18세기 중반 러시아에 자발적으로 복속했다. 과거 러시아에 우위를 보이던 입장에서 180도 처지가 바뀐 것이다. 그러나 격변기에 러시아에 복속하기로 한 결정은 궁극적으로 독립국가 카자흐스탄의 탄생에 기여했다.

러시아는 카자흐 칸국을 접수한 후 중앙아시아의 칸국(부하라·코칸드·히바 칸국)들을 정복하며 서투르키스탄으로 진출했다.

러시아의 시베리아 진출

러시아는 15세기 후반 킵차크 칸국의 지배로부터 벗어나고 16세기 중반에는 금장 칸국의 대부분을 지배하며 시베리아 진출을 위한 발판을 마련했다.

시비르 칸국에서 설명하였듯이 러시아는 1598년 오비강 인근에서 벌어진 최후의 전투에서 퀴춤을 패배시키고 시비르 칸국을 정복하였다. 러시아는 시비르 칸국을 정복하는 과정에서 튜멘(1586), 토볼스크(1587) 등지에 군사기지를 세웠는데, 이 기지들은 나중에 극동 진출은 물론 중앙아시아로의 군사적·상업적 진출을 위한 전진기지 역할을 수행했다.

러시아는 시비르 칸국을 정복한 후 원정대를 파견하며 본격적으로 시베리아로 진출했다. 서구 열강이 인도, 아프리카, 아메리카 대륙으로 진출한 목적 중의 하나가 자원의 확보였듯이 러시아도 모피라는 자원을 확보하기 위한 것이 주목적이었다. 모피는 당시 유럽 부유

층 사회에서 인기가 높아 러시아의 모피 판매를 통한 수입은 1605년 국가재정 수입의 11%에 달할 정도였다.[72]

러시아 원정대는 모피를 찾아 동진하면서 17세기 중반에 오호츠크해[73]에 도달했는데 이는 무주공산이었던 시베리아를 러시아의 영토로 확보하는 결과로 이어졌다.

시베리아는 서구 열강이 진출한 지역과 다른 점이 많았다. 240년간 몽골의 지배를 받으며 교류와 투쟁을 이어온 러시아에게 시베리아의 환경과 지형은 그리 낯선 공간이 아니었다. 시베리아를 남북으로 흐르는 이르티시강, 오비강, 예니세이강 등 여러 큰 강들과, 이들을 동서로 연결하는 지천을 통해 시베리아는 상당 부분 촘촘히 연결되어 있어 원정대는 이 수로들을 이용하여 극동의 시베리아까지 진출할 수 있었다. 시베리아가 대부분 동토 지대로 외부 세계와 격리되어 있다는 것도 서구 열강이 진출한 지역과 다른 점이었다. 이 덕분에 서구 열강은 러시아의 시베리아 진출에 큰 관심을 기울이지 않았고, 러시아는 시베리아를 자기의 영토로 확고히 할 수 있었다.

원정대는 오호츠크해에 도달한 후 방향을 바꾸어 아무르강(흑룡강) 방면으로 남하했는데 이는 청나라와 영토 충돌을 불러일으켰다. 당시 청나라는 준가르의 갈단이 1688년 외몽골을 점령하고 내몽골까지 위협하고 있는 상황이어서 영토 분쟁을 조속히 매듭지을 필요가 있었다. 이런 연유로 청나라는 1689년 8월 12일 러시아와 네르친스크

72 김호동, 앞의 책, 196쪽.

73 시베리아, 캄차카반도, 쿠릴열도, 홋카이도, 사할린으로 둘러싸인 바다.

조약을 체결했다. 전문과 8개조로 이루어진 이 조약을 통해 양국은 아르군강[74]과 외(外)싱안링산맥(스타노보이산맥)이 바다(오호츠크해)에 이르는 선을 국경으로 정하고 평화롭게 지낼 것을 약속했다.

이 조약의 체결을 계기로 청나라는 준가르와의 전쟁에서 러시아의 중립을 확보하여 결국 승리를 거둘 수 있었다. 반면에 러시아는 극동 지역 진출을 위한 교두보를 마련하고, 19세기 중반 청나라가 애로호 사건[75] 등으로 서구 열강에 시달리는 기회를 이용하여 연해주까지 차지했는데, 이는 훗날 중국과 러시아 간 국경분쟁의 원인이 되었다.

이 조약은 또한 앞서 얘기했듯이 장차 중국이 동투르키스탄(신장위구르), 러시아가 서투르키스탄(트란스옥시아나)을 차지하는 시발점이 되었다.

러시아의 중앙아시아 정복

러시아가 17세기 중반 오호츠크해에 도달하며 시베리아 정복을 완료하고, 네르친스크조약으로 청나라의 서투르키스탄 진출이 저지됨에 따라 중앙아시아 칸국들은 점차 러시아의 영향권 안에 들어서게 되었다. 더구나 카자흐 칸국이 18세기 중반 러시아에 자발적으로 복속함으로써 러시아는 이들 칸국과 바로 이웃하게 되었다.

---

74 내몽골자치구에서 러시아와 중국의 경계를 이루는 길이 1,608km의 강으로, 실카강과 합류하여 아무르강이 된다.

75 1856년 영국 선적 밀수선 애로호가 청나라에 나포되었을 때 영국 국기가 모욕당한 사건을 말한다. 영국은 이를 빌미로 프랑스와 함께 1856-1860년 애로전쟁을 일으키며 톈진과 북경을 점령하고 청나라에 불평등 조약을 강요하였다.

러시아는 이들을 본격적으로 정복하기에 앞서 교역 및 인도로 가는 길에 대한 탐사에 관심을 보였다. 특히 히바 칸국은 고대 실크로드 도시인 메르브와 헤라트를 통해 인도와 국경을 마주한 아프가니스탄에 진입하기가 용이했으므로 러시아는 몇 차례나 히바 칸국에 원정대를 파견했다.

러시아의 인도로 가는 길에 대한 관심은 1600년 동인도회사를 설립하여 인도를 식민지로 만들고 있던 영국의 경계심을 불러일으켰다. 영국은 인도를 지키기 위해 러시아의 중앙아시아 진출을 저지시키려 했는데, 이 때문에 두 나라는 19세기 내내 인도로 가는 길목에 위치한 중앙아시아 칸국들을 두고 소위 '그레이트 게임'이라는 전략적 경쟁을 벌였다. 그러나 영국은 러시아가 부하라, 코칸드, 히바 칸국을 차례차례 정복하는 것을 막을 수가 없었고, 단지 인도와 이웃한 아프가니스탄으로의 진출을 저지하게 되자 그레이트 게임은 종료되었다.

러시아와 스웨덴의 북방전쟁[76]도 러시아가 중앙아시아 정복에 관심을 가지게 된 동기였다. 러시아는 전비 조달을 위해 많은 금이 필요했는데 중앙아시아에는 금이 많이 난다는 소문이 있었다.

1) 히바 원정

표트르 대제(1682-1725)는 1717년 4,000명으로 구성된 원정대를 히바

---

76 발트해의 지배권을 놓고 스웨덴이 러시아·폴란드·덴마크 등과 1700-1721년 벌인 전쟁으로 러시아는 이 전쟁에서 승리하여 발트해의 제해권을 확보하고 열강으로 등장하게 되었다.

로 보냈다. 히바로 먼저 원정대를 보낸 것은 그곳에 인도로 접근이 용이한 실크로드 도시가 있다는 것 이외에, 러시아가 아스트라한 칸국을 정복하여 카스피해로 진입이 용이한 볼가강을 장악했고, 또한 히바 칸국을 자주 약탈하던 토르구트 부족이 러시아에 우호적이었다는 전략적 이점 때문이었을 것이다.

원정대장은 캅카스 출신의 이슬람 귀족으로 기독교로 개종하고 러시아군에서 장교로 근무하던 알렉산드르 베코비치였다. 원정대는 1717년 4월 아스트라한에서 100척의 작은 배들을 타고 카스피해를 건너 6월 카스피해의 동안에 도착했다. 원정대는 폭염 속에 800km가 넘는 카라쿰사막을 건너며 많은 희생을 치르면서 가까스로 8월 히바 근교까지 도착했다.[77] 그러나 알렉산드르 베코비치는 우호 관계를 유지하고 싶다는 히바 칸의 속임수에 넘어가 히바 시내로 들어간 후 경계 태세를 소홀히 하고 군대를 분산 배치하는 실수를 범했다. 히바 군대는 분산 배치된 원정대를 공격하여 거의 몰살시키고 장교들의 머리를 히바 성문에 매달았다. 이렇게 하여 러시아 최초의 중앙아시아 원정은 실패로 끝났다. 당시 형식적으로나마 히바 칸국을 속국으로 간주했던 페르시아 사파비왕조의 군주(후사인)는 그 공로로 2만 루블에 상당하는 하사금을 내렸다.[78]

약 120년이 지난 후인 1839년 러시아는 히바 원정을 재개했다.

---

77 피터 홉커크 저, 정영목 역, 『그레이트 게임: 중앙아시아를 둘러싼 숨겨진 전쟁』(사계절, 2017), 40-41쪽.

78 백준기, 『유라시아 제국의 탄생: 유라시아 외교의 기원』(홍문관, 2014), 450쪽.

황제 니콜라이 1세의 친구이자 오렌부르크[79] 총독이던 페트로프스키가 원정대를 이끌었다. 표면적인 목적은 노예로 잡혀 있는 러시아인을 구출하고 카라반을 습격하는 투르크멘 약탈자를 제거한다는 것이었으나, 실제는 영국과의 그레이트 게임에서 전략적 우위를 점하기 위한 것이었다.

6월에 선발대가, 11월에 5,000명 이상의 본대가 오렌부르크를 출발해 2,400km 떨어진 히바로 진군했다. 1717년 4월 원정 시 폭염을 경험했기에 이를 피하기 위해 겨울을 택했으나 이번에는 혹한에 시달려야만 했다. 혹한으로 사망자가 속출하고 군수품을 운반하는 낙타들이 죽어나갔다. 페트로프스키는 할 수 없이 1840년 2월 오렌부르크로 철수하라는 명령을 내렸다.

2) 시르다리야 진출

히바 원정은 실패로 돌아갔지만 러시아는 19세기 중반부터 러시아에 복속해 있던 카자흐인을 보호한다는 명목으로 카자흐 초원으로 진입하였다. 1845-1847년 러시아 군대는 우랄산맥에서 아랄해 주변의 초원지대를 정복하며 시르다리야 연안에 요새와 항구를 건설했다.[80] 시르다리야로의 남진은 당시 시르다리야 유역을 통치하던 코칸드 칸국과의 충돌을 불러일으켰다.

코칸드 칸국의 군대가 카자흐인을 공격하기 위해 시르다리야

---

79 1743년 우랄강 중류에 건설된 요새 도시로 러시아에서 서투르키스탄으로 들어가는 관문 역할을 했으며, 1920-1925년 키르키스소비에트사회주의자치공화국의 수도이기도 했다.

80 백준기, 앞의 책, 472쪽.

를 건너려 하자 러시아는 이를 빌미로 시르다리야 연안에 있는 코칸드 요새를 공격했다. 오렌부르크 총독으로 재부임한 페트로프스키는 1853년 시르다리야 중류에 있는 아크 메체트[81]를 함락시키고 페트로프스크 요새를 건설했다.

이렇게 하여 카자흐스탄 내 러시아의 영토의 경계는 서쪽에서는 페트로프스크 요새에서 시르다리야를 따라 오렌부르크로 이어지는 시르다리야 라인, 동쪽에서는 세미팔라틴스크에서 알마티로 이어지는 시베리아 라인으로 이루어졌다. 시베리아 라인은 1757년 준가르가 청나라에 정복된 후 러시아와 청나라 간에 형성된 국경선이었다.

러시아는 남부 지대를 방어하기 위해 이 두 라인을 연결시키려 했는데 이것이 신(新)코칸드 라인[82]을 구축하는 전략이었다. 이를 위해 러시아는 남부 지대에 위치한 거점 도시가 필요했다. 그러나 이때 크리미아전쟁(1853-1856)[83]이 발발하여 신코칸드 라인 구축을 위한 군사작전은 연기되었다.

3) 중앙아시아 3개 칸국 및 호라산 정복

크리미아전쟁으로 러시아가 중앙아시아에서 주춤하는 사이, 코칸드 칸국이 러시아에 빼앗긴 요새들을 되찾고자 카자흐 초원으로 진격했다. 러시아는 코칸드 군대를 격퇴하며 본격적으로 중앙아시아 정복

81 19세기 초 코칸드 칸국이 세운 요새로 카자흐스탄 크즐오르다주의 주도인 크즐오르다의 기원이 되었다.

82 김호동, 앞의 책, 220쪽.

83 러시아와 오스만제국·영국·프랑스·사르데냐 연합군이 크리미아반도와 흑해를 둘러싸고 벌인 전쟁으로 러시아가 패했고, 이후 러시아에서 농노해방 등 개혁 운동이 일어났다.

을 위한 군사행동을 실시했다.

첫 번째 시도는 코칸드 칸국이 지배하는 쉼켄트[84]와 타슈켄트의 정복이었다. 베르느이[85]와 페트로프스크 요새에서 출발한 러시아군은 1864년 9월 쉼켄트에서 합류하여 이를 함락시켰고, 1865년 6월에는 타슈켄트를 점령했다.[86] 러시아는 1867년 타슈켄트에 투르키스탄 총독부를 세워 중앙아시아 칸국들을 병합해나가기 시작했다.

러시아가 코칸드 칸국을 붕괴시키자 부하라 칸국은 러시아를 쫓아내기 위해 1868년 봄, 성전을 선포했다. 부하라 침략을 호시탐탐 노리던 러시아는 이를 구실 삼아 1868년 4월 사마르칸트로 진격하여 부하라의 칸(무자파르)에게 도시를 넘길 것을 요구했다. 칸의 군대는 저항했지만 결국 패하여 러시아군이 1868년 5월 사마르칸트에 입성했다. 러시아는 영국의 반발을 의식해 부하라를 점령하지는 않았지만 비밀조약을 통해 부하라 칸국(부하라 에미리트)을 러시아의 피보호국으로 만들고, 러시아 붕괴 후 등장한 소련은 1924년 이를 흡수했다.

코칸드 칸국은 1865년 타슈켄트가 함락된 후 러시아와 조약을 맺어 형식적으로는 독립을 유지했다. 그러나 1875년 여름 러시아가 임명한 꼭두각시 칸에 대항해 반란이 일어나자 러시아는 코칸드 칸국을 침입하여 반란을 진압하고 1876년 3월 병합하였다.

이제 마지막으로 남은 칸국은 히바 칸국이었다. 이 나라는 과거 러시아가 두 차례나 원정대를 파견했지만 실패한 경험이 있어 치밀

---

84 카자흐스탄 남(南)카자흐스탄주의 주도였다가 2018년 특별시로 승격되었다.

85 현재의 알마티. 1854년 러시아의 군사도시로 건설되었다.

86 백준기, 앞의 책, 475쪽.

한 계획을 수립했다. 1873년 3월 크라스노보츠크,[87] 타슈켄트, 오렌부르크에서 러시아군이 히바로 진격했다. 코칸드와 부하라 등 주변의 칸국들이 모두 러시아에 제압당한 상황에서 히바 칸국은 이전과 같은 큰 저항을 하지 못하고 6월 항복했다. 히바 칸국은 부하라 칸국과 마찬가지로 러시아의 피보호국이 되었다가 1924년 소련에 흡수되었다.

러시아는 히바를 정복한 후 카스피해와 아랄해 지역을 다스리기 위해 크라스노보츠크에 트란스-카스피해 군관구를 설치하고, 크라스노보츠크에서 메르브-부하라-사마르칸트-안디잔으로 이어지는 Trans-Caspian Railway를 부설하여 카스피해를 통해 중앙아시아로 이어지는 짧은 병참 노선을 구축했다.

러시아는 히바 칸국 남쪽에 위치한 호라산에 대해서도 야욕을 불태웠다. 호라산은 원래 페르시아에 속했지만 투르크족, 특히 오구즈(투르크멘)가 대거 이주하여 이슬람으로 개종하고 터전을 잡고 있었다. 칭기즈칸의 원정 이후에는 훌레구 칸국에 속한 가운데 킵차크, 차가다이, 우즈벡 칸국 내의 몽골인과 비(非)오구즈계 투르크인이 이곳으로 진출했다.

이러한 연유로 호라산 지역은 페르시아인과 투르크인-몽골인 간에 싸움이 잦았다. 최후의 싸움은 1510년 페르시아의 샤 이스마일

87 1869년 러시아가 볼가강을 타고 카스피해 동안으로 내려와 점령하고 세운 군사 요새로 현재 이름은 투르크멘바시이다.

과 우즈벡 칸국의 샤이바니 칸 간에 일어나 샤 이스마일이 승리하여 페르시아에 속하게 되었다. 그러나 역사적으로 주로 페르시아에 종속되어 이 지역에서 활동했던 아프가니스탄인이 18세기 중반 이후 민족 왕조(두라니왕조, 바라크자이왕조 등)를 건설하고, 19세기 초에는 러시아가 캅카스를 통해 당시 페르시아에 속했던 아제르바이잔을 침략해 오자 페르시아의 호라산에 대한 관심과 통제력이 약화되었다.

러시아가 1873년 호라즘에 들어선 히바 칸국을 정복했을 때 호라산은 이와 같이 페르시아의 통제력이 약화된 가운데 투르크멘 족장들이 독립적으로 통치하는 지역(게옥테페, 메르브)과, 아프가니스탄 왕조가 통치하는 지역(헤라트, 발흐), 그리고 페르시아의 영향력 아래에 있는 지역으로 나뉘어 있었다.

러시아는 1874년 게옥테페[88] 공격을 시작으로 호라산 정복에 착수했다. 몇 차례의 공격에 실패한 후 1881년 1월 1일 전면전을 개시해 1월 24일 게옥테페를 함락시켰다. 이 전투에서 약 2만 명에 달하는 투르크멘이 전사하거나 학살되었다. 특히 투르크멘을 이루는 소부족 중의 하나이자 투르크메니스탄에서 가장 영향력이 큰 테케인의 희생이 컸다고 한다. 투르크메니스탄 정부는 게옥테페에 모스크를 세워 희생자들을 추모하고, 게옥테페의 저항을 위대한 민족정신으로 고취시키고 있다.

러시아는 영국을 의식해 아프가니스탄의 중심 도시인 헤라트까지 진격하지 않았지만, 1884년 아바스 혁명의 진원지이자 유서 깊은

---

88 투르크메니스탄의 수도 아쉬하바드에서 약 45km 북쪽에 위치.

실크로드 도시 메르브를 점령하며 호라산에 대한 정복 사업을 완료했다.

제6장

카자흐스탄공화국

1. 러시아 지배 시기

중앙아시아의 행정구역

18세기 중반 카자흐 칸국의 자발적 복속과 19세기 중반 부하라·히바·코칸드 칸국 그리고 호라산의 정복을 통해 서투르키스탄을 차지한 제정러시아는 이들 지역에 11개의 행정구역을 만들었다.

그러나 제정러시아는 1917년 2월 혁명(부르주아 민주주의 혁명)을 통해 붕괴되었고, 같은 해 10월에는 레닌이 주도한 혁명(볼셰비키혁명)이 일어나 소비에트 국가가 들어섰다. 새 국가의 국명은 처음에는 RSR(Russian Soviet Republic, 러시아소비에트공화국)이었으나 1918년 7월 RSFSR(Russian Soviet Federative Socialist Republic, 러시아소비에트연방사회주의공화국)로 바뀌었다.[1]

소비에트 정부는 1918년 4월 상기 11개의 행정구역 중 세미레치

1 Russian Soviet Federative Socialist Republic From Wikipedia

20세기 초 제정러시아의 중앙아시아 지역 행정지도〉

출처 : 1. (Turkestan Krai) 2. Steppes Krai (Kazakh Khanate)

① 우랄 주	② 투르가이 주	③ 아크몰린 주	④ 세미팔라틴스크 주
⑤ 세미레치예 주	⑥ 시르다리야 주	⑦ 사마르칸트 주	⑧ 페르간스크(코칸드) 주
⑨ 히바 칸국	⑩ 부하라 에미리트	⑪ 카스피해 주	

예주, 시르다리야주, 사마르칸트주, 코칸드주, 카스피해주를 통합하여 투르키스탄ASSR(Turkestan Autonomous Soviet Socialist Republic, 투르키스탄소비에트사회주의자치공화국)을 만들고[2] 수도를 타슈켄트에 두었다. 이는 구 카자흐 칸국의 지역을 제외한 여타 서투르키스탄 지역을 통합하여 자치공화국 지위를 부여한 것이었으며, 카자흐스탄 대주즈가 속해 있는 세미레치예(제티수)주가 구 카자흐 칸국에서 분리되었다.

소비에트 정부는 1920년 8월에는 우랄주, 투르가이주, 아크몰린주, 세미팔라틴스크주 등 구 카자흐 칸국에 들어선 행정구역을 통합하여 키르기스ASSR(Kirghiz Autonomous Soviet Socialist Republic, 키르기스소비에트사회주의자치공화국)을 만들고 수도는 오렌부르크에 두었다. 이 자치공화국에는 카자흐스탄 중주즈와 소주즈가 속해 있었다. 키르기스ASSR은 1925년 6월 카자흐ASSR(Kazakh Autonomous Soviet Socialist Republic, 카자흐소비에트사회주의자치공화국)로 이름이 바뀌고[3] 수도도 오렌부르크에서 크즐오르다로 옮겼다. 그러나 1927년 수도는 다시 알마티로 옮겨졌다.

투르키스탄ASSR과 카자흐ASSR에 포함되지 않은 히바 칸국과 부하라 에미리트는 1920년 볼셰비키 군대에 의해 왕정이 무너진 후 '호라즘인민소비에트공화국', '부하라인민소비에트공화국'이 되었다. 그러나 이 두 공화국은 1924년 소련의 행정구역 개편으로 투르키스탄ASSR 해체와 함께 사라지고, 그 영토는 나누어져서 새로 등장한

---

2 Turkestan Autonomous Soviet Socialist Republic From Wikipedia

3 Kazakh Autonomous Socialist Soviet Republic From Wikipedia

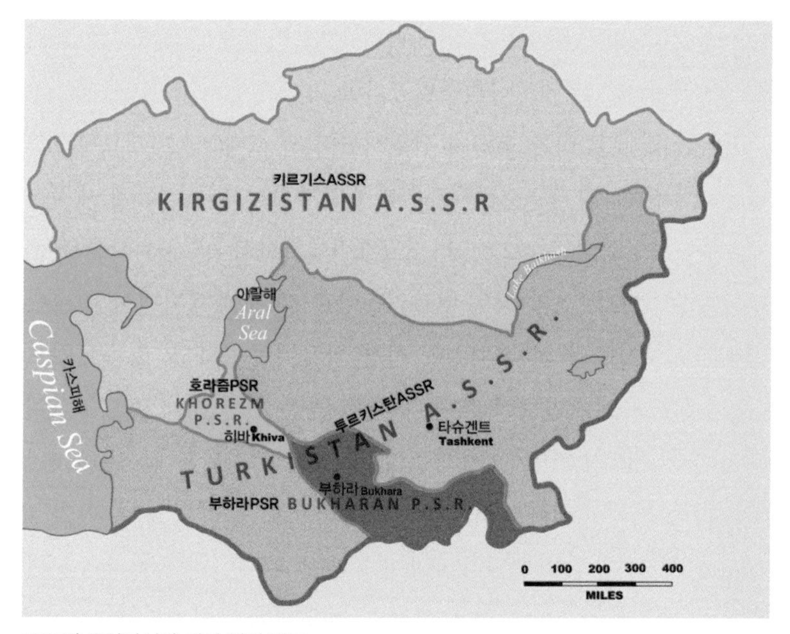

1922년 중앙아시아 지역 행정 지도
(출처 : Turkestan Autonomous Soviet Socialist Republic – Wikipedia)

우즈베크소비에트사회주의공화국, 투르크멘소비에트사회주의공화국, 타지크소비에트사회주의공화국에 각각 편입되었다.

1922년 12월 30일 RSFSR, Transcaucasian-SFSR(아르메니아·아제르바이잔·조지아로 구성된 소비에트연방사회주의공화국), 벨라루스소비에트사회주의공화국, 우크라이나소비에트사회주의공화국 대표들은 연방 창설에 관한 선언문과 조약에 서명하며 USSR(Union of Soviet Socialist Republics, 소비에트사회주의공화국연방=소련)을 탄생시켰다.[4]

소련은 1924년 10월 행정 개편을 통해 투르키스탄ASSR을 해체하고 우즈베크소비에트사회주의공화국, 투르크멘소비에트사회주의공화국을 만들고 이를 소련에 편입시켰다. 우즈베크소비에트사회주의공화국 안에 타지크소비에트사회주의자치공화국이 함께 세워졌고, 이 자치공화국은 1929년 타지크소비에트사회주의공화국으로 분리되었다. 키르기스의 경우 투르키스탄ASSR이 해체되면서 1924년 키르기스자치주가 설립되었다. 이는 처음에는 RSFSR 소속이었으나, 키르기스 정치인들이 소련 내 더욱 높은 위상을 계속 요구하여 1926년 키르기스소비에트사회주의자치공화국 지위를 받고, 1936년에는 키르기스소비에트사회주의공화국으로 분리되었다. 카자흐ASSR은 1924년 투르키스탄ASSR이 해체될 때 세미레치예 지역을 받으며 다시 3개 주즈의 통합을 이루고, 1936년에는 카자흐SSR(Kazakh Soviet Socialist Republic, 카자흐소비에트사회주의공화국)로 격상되었다.

이들 중앙아시아 5개 소비에트공화국은 1991년 12월 25일 소련의 공식 해체를 전후하여 각각 독립선언을 하고 카자흐스탄, 우즈베키스탄, 투르크메니스탄, 타지키스탄, 키르기스스탄공화국으로 재탄생했다.

RSFSR은 러시아연방(Russian Federation)이 되었는데, 러시아라고도 부르며 소련에 대한 법적인 권리와 의무를 승계했다.

---

4 Treaty on the Creation of the Union of Soviet Socialist Republics from Wikipedia

영토 보전과 정주 문명의 유입

카자흐스탄은 1731년 제정러시아에 자발적으로 복속한 때로부터 1991년 독립할 때까지 260년간 러시아에 편입되어 있었다. 그 기간 동안 주권은 제한되었지만 두 가지의 큰 소득을 얻었다.

하나는 영토 보전이다. 앞서 얘기했듯이 카자흐 칸국은 러시아의 피보호국이 되면서 준가르나 청나라의 정복을 피할 수 있었다. 만약 카자흐스탄이 준가르를 멸망시킨 청나라에 정복되었다면 내몽골, 신장위구르, 티베트와 같은 운명을 맞았을지도 모른다. 카자흐스탄은 청나라의 정복을 피했을 뿐만 아니라 동부의 영토도 보전할 수 있었다. 발하슈호에서 타르바가타이산맥과 일리에 이르는 카자흐스탄의 동부지역은 카자흐 칸국과 준가르의 쟁탈지였는데, 러시아가 카자흐 칸국의 보호국으로서 준가르를 정복한 청나라와 협상을 하여 일리만 제외하고 나머지 대부분은 카자흐스탄 영토로 확보했다.

카자흐 칸국 시절, 카자흐스탄의 남부지역은 명확한 영토 경계가 없었다. 이 지역에 있는 오트라르, 잔드, 투르키스탄 시, 쉼켄트, 타슈켄트 등 실크로드 도시의 주인이 수시로 바뀌었기 때문이다. 소주즈가 러시아에 복속할 당시 동남부의 대주즈는 일부 수령이 준가르의 종주권을 인정하고, 준가르가 청나라에 망한 후에는 코칸드 칸국의 종주권을 인정하며 주즈 연맹에서 떨어져 나가 있었다. 이런 상황은 러시아가 중앙아시아 정복을 완료하고 행정구역을 설정할 때 대주즈 지역을 중주즈와 소주즈가 편입된 키르기스ASSR이 아니라 투르키스탄ASSR에 편입시킨 하나의 요인으로 작용했다. 이러한 상황이 굳어졌으면 오늘날 카흐스탄의 동남부는 우즈베키스탄 또는 키르기스에 편입되었을지도 모른다. 그러나 러시아는 몇 차례 행정구역 개편을 통해 대주즈 지역이 다시 키르기스ASSR에 편입되도록 했고, 이 자치공화국의 명칭도 카자흐ASSR로 바꾸었다.

카자흐스탄이 얻은 또 하나의 큰 소득은 정주 문명의 유입이다. 유르트 대신 집과 건물이 지어졌고, 마을과 도시가 생겨났다. 또한 도시를 잇는 도로와 철도가 건설되었다. 중앙아시아 국가 대부분은 수도를 벗어나면 도로망이 부실한데, 카자흐스탄은 영토가 거대함에도 불구하고 지방까지 비교적 도로가 잘 구비되어 있다. 소련 시절에 건설된 대표적인 철도로는 오렌부르크에서 시작하여 카자흐스탄 서부를 지나 타슈켄트로 연결되는 Trans Aral Railway와 노보시비르스크를 출발해 카자흐스탄의 동부를 경유해 알마티를 거쳐 타슈켄트로 연결되는 Turkestan-Siberia Railway를 들 수 있다.

18세기 후반 러시아인이 카자흐스탄으로 이주해 농업을 보급했다. 19세기 중반부터는 상당수 카자흐인이 농업, 수공업, 어업에 종사하며 정주생활을 하기 시작했다. 농업이 보급된 덕분에 북부지역은 기계화된 거대한 밀 생산지로 변했고, 오늘날 카자흐스탄의 밀 생산량은 세계 10위권 안에 든다.

정주문명에 필요한 인프라 구축과 더불어 카자흐스탄의 각 분야에 러시아의 행정체계와 문화가 도입되었고, 러시아어는 공용어가 되었다. 각 지방에 러시아식 극장이 생겨났으며 이 극장들은 현재 공공 행사나 문화 행사의 장소로서 중요한 역할을 하고 있다. 유목민 시절에는 이러한 행사들이 유르트가 세워진 초원에서 행해졌을 텐데,

러시아식 극장이 초원의 유르트를 대체한 것이다.

보드카도 널리 보급되었다. 식사에 양고기와 더불어 빠지지 않고 나오는 것이 보드카다. 보드카가 보급되기 전에는 알코올 함량이 높은 쿠미스를 마셨겠지만, 보드카가 이를 대신하고 있는 것이다.

러시아 정교도 유입되어 정교 사원을 곳곳에서 볼 수 있다. 카자흐스탄의 이슬람은 중동이나 이란에 비해 상대적으로 약한데, 러시아정교와 보드카가 이에 영향을 미쳤을 것이다.

2. 카자흐스탄공화국의 탄생

소련 붕괴 및 카자흐스탄공화국 수립

카자흐스탄은 소련이 붕괴되며 독립국가가 되었다. 소련을 붕괴시킨 것은 1980년대 말 소련에 휘몰아친 페레스트로이카였다. 1985년 4월 소련공산당 서기장 고르바초프가 주창한 페레스트로이카는 시장경제 도입 등 사회주의 내에서의 개혁을 위한 방안이었지만 결과적으로는 사회주의를 붕괴시키며 1991년 12월 소련이 해체되는 결과를 가져왔다.

페레스트로이카에 편승해 소련 소속 공화국 내에서 민족 분규와 분리 독립운동이 일어나자 고르바초프는 소련의 와해를 막기 위해 1990년 11월 '신(新)연방조약안'을 마련했다. 이는 1922년 12월 30일 소련(USSR)을 창설한 조약을 대체하는 것으로, 소련은 유지하되 소련을 구성하는 15개 공화국의 권한을 강화하는 것을 주요 내용으로 했다. 이 조약안은 1991년 3월 17일 러시아와 중앙아시아 5개 공화국 등 9개 공화국에서 실시된 국민투표에서 통과되었다. 그러나 소련 공산당의 보수파 지도자들이 신연방조약안에 불만을 품고 고르바초프 대통령이 신연방조약안에 서명을 못 하도록 감금하고, 1991년 8월 19일 모스크바에서 쿠데타를 일으켰다. 쿠데타는 RSFSR 대통령 보리스 옐친[5]에 의해 3일 만에 진압되었다. 공산당의 활동은 정지되고 11월에는 금지되었다.

쿠데타로 신연방조약안이 사실상 폐기됨에 따라 이번에는 소련을 해체하는 작업이 시작되었다. 소련 창설 주체인 RSFSR, 우크라이나, 벨라루시공화국 지도자들은 1991년 12월 8일 비아워비에자 숲[6]에 있는 별장에서 소련을 해체하고 CIS(Commonwealth of Independent States, 독립국가연합)를 창설하는 벨라베자협정(Belovezha Accords)에 서명했다. 같은 해 12월 21일에는 카자흐스탄 알마티에서 중앙아시아 5개 공화국 등 11개 공화국의 지도자들이 모여 CIS 회원국의 확대 등을 규정하는 의정서에 서명했다.

초대 소련 대통령에 선출(1990년 3월)되었던 고르바초프가 1991년 12월 25일 대통령직을 사임하며 소련은 공식 소멸되었다. 이와 동시에 RSFSR는 러시아연방으로 이름이 바뀌고 소련의 정치적·법적 지위를 승계했다. 러시아연방을 러시아로 줄여 부르기도 한다.

소련이 이렇게 붕괴 과정을 밟고 있을 때 카자흐소비에트사회주

---

5 1991년 3월 17일 신연방조약안과 함께 국민투표에 부쳐져 RSFSR의 대통령직이 신설되었고, 옐친이 1991년 6월 직접선거에서 대통령으로 당선되었다.

6 벨라루시와 폴란드 국경에 걸쳐 있는 원시림.

의공화국도 독립의 길을 걸었다.

카자흐스탄 Supreme Soviet(구소련공화국에서 의회 역할)는 1990년 10월 25일 국가 주권, 영토의 불가침성, 국제법 준수를 선언했고, 카자흐스탄공산당은 1991년 9월 해체되었다. 1991년 12월 1일에는 보통선거가 실시되어 카자흐소비에트사회주의공화국 대통령(1990년 4월 Supreme Soviet에서 선출)이던 누르술탄 나자르바예프가 새로 탄생할 카자흐스탄공화국대통령으로 선출되었다. 카자흐스탄 Supreme Soviet는 1991년 12월 10일 국호를 카자흐스탄공화국(Republic of Kazakhstan)으로 바꾸며 사회주의 체제를 버렸음을 천명했다.

나자르바예프 대통령은 1991년 12월 16일 독립국가의 체제를 규정짓는 헌법에 준하는 법에 서명했다. 이에 따라 3권 분립에 입각한 입법·행정·사법기관이 들어서고 독자적 군대도 보유하게 되었다. Supreme Soviet를 대체한 의회는 1991년 12월 16일을 기해 카자흐스탄공화국의 독립을 선언했는데 이날이 건국일이 되었다. 이로써 기원전 8세기경 스키타이가 등장한 이래 흉노·돌궐·몽골·러시아 지배의 시대를 거쳐 약 2,700년 만에 카자흐스탄에 카자흐인에 의한 현대적 독립국가가 건설되었다.

국내 정책

카자흐스탄은 독립 후 국가 정체성 확립 작업을 우선적으로 시작했다. 1992년 4월 문장(紋章)과 국기를, 그리고 12월에는 국가(國歌)를 만들었다. 문장에는 카자흐스탄을 대표적으로 상징하는 유르트의

'샹으락'[7]이 들어가 있다.

1993년 1월에는 1991년 12월에 제정한 법에 기초하고 단일·세속·민주국가를 천명하는 헌법이 만들어졌다. 단일국가는 과거 3개 주즈로 구성된 카자흐 칸국 시기의 연방제와 비슷한 개념을 인정하지 않는다는 것이고, 세속국가는 이슬람 신자가 다수이지만 이슬람을 국교로 인정하지 않는다는 의미다. 민주국가는 카자흐스탄의 공산당이 1991년 9월 이미 해체되어 새로 탄생한 카자흐스탄공화국은 자유민주주의를 지향하는 국가라는 의미다.

소련 시대에 카자흐스탄에 배치된 핵무기와 핵실험장 처리는 신생 독립국의 큰 과제였다. 카자흐스탄에는 소련 시절 배치되었던 핵탄두, 대륙간탄도미사일, 전략폭격기 등 많은 양의 핵전력이 그대로 남아 있었다. 이러한 핵전력 이외에도 동북부에 위치한 세미팔라틴스크에 핵실험장이 있었다. 1949년 8월 29일 22톤의 핵폭탄이 처음 실험된 후 1989년까지 총 450회 이상의 핵실험이 이곳에서 실시되었다.

카자흐스탄은 핵무기와 핵실험장의 처리에 대해 많은 고민을 했다. 자국의 안보를 위해 핵무기를 가지고 있어야 한다는 주장과, 신생 독립국으로서 국가 발전을 위해 서방의 지원이 절실한 상황에서 핵무기를 포기해야 한다는 주장이 대립되었다. 이러한 논란 속에 누르술탄 나자르바예프 대통령은 1991년 8월 29일 세미팔라틴스크 핵실

7 유르트의 정중앙 상부에서 유르트의 균형을 잡아주는 둥근 원형으로 카자흐스탄 국민의 화합을 상징한다.

험장을 폐쇄시켰고, 이후 핵전력도 모두 러시아에 이관하거나 제거하며 비핵화의 길을 걸었다. 방사능 오염의 피해에 대한 심각한 우려도 비핵화 결단에 영향을 미쳤다.

핵실험장 패쇄 및 핵전력 제거와 더불어 카자흐스탄은 1992년 전략무기감축협정(START), 1993년 국제원자력기구(IAEA), 1994년 핵확산금지조약(NPT) 가입 등을 통해 국제사회의 핵비확산 노력에 적극적으로 참여하고 있다.

민족회의(the Assembly of People of Kazakhstan) 설치도 신생 독립국의 주요 정책 중의 하나였다. 카자흐스탄에는 130여 소수민족이 살고 있는데 카자흐인과 소수민족 간, 소수민족 상호 간의 화합을 증진시켜 사회 안정을 도모할 목적으로 1995년 3월 대통령 직속의 자문기구로 민족회의를 설치했다. 이 회의는 또한 중요한 국가정책을 실현하기 위한 세부 실천 방안에 대해서도 대통령에게 자문을 한다. 아울러 자문위원들은 자신들의 모국과 카자흐스탄의 협력 증진을 위해 중간자로서의 역할을 수행한다. 이 회의의 의장은 대통령이고 위원은 각 소수민족의 대표로 약 350명에 달한다.

107석의 하원 의석 중 9석이 민족회의에 할당됨으로써 민족회의는 간접적으로 법률 제정에도 참여하게 된다. 고려인협회 회장, 고려극장장 등 고려인 동포의 대표들도 민족회의에서 활발하게 활동하고 있다.

수도 이전도 빼놓을 수 없는 중요한 정책 결정이었다. 의회는

1994년 7월 6일 수도를 알마티에서 중북부에 위치한 아크몰라(아스타나)로 이전하기로 한 정부 결정을 승인했다. 알마티는 카자흐소비에트사회주의자치공화국 시절인 1927년 수도가 크즐오르다에서 알마티로 이전한 이래 수도 역할을 해오고 있었다.

아크몰라는 고대에 몽골고원의 유목민이 이르티시강을 건너 볼가강과 남러시아 초원으로 갈 때 경유하는 지역이었다. 이심강이 이곳의 중심부를 관통하며 투르크 유목민의 오랜 거주지였던 이르티시강으로 흘러들어간다. 수도 이전의 공식적인 사유는 알마티가 동남부의 구석에 위치하고 있으며 지진의 위험에 노출되어 있다는 것이었다. 이 외에도 알마티의 과잉인구를 분산시켜 북부지역의 산업과 농업을 발전시키기 위한 목적도 있었다. 이러한 공식적인 이유 이외에 알마티에 토착 반정부 기득권 세력이 많아 이들을 약화시키기 위해 수도를 옮긴다는 풍문도 있었다.

그러나 드러내놓고 얘기하지는 않지만 영토를 보전하기 위한 목적이 가장 컸을 것이다. 카자흐스탄 북부지역은 러시아와 국경을 맞대고 있어 상대적으로 러시아계가 많이 살며 러시아의 영향력이 강한 곳이다. 카자흐스탄 지도자들은 만에 하나 이들이 분리 독립을 주장하고 나서면 심각한 상황이 일어난다고 우려했을 것이다. 지도자들은 큰 혼란과 막대한 비용에도 불구하고 아스타나를 카자흐스탄 북부의 중심지로 만들어 분리 독립의 싹을 없애버린 것이다. 정기적으로 이동하며 살아왔기에 땅에 대한 소유욕이 희박할 것으로 여겨지는 유목민의 나라 카자흐스탄이 오늘날 큰 영토를 가진 이유 중의 하나가 아마도 이러한 지도자들의 판단력일 것이다.

러시아의 군사 요새로 건설되어(1824년) '하얀 무덤'이란 뜻을 가진 아크몰라가 1997년 12월 10일 공식적으로 수도가 되었다. 아크몰라는 1998년 5월 6일 '아스타나'로 이름이 바뀌었고, 2019년 3월 20일 누르술탄 나자르바예프 전 대통령의 이름을 따서 '누르술탄'으로 다시 바뀌었다.

대외 관계

카자흐스탄은 독립한 다음 해인 1992년 3월 2일 유엔에 가입하여 국제사회의 일원이 되었다. 소련으로부터 독립한 지가 오래되지 않아 공산당 문화의 잔재가 남아 있기는 하지만, 자유시장경제와 민주주의의 가치를 지향하고 있다.

카자흐스탄은 북부와 서부에서 러시아와 6,467km, 동부에서는 중국과 1,460km의 국경을 맞대고 있어 안보에 특히 취약하다. 실제 역사적으로 러시아는 260년간 카자흐스탄을 지배했고, 중국은 호시탐탐 카자흐스탄을 넘보고 있었다. 두 초강대국과 거대한 국경을 맞대고 있는 카자흐스탄은 인구나 경제력 규모에 비추어볼 때 자력으로 국가를 방위하는 데는 한계가 있어 집단안보 정책을 취하고 있다.

아시아 교류 및 신뢰구축회의(CICA)[8], 유럽안보협력기구(OSCE)[9],

---

8 Conference on Interaction and Confidence-Building Measures in Asia: 나자르바예프 대통령의 제의로 1992년 10월 설립된 후 아시아 안보를 협의하는 포럼으로서의 위상을 확립하고 있으며 우리나라도 2006년 6월 정회원국이 되었다.

9 Organization for Security and Co-operation in Europe: 1975년 헬싱키 정상회의에서 창설된 유럽안보협력회의(CSCE)가 1995년 유럽안보협력기구(OSCE)로 발전한 것으로, 북대

상하이협력기구(SCO)[10] 같은 기구에 가입한 것이 카자흐스탄의 대표적인 집단안보 정책이다.

카자흐스탄은 러시아와 중국 이외에도 남쪽으로는 같은 투르크계 국가인 우즈베키스탄, 투르크메니스탄, 키르기스와 국경을 맞대고 있다. 또한 독립 후에는 별로 교류가 없었던 서방세계와도 협력을 강화해나가고 있다.

1) 러시아

고대부터 남러시아 초원에서 훈, 아바르, 불가르, 하자르, 오구즈, 킵차크, 몽골 등 투르크-몽골족은 러시아의 슬라브족과 끊임없는 전쟁과 교류를 이어왔다. 대체로 15세기 중반 이전까지는 투르크-몽골족이 슬라브족에 대해 우위를 보였지만, 16세기부터는 대포로 무장한 슬라브족이 활을 든 투르크-몽골족에 대해 절대적인 우위를 보였다.

앞서 얘기했듯이 카자흐인이 18세기 초 준가르제국의 위협으로부터 보호받기 위해 외부에 도움을 청했는데, 이들이 선택한 나라는 러시아였다. 이는 이들이 러시아에 대해 상대적으로 경계심을 덜 갖고 있다는 것을 보여주는 것이었다. 카자흐스탄이 러시아에 복속된 후 카자흐인의 저항이 다소 있기는 했지만, 러시아 덕분에 카자흐스탄은 현재의 영토를 확보할 수 있었다. 이러한 두 나라의 우호적 관계

서양조약기구(NATO) 회원국, 구(舊)소련을 구성하는 사회주의 공화국, 그리고 동유럽 국가를 포괄하는 범유럽적 안보협력체이다.

10 Shanghai Cooperation Organization: 2001년 6월 러시아, 중국, 카자흐스탄, 우즈베키스탄, 키르기스, 타지키스탄 정상들이 상하이 정상회의에서 지역안보와 경제협력을 위해 창설한 기구이다.

는 카자흐스탄이 러시아로부터 독립 이후에도 이어지고 있다.

카자흐스탄은 소련 붕괴 후 러시아가 주도하는 독립국가연합(CIS) 창설 회의를 알마티에서 개최하며 러시아의 정책을 적극 지지했다. 아울러 유라시아경제공동체(EEC)[11], 유라시아경제연합(EAEU)[12], 집단안보조약기구(CSTO)[13] 등의 창설에도 적극적으로 참여하며 러시아와 긴밀한 관계를 유지해나가고 있다.

경제 협력도 긴밀하여 2018년 기준 러시아와의 교역량은 카자흐스탄 전체 교역량의 약 20% 정도를 차지하고 있으며, 카자흐스탄 영내 카스피해에서 생산되는 에너지 수송로의 상당 부분이 러시아 영토를 지나고 있다.

카자흐스탄이 독립 후 서방세계와 외교관계를 수립하고 이들 국가를 자국의 발전 모델로 삼으며 교류하면서 러시아와 거리를 두려는 움직임도 있다. 나자르바예프 대통령이 러시아어 알파벳인 키릴문자를 폐기하고 2025년까지 라틴문자를 정착시키는 법령을 2017년

---

11 Eurasian Economic Community: 2000년 10월 카자흐스탄의 수도 아스타나에서 러시아, 벨라루스, 카자흐스탄, 키르기스, 타지키스탄 등 5개국 정상이 회원국 간 경제 통합을 위해 설립했으나 2014년 해체되었다.

12 Eurasian Economic Union: 카자흐스탄 나자르바예프 대통령이 좀더 긴밀한 역내 경제 통합을 위해 제안한 것으로 2014년 5월 카자흐스탄의 수도 아스타나에서 러시아, 벨라루스, 카자흐스탄 정상들이 창설 협정문에 서명했다. 2015년 1월 1일 출범했으며, 이후 키르기스와 아르메니아가 추가로 가입했다. EAEU는 인구 1억8000만 명의 내수 시장과 EU와 아시아를 관통하는 지정학적 이점이 있어 잠재력이 큰 신흥 시장으로 평가받고 있다.

13 Collective Security Treaty Organization: 1992년 5월 15일 러시아, 카자흐스탄 등 옛 소비에트연방의 6개 공화국 대표들이 체결한 집단안보조약(CST: Collective Security Treaty)에서 기원한다. 1999년 CST 기간이 만료되고 아제르바이잔 등 일부 회원국이 기간 연장을 반대함에 따라 2002년 10월 몰도바에서 러시아, 카자흐스탄, 키르기스, 타지키스탄, 아르메니아, 벨라루스 대표가 CSTO 창설 조약에 서명하였다..

10월 포고했는데 이는 대표적인 탈러시아 정책이었다. 그러나 러시아와 약 6,500km에 달하는 국경을 마주하고 있는 안보상의 이유와, 전통적인 양국의 교류의 역사에 비추어 카자흐스탄의 완전한 탈러시아화 또는 친서방화는 한계가 있을 것으로 보인다.

2) 중국

중국은 카자흐스탄이 독립한 후 이 지역에 적극적으로 진출하고 있다. 중국이 카자흐스탄에 다시 관심을 갖고 진출하는 것은 751년 당나라 군대가 이슬람 군대에 패하고 중앙아시아에서 영향을 상실한 지 약 1,300년 만의 일이다.

중국은 신실크로드 구축과 에너지 자원 확보를 위해 카자흐스탄에 적극 진출하고 있다. 중국이 육로를 통해 EU로 진출하기 위해서는 카자흐스탄의 영토 통과가 필수적이어서, 신실크로드를 구축하는 데 카자흐스탄의 협조와 참여는 절대적인 것이다.

두 나라의 신실크로드 구축을 위한 대표적인 협력 사업은 중국횡단철도(TCR)의 카자흐스탄 통과와 서유럽-서중국고속도로(WEWC) 건설이다.

TCR의 중국 내 구간은 룽하이철도(롄윈강-란저우), 란신철도(란저우-우루무치), 북부신장철도(우루무치-아라산커우)로 이루어져 있다. 중국과 소련은 1954년 카자흐스탄과 중국을 연결하는 철도 건설 계획을 발표하고, 1956년에는 카자흐스탄의 악토가이[14]와 중국의 우루무

14 카자흐스탄 동북부에 위치하며 Turkestan Siberia Railway가 지나간다.

치[15]를 연결시키기로 합의했다. 이에 따라 소련은 1959년 악토가이에서 도스틱[16] 구간의 철로를 완성했으나, 중국은 1962년 우루무치까지 부설하고는 공사를 중단했다. 소련과의 공산주의 이념에 대한 노선 차이[17]와 국경 분쟁 등으로 인한 관계 악화가 원인이었다. 1980년대 중반에 들어서며 아무르강 유역 등에서의 국경 문제가 진전을 보이며 양국 관계가 개선됨에 따라 1985년 공사가 재개되어 카자흐스탄이 독립한 후인 1992년 12월 우루무치와 아라산커우(Alashankou)[18]를 연결하는 북부신장철도가 개통되었다.

이렇게 하여 중국횡단철도의 서쪽 부분이 우루무치에서 아라산커우를 거쳐 카자흐스탄의 국경도시 도스틱에 연결됨으로써, TCR은 중국의 롄윈강에서 출발, 카자흐스탄의 도스틱, 악토가이, 아스타나를 거쳐 러시아의 모스크바, 독일의 베를린, 네덜란드의 로테르담으로 이어지는 총연장 13,000여km의 국제철도가 되었다.

TCR은 북부신장철도의 징헤에서 분기하여 카자흐스탄과 중국의 경제 특구인 호르고스(Khorgos)를 통과하여 알마티로도 이어진다.

---

15 신장위구르자치구의 주도,

16 알마티주에 있는 국경도시로 소련 시대에는 우정을 뜻하는 드루즈바라고 불렸다.

17 1953년 흐루쇼프가 들어서며 소련공산당은 자본주의 진영과의 평화 공존을 주장한 반면, 중국공산당은 자본주의가 존재하는 한 전쟁의 위험이 있다고 주장했다. 이러한 입장 차이로 중국은 소련공산당을 수정주의, 소련은 중국공산당을 교조주의라며 서로 비난했다.

18 신장위구르자치구 내 보르탈라 몽골자치주에 있는 국경도시로 우루무치에서 북서쪽으로 460km, 알마티에서 북동쪽으로 580km 떨어져 있다. 원래 아라산커우는 준가르게이트를 중국어로 표기한 것으로, 이는 카자흐스탄의 제티수와 신장위구르의 준가르분지를 나누는 준가르스키알라타우산맥을 통과하는 계곡을 뜻한다.

호르고스 경제특구는 국경무역을 촉진하고 실크로드 주변 관광산업을 발전시키기 위해 2004년 9월 두 나라의 합의에 따라 설치된 것이다. 호르고스는 알마티에서 동쪽으로 361km, 중국의 우루무치에서 북서쪽으로 670km 지점에 위치하는 국경지대로 일부는 카자흐스탄에, 다른 일부는 중국의 신장위구르자치구 내 일리카자흐자치주[19]에 속해 있다. 호르고스는 앞서 얘기했듯이 러시아가 1881년 중국과 일리조약을 맺고 확보한 지역이다. 중국이 일리카자흐자치주를 지정한 것은 오손 등 오늘날 카자흐스탄을 구성하는 민족들이 고대부터 이곳에서 활발하게 생활해왔음을 증명해준다.

경제특구는 Khorgos ICBC[20], Dry Port, Industrial Zone, Residential Zone 등으로 구성되어 있고, Khorgos ICBC에서는 무관세 상품 거래가 가능하다. Dry Port는 바다가 아닌 내륙 항구 개념으로, 배 대신 기차가 집합하는 곳이다. 이를 위해 중국은 징혜-이닝-호르고스 구간에, 카자흐스탄은 제티겐[21]-알틘콜(카자흐스탄 호르고스에 있는 정거장) 구간에 철도를 부설하여 2012년 12월부터 국경을 통과하는 열차를 운행하기 시작했다. 이렇게 하여 중국, 우리나라, 일본의 상품이 중국횡단철도를 통해 러시아와 EU뿐 아니라 알마티를 경유하여 중앙아시아 및 이란으로의 수송이 가능해졌다. 관광객도 이 열차를 이용할 수 있다.

---

19 1954년 지정되었다. 면적은 신장위구르 총면적의 16.18%인 268,591km² 달하며, 주민은 2018년 기준 약 460만 명이었다.

20 International Center of Boundary Cooperation.

21 Turkestan-Siberia Railway에 속하는 정거장으로 알마티에서 50km 북쪽에 위치해 있다.

서유럽-서중국고속도로는 중국과 유럽을 연결하는 고속도로이다. 이 고속도로는 길이가 약 8,500km로 중국 렌윈강에서 출발하여 호르고스 경제특구를 경유, 카자흐스탄 남부와 서부를 거쳐 러시아의 상트페테르부르크로 연결되며 2018년 9월 전 구간이 개통되었다.

중국은 축적된 자본을 바탕으로 카자흐스탄의 에너지 분야에도 적극적으로 진출하고 있다. 중국은 8억 달러를 들여 카자흐스탄의 중부에 있는 아타수와 중국의 아라산커우를 연결하는 966km의 송유관을 건설하여 2006년부터 카자흐스탄에서 채굴된 원유를 직수입하고 있다. 아울러 투르크메니스탄의 가스를 수입하기 위해 우즈베키스탄(530km)과 카자흐스탄(1,115km)을 경유하여 호르고스로 연결되는 가스관을 2009년 12월 완공했다.

그러나 이러한 양국의 경제 협력에도 불구하고 카자흐스탄 국민들 사이에는 중국에 대한 경계심이 작용하고 있다. 이는 고대부터 유목 세력과 중국의 여러 왕조 간에 세력 다툼을 해왔고, 또 근세에는 카자흐스탄과 밀접한 관계를 맺었던 천산 북방의 일리 지역과 타림 분지가 중국의 지배하에 들어간 역사적 사실에 기인할 것이다.

3) 서방(미국 및 EU)

러시아와 중국과는 달리 미국과 EU는 카자흐스탄과의 교류 역사가 그리 길지 않다. 카자흐스탄은 1991년 독립한 이후에야 비로소 서방세계와 외교관계를 수립하며 교류를 시작했다.

교류의 역사는 짧지만 카자흐스탄은 서방세계를 발전 모델로 삼아 협력관계를 적극적으로 원하고 있고, 서방세계도 러시아의 영향권 아래 놓여 있던 지역에서 입지를 구축하기 위해 카자흐스탄과의 협력을 적극적으로 추진하고 있다.

서방세계의 카자흐스탄에 대한 가장 큰 관심사는 에너지 자원이다. 특히 카스피해에서 생산되는 가스를 EU에 직접 공급하는 방안을 강구하고 있다. EU는 러시아에 대한 가스 수입 의존도를 줄이기 위해 수입 다변화를 모색하고 있는데, 수입 대체지로 카스피해에서 생산되는 가스를 염두에 두고 있다. 이미 BTE가스관[22]이 터키까지 연결되어 있어 서방세계는 카자흐스탄이나 투르크메니스탄에서 생산되는 가스를 BTE를 통해 공급받는 방안을 모색하고 있다. 이를 위해 카스피해의 해저에 가스관을 설치하는 문제를 카스피해 5개 연안국[23]과 협의하고 있다. 미국은 이곳에서 생산되는 가스를 수입하는 것은 아니지만 EU의 에너지 안보를 위해 가스 수입 다변화 정책을 지지하고 있다.

현재 카자흐스탄과 투르크메니스탄에서 생산되는 원유가 레일 페리로 아제르바이잔의 바쿠로 운반된 후 BTC송유관[24]을 통해 지중해로 수송되어 EU로 판매되는 현실을 볼 때, 카자흐스탄과 투르크메니스탄의 가스가 EU시장에 판매되는 날이 올 것이다.

---

22 아제르바이잔의 바쿠(Baku), 조지아의 트빌리시(Tbilisi), 터키의 에르주룸(Erzurum)을 연결하는 약 700km의 가스관으로 2007년부터 아제르바이잔에서 생산되는 가스가 이를 통해 터키 동부의 에르주룸으로 수송되고 있다.

23 러시아·카자흐스탄·이란·투르크메니스탄·아제르바이잔.

24 아제르바이잔의 바쿠(Baku), 조지아의 트빌리시(Tbilisi), 터키의 제이한(Ceyhan)을 연결하는 약 1,770km의 송유관으로 2006년부터 아제르바이잔에서 생산되는 원유가 이를 통해 지중해 연안 도시 제이한으로 수송되고 있다.

4) 중앙아시아 국가들

중앙아시아 국가를 말할 때 우리는 통상 서투르키스탄에 위치한 카자흐스탄·우즈베키스탄·투르크메니스탄·키르기스·타지키스탄 등 5개국을 지칭한다. 이 중 타지키스탄은 페르시아계이고 나머지 4개국은 투르크계 국가이다.

이 지역은 고대부터 페르시아의 영향을 많이 받아온 지역이었으나 6세기 중반 돌궐제국의 등장 이후 투르크족이 점진적으로 이주하면서 투르크화되었다. 예로부터 사마르칸트, 부하라, 타슈켄트 같은 실크로드 도시가 발달하여 찬란한 문화를 꽃피웠다. 중세기에 몽골제국, 티무르왕조 등의 지배하에 놓였다가 근세에 들어 러시아제국에 편입된 공통의 역사를 갖고 있다.

소련의 해체와 더불어 이 지역에 처음으로 독립 국가들이 들어섰다. 이 국가들 가운데 특히 투르크계는 동일한 역사와 문화를 공유하고 있으나 부존자원과 경제발전의 차이, 권위주의적 정부 등의 사유로 아직 상호 간에 긴밀한 협력은 이루어지지 않고 있다. 그러나 국경이나 종교 분쟁 같은 심각한 갈등 요인이 존재하지 않아 신실크로드 구축, 지역 안보, 에너지 개발, 관광, 수자원 이용 등 여러 분야에서 협력이 강화될 것으로 보인다.

카자흐스탄의 발전 잠재력

거대한 영토, 풍부한 자원 그리고 지정학적 위치가 카자흐스탄의 가장 큰 발전 잠재력이다. 카자흐스탄의 국토 면적은 2,724,900km²로 한반도의 12배, 남한의 27배이다. 거대한 영토에 원소주기율표에 나오는 광물자원이 거의 모두 매장되어 있다. 우라늄·크롬·구리·아연·은·석탄·망간 등의 매장량은 세계 10위권 안에 들고, 철·몰리브덴·티타늄·니켈 등의 매장량도 국제 경쟁력을 갖추고 있다. 원유와 가스도 풍부하여 모두 20위권 안에 든다.

카자흐스탄의 거대한 초원도 큰 자산이다. 카자흐스탄 초원은 워낙 광대해 풀의 품질이 지역과 고도에 따라 다르며, 이러한 풀의 품질에 따라 고기의 맛도 다르다. 필자가 알마티에서 근무할 때 중동 지역의 한글학교장들이 한글학교장 회의에 참석한 적이 있었다. 이들은 식사 때 카자흐스탄의 양고기를 먹어보고는 "중동 지역의 양갈비에는 보통 살이 많이 붙어 있지 않은데 카자흐스탄 양갈비는 살이 통통하게 붙어 있고, 그럼에도 고기가 질기지 않고 맛있다."고 했다. 이는 양들이 드넓은 초원에서 풍부한 양질의 풀을 먹고 자랐기 때문일 것이다.

이러한 천혜의 목축 환경과 더불어 목축 인력도 풍부하다. 카자흐인들이 원래 유목민이었기 때문이다. 뛰어난 목축 환경과 우수한 목축 인력을 갖고 있는 카자흐스탄의 목축 산업도 큰 발전 잠재력을 가지고 있다.

카자흐스탄은 풍부한 자원을 품고 있는 거대한 영토가 동서양을 연결하는 중심지에 위치한 금상첨화의 지리적 장점을 보유하고 있다. 북으로는 러시아, 동으로는 중국, 남으로는 우즈베키스탄·키르기스·투르크메니스탄과 국경을 맞대고 있고, 카스피해를 통해 아제르바이잔 및 이란과 연결되어 있다. 카자흐스탄의 북서쪽에 있는 서카자흐스탄주는 우랄산맥의 남단에 위치하며 아시아와 유럽을 잇고 있다. 이러한 지리적 특성으로 카자흐스탄은 고대부터 동서양을 잇는 실크로드의 중간 기착지 역할을 해왔다.

근세에 카자흐스탄과 서투르키스탄은 러시아, 타림분지는 중국에 점령되며 실크로드 무역이 위축된 가운데 항해술의 발달에 힘입어 해상무역이 육상 무역을 압도해나갔다. 이러한 현상은 아직까지도 이어져 동서양 간의 물자 이동은 대부분 선박으로 이루어지고 비용도 육로 수송보다 훨씬 저렴하다.

그러나 20세기 후반 중앙아시아 국가들이 독립하고 중국의 개방개혁 정책과 함께 새로운 실크로드가 구축되고 있다. 대표적인 신실크로드로는 중국횡단철도(TCR), 서유럽-서중국고속도로(WEWC)가 있는데 모두 카자흐스탄과 직접 연결되어 있다.

중국의 시진핑 주석이 2013년 9월 7일 카자흐스탄 나자르바예프대학의 강연에서 일대일로(一帶一路)의 구상을 밝히고 내륙실크로드경제 벨트를 구축하여 공동 번영과 협력의 시대로 나아갈 것을 제안했는데, 이는 일대일로 중에서 육상실크로드를 구축하는 데 카자흐스탄의 지리적 중요성을 인식한 발언이었다.

카스피해 활용

카스피해도 미래의 큰 잠재력이다. 에너지 자원이 풍부하게 매장되어 있을 뿐만 아니라 신실크로드로도 부상하고 있다. 이에 대해서는 필자가 "'에너지 보고(寶庫) 신실크로드' 카스피해와 카자흐스탄"이라는 제목으로 2018년 8월 10일《아시아투데이》에 기고한 바 있는데 전문은 다음과 같다.

카스피해는 일본 열도와 비슷한 크기로 러시아, 카자흐스탄, 아제르바이잔, 투르크메니스탄, 이란 등 5개국으로 둘러싸인 세계에서 가장 큰 내해이다. 육지에 둘러싸인 내해이기는 하나 염분을 함유하고 있고 또 공유국 간 이해관계가 상충되어 바다냐 호수냐 하는 법적 개념이 아직 확립되어 있지 않다. 카스피해는 캐비어로 유명한 철갑상어의 서식지이기도 하다.

이러한 카스피해는 지중해나 흑해에 비해 그 역사가 잘 알려져 있지 않다. 지중해에서는 그리스, 로마, 카르타고, 이집트 등 연안국이 찬란한 문명을 꽃피웠고, 로마와 카르타고는 지중해 패권을 두고 치열하게 싸웠으며, 7세기 이슬람 등장 이후 지중해는 기독교권과 이슬람권의 전쟁터가 되기도 했다. 흑해는 보스포루스해협을 통해 지중해와 연결되어 있어 고대부터 실크로드의 역할을 했으며, 19세기 중반에는 세력 팽창을 위해 이곳으로 진출하려는 러시아와 이를 저지하려는 오스만제국과 유럽 열강이 크림전쟁을 벌였던 곳이다.

카스피해는 내해이고 또 주위에 대부분 유목민들이 거주해서 그런지 지중해나 흑해와 같이 선박을 이용한 교역로나 전쟁터로 활용되지는 않았다. 13세기 중반 칭기즈칸 제국의 킵차크 칸국과 일칸국이 캅카스 지역을 두고 서로 격돌할 때, 14세기 후반 티무르가 킵차크 칸국의 수도 사라이를 공격할 때 모두 카스피해 주변의 육로를 경유했지 배를 타고 카스피해를 직접 건너지는 않았다. 카스피해가 아제르바이잔에서는 하자르해라 불리기도 하는데, 하자르는 7세기 초에서 11세기 중반까지 카스피해 서안에 존재하던 투르크계 국가로 동로마제국과 왕실 혼인을 맺으며 한때 강력한 국가를 이루었었다.

이렇게 별로 활용되지 않던 카스피해는 18세기 초 러시아가 중앙아시아로 진출하면서 전략적으로 주목을 받기 시작했다. 러시아는 1717년 볼가강을 통해 카스피해에 무장 군인을 태운 배를 띄워 카스피해 동안에 있던 히바 칸국에 원정대를 파견했다. 러시아는 또한 19세기 내내 중앙아시아를 두고 영국과 벌인 그레이트 게임에서 우위를 점하기 위해 카스피해 동안에 있는 군사도시 크라스노보츠크에서 부하라, 사마르칸트로 이어지는 철도를 부설하여 카스피해를 통해 중앙아시아로 이어지는 짧은 병참 노선을 구축했다.

카스피해 공유국 중 이란을 제외한 4개국이 1991년 구소련에서 독립한 이후 카스피해는 그 법적 지위가 확립되지 않았음에도 불구하고 에너지 개발, 신실크로드 등 전략적 가치로 국제적인 주목을 받고 있다.

카스피해에는 석유뿐만 아니라 천연가스가 풍부히 매장되어 있다. EU는 러시아로부터의 가스 수입 의존도를 줄이기 위해 남부가스회랑(Southern Gas Corridor) 정책을 추진하고 있다. 이 정책의 핵심은 EU 남부에서 카스피해 연안국까지 가스관을 구축하여 이들 국가로부터 가스를 수입하는 것이다. EU는 이를 위해 2007년부터 아제르바이잔 바쿠, 조지아 트빌리시, 터키 에르주룸 간에 설치되어 운영 중인 BTE 가스관을 EU로 연장하는 프로젝트와 카자흐스탄, 투르크메니스탄에서 생산되는 가스를 BTE에 공급하는 방법을 관련 당사국들과 논의하고 있다. 카자흐스탄과 투르크메니스탄 가스가 BTE를 통해 EU로 수출되면 이들 국가는 또 다른 경제 부흥을 맞을 것이다.

카스피해는 신실크로드로서도 주목을 받고 있다. 일본, 한국, 중국과 EU 남부 간 물자 이동을 위해 카스피해를 이용하는 방법은 시간적 측면과 러시아 영토를 지나지 않는다는 점에서 지속적인 관심을 받고 있다. 이를 위한 기반 시설은 이미 어느 정도 구축되어 있다. 중국횡단철도인 TCR, 카자흐스탄 내 철도, 카스피해 동쪽 항구인 카자흐스탄 악타우와 아제르바이잔 바쿠 간 운항하는 레일 페리, 아제르바이잔 바쿠, 조지아 트빌리시, 터키 카르스를 연결하는 BTK 철도, 아시아와 유럽을 잇는 보스포루스해협 철도 등이 이러한 기반 시설에 속한다. 이런 기존 수송 기반 시설과 카스피해를 활용한 수송로를 TCITR(트랜스 카스피해 국제운송철도 루트)이라 하는데, 2016년 12월 바쿠에서 카자흐스탄, 아제르바이잔, 터키, 조지아 대표자들이 모여 TCITR 개발에 대한 MOU를 체결했다.

카자흐스탄은 카스피해 해안 총길이 약 6,500km 중 약 2,300km를 차지하며 5개 공유국 중 제일 긴 해안을 갖고 있어 에너지 등 자원에 대한 수혜가 가장 크고, 지리적으로는 유라시아 중심부에 있어 동서양 간 물자 이동에 있어서도 전략적으로 중요하다. 카스피해 에너지가 본격 개발되고, 카스피해를 종단하는 신실크로드가 활성화 되면 세계 9번째로 큰 국토를 가진 카자흐스탄의 발전 잠재력은 점점 현실로 다가오게 될 것이다.

카자흐스탄의 발전을 위한 과제

지금까지 살펴본 대로 카자흐스탄은 광대한 영토, 풍부한 자원, 동서양을 잇는 중심지라는 천혜의 장점을 갖고 있어 발전 잠재력이 무궁한 나라이다. 그러나 오랜 세월 유목민으로 살아왔고, 또 근세에는 공산주의 체제하에 있다가 독립한 지 얼마 안 되어 국가 발전을 위한 많은 과제를 안고 있다.

에너지와 광물산업이 GDP의 70% 이상을 차지하는 산업구조의 다변화, 소련 시대부터 사용해온 농업시설의 현대화, 그리고 도로·병원·IT기반시설·공공화장실 같은 사회적 인프라 구축 등이 이러한 과제에 속한다. 이를 해결하기 위해서는 무엇보다 카자흐스탄의 인구 증가와 카자흐스탄 국민의 외국인 투자 이민에 대한 인식 변화가 필요하다.

카자흐스탄의 인구는 2018년 기준으로 약 1800만 명에 불과하다. 그러다 보니 내수 기반이 취약해 새로운 제조업이 자리잡기 힘들다. 외국인 투자 대부분이 에너지와 광물 분야에 집중되는데, 이들 이외의 분야로 투자가 힘든 것도 이러한 내수 시장의 취약성 때문이다. 일례로 카자흐스탄 정부나 대학의 현대식 병원의 건립 계획을 들 수 있다. 카자흐스탄 정부나 대학의 기본적인 입장은, 카자흐스탄 측은 토지를 제공하고 병원 건립과 의료 기자재 구입비용은 외국 파트너가 투자해주기를 바라고 있다. 카자흐스탄 정부나 민간 부문은 자금이 충분치 않아 대부분 이러한 방식을 원하고 있다. 그러나 외국인 투자자는 비싼 비용을 들여 병원을 지어도 이용할 환자가 많지 않아 투자금 회수가 원활치 않다고 판단하여 선뜻 투자를 못 하는 것이다.

인구 증가는 출산에 의한 자연적 방법도 있지만 더 바람직한 것은 외국에 이민을 개방하는 것이다. 일종의 투자 이민을 받아들이는 것이다. 이는 인구 증가와 더불어 자본도 유입되므로 카자흐스탄의 내수시장 확대에도 기여할 것이다. 내수시장의 확대는 인프라에 대한 외국인 투자를 유인하는 선순환 효과를 가져올 것이다. 카자흐스탄은 영토가 광대하므로 농업과 목축을 우선 개방 분야로 생각해볼 수 있다.

외국에 투자 이민을 개방하기 위해서는 카자흐스탄 국민의 의식 변화가 필요하다. 이들은 카자흐스탄을 선진 현대 국가로 만들려는 의욕은 있지만 아직까지 절실한 것으로 생각하지는 않는 것 같다. 이러한 의식은 기본적으로 먹을 것을 해결하는 데 별 어려움이 없기 때문일 것이다. 거대한 초원에서 자라는 양과 말은 풍부한 고기를 제공해주고, 빵의 원료인 밀 또한 대량으로 생산된다.

투자 이민에 대한 소극적인 인식의 단면은 농지 거래 제도에 잘 나타난다. 카자흐스탄에서 외국인은 농지를 취득할 수가 없다. 정부는 외국인 투자를 유인하기 위해 외국인도 농지를 취득할 수 있도록 농지법 개정을 시도했으나, 오히려 국민들이 땅을 빼앗기는 것이라고 반발하여 법 개정이 무산되고 있다. 카자흐스탄 국민의 이러한 인식이 카자흐스탄을 세계에서 9번째의 큰 나라로 만드는 하나의 원동력이었겠지만, 오늘날과 같은 국제화 시대에서 개방 없이는 국가발전을 이룩하기가 힘들 것이다.

제7장

카자흐스탄의 문화와 국민특징

1. 카자흐스탄의 문화

음식

카자흐스탄 사람들의 주식은 고기와 빵이다. 고기를 워낙 많이 먹어 이들은 늑대 다음으로 고기를 많이 먹는다고 스스로 얘기한다. 식용 고기는 양고기, 소고기, 말고기, 염소고기, 낙타고기 등 다양하다. 이들 고기의 요리 방법은 크게 두 가지로 하나는 '샤슬릭'이라 하여 불에 구어서 먹는 것이고 다른 하나는 쪄서 요리하는 것인데, 찐 요리로는 '베쉬발막'이 대표적이다. 우리식으로 얘기하면 소갈비를 불에 구워 먹거나 갈비찜으로 먹는 것과 비슷하다.

빵은 '탄디르 난'이라 불리는 빵과 '바우르삭'이 대표적이다. 탄디르 난은 밀가루 반죽에 효소만 첨가하여 화덕에서 구운 빵이고, 바우르삭은 밀가루·우유·계란·마가린·소금·설탕을 넣고 발효시킨 후 튀긴 것으로 속은 비었으며 네모나 둥근 모양을 하고 있다.

생선 요리도 있는데 바다가 없기에 생선은 주로 카스피해나 호수, 강에서 잡는다. 지금은 어획이 제한되어 있지만 예전에는 카스피해에서 캐비어를 채취할 수 있는 철갑상어를 많이 잡았다.

카자흐스탄 사람들의 식탁에는 고기, 빵과 더불어 암말의 젖을 발효시킨 쿠미스, 견과류(호두·땅콩 등), 채소(오이·토마토·파·딜 등), 과일(포도·사과·배·바나나·파인애플·감 등), 술(보드카·양주·포도주 등), 차가 따라 나온다.

1) 베쉬발막

베쉬발막(Beshbarmak)은 카자흐스탄 사람들이 좋아하는 요리 중의 하나로 말고기, 양고기 또는 소고기에 면발과 양파 등을 넣고 찐 음식이다. 베쉬발막은 원래 다섯 개의 손가락을 뜻한다. 옛날에 중앙아시아 사람들이 다섯 손가락을 사용해 이 요리를 먹었다 하여 베쉬발막이라는 이름이 붙었다. 우루무치 인근에 있던 베쉬발릭이 5개의 도시를 뜻한다는 것과 비슷한 개념이다. 카자흐스탄에서는 주로 말고기로 만들며, 중요한 파티에는 빠짐없이 등장하는 고급 요리이다.

말고기와 관련하여 중앙아시아 5개국은 풍습이 상이하다. 카자흐스탄과 키르기스에서는 몽골과 마찬가지로 말고기가 최고의 요리인 반면, 우즈베키스탄과 타지키스탄에서는 그렇지가 않고, 투르크메니스탄에서는 말고기를 먹지 않는다. 특히 투르크메니스탄 사람들은 국가 문장(紋章)에 말을 넣을 정도로 애정이 커서 말고기 먹는 풍습에 거부감을 보인다.

▲ 카자흐인들의 식탁과 식사 전 이슬람식 감사 표시 (필자 촬영)

▲ 베쉬발막 (출처: Shutterstock)

2) 샤슬릭

샤슬릭(Shashlik)은 양고기, 소고기, 돼지고기 등을 쇠꼬치에 끼워서 숯불에 구운 요리이다. 샤슬릭의 어원은 투르크어로 꼬챙이를 의미하는 쉬시(Shish)에서 유래되었다고 하는데, 이는 고기가 주식인 유목민의 특성상 이들이 제일 먼저 이 요리 방법을 발명했을 가능성이 높다. 보통 오이, 파, 토마토, 딜(Dill) 같은 야채와 함께 먹는다.

카자흐스탄에서는 샤슬릭으로 양고기를 많이 사용하고 숯은 삭사울(Saxaul)이라는 나무를 태워서 만든 것을 최고로 여긴다. 약재를 뜻하는 삭사울은 중앙아시아 건조 지대와 고비사막에서 자라는 나무인데, 뿌리가 땅속 수십 미터까지 내려가 비가 잘 오지 않는 곳에서도 생존할 수 있어 사막화 방지를 위한 조림 수종으로 잘 알려져 있다.

카자흐스탄의 샤슬릭 양고기는 살이 두툼한데도 부드럽고 냄새가 없다. 오랜 전통을 이어온 뛰어난 조리법과, 양들이 광활한 초원의 쾌적한 환경에서 양질의 풀을 먹으며 건강하게 자란 덕분일 것이다.

3) 탄디르 난

탄디르 난(Tandyr nan)은 카자흐스탄뿐만 아니라 중앙아시아 사람들이 주식으로 먹는 둥글납작한 빵으로 러시아어로는 리뾰시카라 불린다. 통상 밀가루 반죽에 효소만 첨가하여 탄디르라 불리는 항아리 모양의 진흙 화덕에서 굽는다. 탄디르에서 구운 빵은 겉은 바삭바삭하고 속은 부드러워 맛이 일품이다. 식당에서 요리를 주문하면 이 빵은 통상 무료로 제공되는데, 이는 마치 우리나라 식당에서 반찬이 따라 나오는 것과 비슷하다.

▲ 샤슬릭(왼쪽, 출처: Shutterstock)과 삭사울(오른쪽) (출처: 위키피디아)

▲ 탄디르라는 화덕에서 구워 낸 탄디르 난 (출처: Shutterstock)

4) 쿠미스

쿠미스(Koumiss)는 암말의 젖을 발효시켜 만든 음료수이다. 그리스 역사가 헤로도토스가 스키타이인이 쿠미스를 마셨다고 기록할 정도로 오랜 역사를 갖고 있다.[1] 스키타이인과 투르크인 중 어느 종족이 먼저 쿠미스를 만들었는지 모르지만 이들 모두가 유라시아 초원에서 유목생활을 했으므로 쿠미스 제조 방법이 초원길을 통해 전파되며 공유되었을 것이다.

쿠미스는 제조 방법에 따라 0.2%~40%의 알코올 성분이 포함된 음료수가 되며, 카자흐스탄의 쿠미스는 보통 2.5%의 알코올을 함유한다. 원료는 다르지만 약간 신맛이 나며 텁텁한 것이 우리의 막걸리와 비슷하다고 할 수 있다.

칭기즈칸에 관한 책들을 보면 몽골의 장수들이 식사할 때 어린 양 한 마리와 많은 양의 쿠미스를 먹었다는 이야기가 나오는데, 아마 이때의 쿠미스는 알코올 함량이 꽤 높았을 것이다. 쿠미스는 신진대사를 촉진하고, 폐질환, 내장병, 신경계통의 질병 치료에도 효과가 있는 것으로 알려져 있다.

소와 낙타에서 나오는 젖은 쿠미스가 아닌 다른 음료를 만드는데 사용한다. 소젖은 발효시켜 카틱(Katyk)이라는 것을 만드는데 요구르트와 비슷하다. 낙타젖으로는 역시 발효 음료수인 수바트(Shubat)를 만든다. 수바트는 쿠미스보다 지방이 더 많으며 쿠미스와 마찬가지

---

1 Kazakh Academy of Sport and Tourism 외 저, *100 Experiences of Modern Kazakhstan* (Hertfordshire Press, 2017), 202쪽

▲ 쿠미스(위, 출처: Shutterstock)와 말젖 짜는 모습(아래, 출처: 위키피디아)

로 폐질환 치료에 효과가 있다고 한다.

음악

카자흐스탄 국민의 음악 수준은 높은 편이다. 고대부터 전해져 내려오는 돔브라, 코브즈 같은 전통악기에 대한 자부심이 크며, 음악은 일상생활에 녹아 있다. 주정부의 투자 설명회나 대학교의 학술 세미나에서는 악대들이 카자흐스탄 전통 복장을 입고 전통악기를 연주하며 참석자들을 환영한다. 회의 참석자들을 위한 만찬에서도 악대들이 흥을 돋우기도 한다. 음악을 연주하며 참석자들을 환영하고 식사할 때 음악을 연주해주는 문화는 다른 나라에서는 흔히 볼 수 있는 풍경이 아니다. 국가 행사나 대학교 졸업식 등에서는 카자흐스탄 전통악기와 서양 악기로 구성된 오케스트라 공연이 행사 프로그램 중의 하나이다.

카자흐스탄 지식인의 음악에 대한 인식은 필자가 2016년 5월 26일 쿠세르바예프 크름벡 크즐오르다주 주지사를 만났을 때 그가 다음과 같이 말한 것에 잘 나타나 있다.

> "사람은 자신의 감정을 수필로 표현하는데, 수필로 표현하기 곤란할 때는 시로 표현하고, 시로도 표현하기 어려울 때는 음악으로 표현한다."

▲ 카자흐스탄 전통악기와 현대악기가 어우러진 오케스트라. 무대를 유르트와 모스크 내부의 모자이크 문양으로 장식한 것이 특이하다. (필자 촬영)

▲ 2016년 5월 26일 쿠셰르바예프 크름벡 크즐오르다 주지사 초청 만찬 (필자 촬영)

1) 돔브라

돔브라(Dombra)는 보통 2줄의 현이 달린 현악기로 서양의 배(과일) 모양을 한 본체와 가늘고 긴 목으로 이루어져 있다. 과거에는 양이나 염소의 내장으로 현을 만들었는데 요즈음은 내구성이 뛰어난 나일론이 사용된다. 기타와 마찬가지로 손가락을 사용해 연주를 한다. 돔브라는 경쾌한 리듬부터 애조를 띤 음색까지 다양한 소리를 낼 수 있다.

이 악기는 고대부터 카자흐인이 가장 애용하던 악기로, 지금도 중요 행사 때 여흥을 돋우기 위해 빠짐없이 등장한다. 특히 유르트에서 손님에게 음식을 대접할 때 돔브라는 거의 필수적으로 연주된다. 이때 연주자는 통상 노래도 같이 부른다.

2) 코브즈

코브즈(Kobyz)는 방울 모양의 본체, 짧은 아치형의 휘어진 목, 큰 평면의 머리 부분으로 이루어진 현악기로 활로 켜서 소리를 낸다. 현은 2개이며 말머리의 털로 만든다. 악기의 전체 길이는 60~73㎝이며, 2개로 나누어진 반원 모양의 본체는 각각 새벽과 일몰을 의미한다고 한다. 이 악기는 9세기경 시르다리야 연안에서 태어난 철학자이자 작곡가 겸 시인인 코르크트 앗타가 만들었다. 카자흐스탄 사람들은 코브즈가 바이올린의 원조라며 이 악기에 대해 큰 자부심을 갖고 있다.

코르크트 앗타에 대한 다음과 같은 전설이 킵차크와 오구즈 등 여러 투르크족에게 내려오고 있다.

▲ 초원에서(위) 그리고 유르트에서(왼쪽) 돔브라를 연주하는 모습 (필자 촬영)

▲ 코브즈를 켜고 있는 코르크트 앗타의 석상(왼쪽)과 코브즈 모양의 조형물(오른쪽)(필자 촬영)

▲ 2017월 11월 16일 코르크트 앗타 크즐오르다국립대학교 설립 80주년 축하 공연 (필자 촬영)

코르크트 앗타는 어려서부터 삶이 유한하다는 것을 알고 사람들을 떠나 인간이 불멸할 수 있는 방법을 찾아 산과 초원을 떠돌아다녔다. 그러나 산, 나무, 풀 등 모든 자연은 그에게 인간은 언젠가는 죽는다고 가르쳤다. 코르크트 앗타는 인간이 불멸할 수 없다는 것을 깨닫고 절망감 속에서 나무를 깎아 코브즈를 만들어 연주하며 자기의 고뇌와 감정을 표현했다. 코르크트 앗타가 죽은 후 코브즈와 그가 연주한 음악은 많은 지역으로 퍼져나가 사랑을 받았고, 이렇게 하여 코르크트 앗타라는 이름은 불멸하게 되었다.

코르크트 앗타를 기리기 위해 코브즈 모양의 조형물이 1980년 크즐오르다 외곽(카르막친스키)에 건립되었는데 바람이 불면 이 조형물이 소리를 낸다. 카자흐스탄의 문화부도 2006년부터 코르크트 앗타 음악 축제를 개최하며 그를 기리고 있다.

코르크트 앗타는 원동고려사범대학과도 관련이 있다. 이 학교는 1931년 고려인이 블라디보스토크에 세운 학교인데, 1937년 고려인이 강제 이주될 때 크즐오르다로 옮겨졌다. 1938년 소련 당국은 원동고려사범대학을 크즐오르다사범대학으로 이름을 바꾸고 학교의 성격도 고려인 민족 대학에서 소련식 국가 학교로 개편했다.

크즐오르다사범대학은 1996년 크즐오르다국립대학으로 개명되었다. 이 대학은 이 지역 출신 코르크트 앗타의 이름을 붙여 코르크트 앗타 크즐오르다국립대학교로 불리기도 하는데, 대학 관계자들은 이 대학교가 원동고려사범대학교를 모체로 출발한 것을 높이 평가한다. 2017년 11월 16일 필자, 비세노프 클르쉬바이 총장, 쿠셰르바예프 크름벡 크즐오르다주 주지사, 아이마감베토프 아스핫 교육과학부 차관 등이 참석한 가운데 개교 80주년 행사를 개최했다.

유르트

유르트(Yurt)는 유목민의 전통 조립식 이동 가옥이다. 몽골에서는 게르라고 불린다. 오늘날 유르트는 주거용으로는 거의 사용되지 않지만 중요한 행사나 나우르즈와 같은 축제 때 필수적으로 설치되어 손님을 접대하는 장소로 활용된다.

카자흐스탄의 유르트는 못을 사용하지 않고 중앙에 기둥 없이 설치하는데, 이때 전체적인 균형과 중심을 잡아주는 것이 '샹으락'이다. 샹으락은 유르트 정중앙에 원형의 빈 공간을 만드는 구조물로 화

▲ 유르트(왼쪽)의 모습과 유르트의 단면 (필자 촬영)

▲카자흐스탄 국가 문장에 표시된 샹으락(왼쪽, 출처: Shutterstock)과 유르트 내부에서 본 샹으락(오른쪽, 필자 촬영)

로의 환기구 역할도 한다. 샹으락은 원형의 형태를 지니고 있어 가정의 화목과 국민의 화합을 상징하는 의미도 갖고 있다. 이러한 연유로 샹으락은 국가 통합의 상징으로 카자흐스탄의 국가 문장에 사용되고 있다.

나우르즈

나우르즈(Nauryz)는 조로아스터교 시대부터 내려온 중앙아시아 국가들의 전통 명절이다. 나우르즈는 페르시아어로 '새날'이라는 의미다. 새날은 낮과 밤의 길이가 같은 춘분이며, 춘분은 3월 21일 또는 그 전후의 일이다. 이란을 비롯한 중앙아시아 국가의 사람들은 춘분을 기점으로 혹독한 긴 겨울이 끝나고 만물이 소생하는 봄이 시작되기에 이를 기뻐하며 나우르즈 축제를 벌인다.

▲ 2017년 3월 22일 알마티 시가 개최하는 나우르즈 공식 행사 (필자 촬영)

▲ 나우르즈 축제에서 시연된 전통 혼례 (필자 촬영)

▲ 나우르즈 축제를 마치고 돔브라 연주를 들으며 유르트에서 식사하는 모습 (필자 촬영)

이슬람이 8세기경 중앙아시아에 전래된 후 나우르즈를 우상숭배로 여기고 없애려 했지만 이 지역에 워낙 뿌리 깊게 자리잡아 없애지를 못했다. 카자흐스탄의 경우 소련 시절인 1926년 과거 유물의 잔재라 하여 금지되었다가 1989년 부활되었다. 2001년부터는 나우르즈를 국가 공휴일로 하고 있다.

카자흐스탄은 3월 22일 각 지방자치단체별로 공식적인 나우르즈 행사를 개최한다. 알마티의 경우 알마티에 주재하는 외교단을 포함한 주요 인사와 많은 시민이 참석한 가운데 전통 춤과 음악이 공연되고, 시장은 시의 비전을 발표한다. 말 그대로 새날을 맞이하여 시장과 시민이 한데 모여 새 출발을 다짐하는 것이다.

행사장 주변에는 유르트가 설치되고 유르트 안에서는 베쉬발막,

양고기, 소고기, 쿠미스 등 풍성한 음식을 먹으며 덕담을 나눈다. 나우르즈 축제 때 반드시 먹어야 하는 음식이 '나우르즈 코제'인데, 이것은 물·소금·고기·기름·밀가루·곡물·우유 등 7가지 식재료를 혼합해 만든 수프이다.

전통놀이

카자흐스탄의 전통놀이는 유목민의 후예답게 말과 관련된 것이 많다. 이러한 전통놀이를 보면 과거에 이 사람들이 어떻게 뛰어난 기마전사가 되었는지 그 이유를 알 수 있다. 이들은 어려서부터 말놀이를 하며 기마술을 익혔기에, 말 타고 장거리를 빠른 속도로 달릴 뿐만 아니라 달리면서도 활을 잘 쏘았다. 이러한 기마술 덕분에 16세기 러시아가 본격적으로 대포로 무장하기 전까지는 카자흐스탄의 유목민이 러시아의 정주민에 대해 전쟁에서 우위를 보였던 것이다. 그 외의 전통놀이로는 알트바칸(그네놀이), 카자흐샤 쿠레스(레슬링과 비슷), 독수리(또는 매)사냥 등이 있다.

카자흐스탄 국민이 정주생활을 하고 도시가 발전하면서 말놀이 같은 전통문화가 점점 사라져가고 있다. 카자흐스탄의 중앙과 지방 정부는 전통문화를 보존하고 또 이를 관광자원으로 발전시키기 위해 노력하고 있다. 이러한 노력의 일환으로 알마티시는 매년 여름 천산 밑자락에 펼쳐진 초원에서 '초원의 혼'이라는 축제를 개최한다. 수십 개의 유르트가 설치되고 옛날 유목민들의 전투 장면과 여러 가지 말놀이 등 전통 문화를 선보인다. 이 축제는 알마티 시민은 물론 많은 외국인에게서도 점점 인기를 얻고 있다.

1) 크즈 쿠우

과거 카자흐스탄에서는 남자가 결혼하기 전 여자에게 자신의 힘과 말 타는 실력을 보여줘야 했다. 이를 위해 남자와 여자 둘이서 들판에 나가 크즈 쿠우(Kiz Kuu)라는 경기를 했다. 이 경기는 여자가 먼저 출발한 후에 남자가 여자를 쫓아가 포옹하고 키스해야 하는 것으로, 실패할 경우 반대로 여자가 남자를 쫓아가 채찍으로 때리는 것이다.

2) 바이게

바이게(Bayga)는 드넓은 평원을 말 타고 달려 목적지에 가장 먼저 도착한 사람이 승리하는 경기다. 승리의 요체는 마라톤과 비슷하게 기수가 말의 체력을 적절히 배분하여 속도를 조절하는 것이다.

3) 콕파르

콕파르(Kokpar)는 개인전과 단체전(한 팀은 5명 이상) 모두 가능하다. 죽은 양을 마치 공처럼 생각하고 서로 빼앗아 이를 상대방 진영에 있는 목표물에 집어넣으면 점수를 얻는 방식이다. 살과 내장을 모두 제거한 30~60*kg*짜리 양 한 마리가 경기에 사용된다. 럭비와 비슷한 게임이다.

4) 아우다르스팍

아우다르스팍(Audaryspak)은 남자 2명이 말을 탄 채 손만 사용하여 겨루는 것으로 말에서 떨어진 사람이 패하는 것이다. 말 타고 레슬링하는 것과 비슷하다.

5) 텡게 알루

텡게 알루(Tenge alu)는 '동전을 줍는다'라는 뜻의 카자흐스탄 전통놀이로 'Kumis alu'라고도 한다. 과거에는 주머니에 은화를 넣었으나 지금은 동전을 사용한다고 한다. 참가자들은 말을 타면서 땅에 놓인 동전 주머니를 주워야 한다. 동전 주머니를 줍기 위해 속도를 줄이거나 멈추는 것은 금지되며 어길 경우 탈락한다. 승자는 정해진 시간 내에 주운 동전의 수에 따라서 결정된다.

6) 알트바칸

알트바칸(Altybakan)은 우리의 그네타기와 비슷한 것으로 대학교 캠퍼스나 공원 같은 곳에서 흔히 볼 수 있다. 축제 현장에 유르트와 함께 빠짐없이 등장하는 것은 물론이다. 그네 설치에는 3~4미터 높이의 6개 나무기둥, 가로로 밧줄을 묶을 원목 1개, 넓은 판 그리고 2개의 밧줄이 사용된다. 알트바칸은 보통 여자와 남자가 1명씩 타며 친구들이 옆에서 돔브라를 연주하며 흥을 북돋아주기도 한다.

7) 카자흐샤 쿠레스

카자흐샤 쿠레스(Kazakhsha kures)는 남자 2명이 서서 하는 레슬링으로 먼저 등이 땅에 닿은 사람이 지는 게임이다.

8) 부르키트 살루

부르키트 살루(Burkit Salu)는 독수리나 매를 이용해 여우, 너구리, 토끼 등을 사냥하는 것을 말한다. 독수리나 매는 이들이 새끼일 때 둥지에서 가져와 훈련시킨 후 사냥에 투입한다. 사냥에 사용되는 독수리는 날개 폭이 약 2m, 무게가 7㎏이나 된다. 총이 없던 옛날에는 독수리를 이용한 사냥이 초원에서 중요한 생존 수단 중의 하나였지만 지금은 생존 목적보다는 일부 전문가에 의해 전수되며 전통문화로 자리잡아가고 있다.

▲ '초원의 혼' 축제에서 말 타고 싸움하는 장면 시연 (필자 촬영)

▲ 텡게 발루 (출처: 카자흐스탄 방송국 제공)

◀ 크즈 쿠우 경기
(출처: 카자흐스탄 방송국 제공)

▲ 카자흐샤 쿠레스 (출처: kazinform)

▲ 바이게 경기(출처: Shutterstock)

▲ 콕파르 경기 (출처: 카자흐스탄 방송국 제공)

▲ 알트바칸 (출처: 카자흐스탄 방송국 제공)

▲ 부르키트 살루 (출처: 카자흐스탄 방송국 제공)

전통의상

카자흐스탄 사람들의 전통의상은 매우 화려하고 아름답다. 여러 전통의상 중 대표적인 것은 남자의 경우 샤판(Shapan)과 아이르 칼팍(Ayir-Kalpak)이다. 샤판은 가운이고 아이르 칼팍은 모자다. 생일잔치나 주요 기념행사에서 선물로 주기도 한다. 특이한 것은 외국 손님을 환영하는 자리에서 샤판을 입혀주고 아이르 칼팍을 씌어주는 의식을 행한 후 이를 선물로 주는 것이다.

여자에게 대표적인 의상은 샤우켈레(Saukele)와 코일레크(Koilek)이다. 샤우켈레는 원뿔형 모자로 옛날 스키타이인들이 썼던 '티그라하우다'를 좀더 아름답고 세련되게 만든 것이다. 코일레크는 흰색의 드레스다. 나우르즈와 같은 축제 때 여자들이 샤우켈레를 쓰고 코일레크을 입고 춤을 춘다. 귀한 손님이 방문할 때 여자들이 이 복장을 하고 장미 꽃다발을 건네며 손님을 맞이하기도 한다.

▲ 위: 2018년 6월 2일 경상북도 실크로드 대표단 방문 시 굴미라 이식박물관 관장이 샤판과 아이르 칼팍을 선물하였다(좌로부터 이중희 계명대 교수, 필자, 굴미라 관장, 정수일 한국문명교류소장).

◀왼쪽: 외국 손님을 환영하기 위해 전통 복장을 입고 공항에 나온 카자흐스탄 여인 (모두 필자 촬영)

2. 국민 특징

국민 특징의 형성 배경

카자흐스탄 국민의 주요 특징으로 높은 문화 수준과 국가에 대한 자부심, 격조 높은 손님맞이와 융숭한 식사 접대, 엄격한 위계질서와 연장자 존중, 뛰어난 상황 파악 능력과 신뢰 중시 등을 들 수가 있다. 보통 한 나라의 국민의 특징은 그 나라 역사에 영향을 받아 형성되는데 카자흐스탄 국민도 마찬가지다.

카자흐스탄 초원과 몽골고원은 때로는 단일 유목 세력권을 형성하며 비슷한 유목문화를 형성했다. 융숭한 손님 접대와 연장자 존중 문화가 이에 속할 것이다. 그러나 카자흐스탄은 몽골과 같은 순수 유목국가와는 다른 문화와 특성을 갖고 있다. 이는 카자흐스탄이 트란스옥시아나와 러시아의 정주세계에 열려 있어 이 지역의 영향을 많이 받았기 때문이다. 이러한 연유로 카자흐스탄 사람들은 일반 유목민보다는 높은 수준의 문화를 가지고 있는데, 이러한 사실은 카자흐스탄에 대해 잘 모르는 사람들을 종종 놀라게 만든다.

고대 카자흐스탄에 거주했던 스키타이는 황금인간과 샤우켈레와 같은 세련된 문화를 남겼고, 트란스옥시아나가 근거지인 소그드인은 카자흐스탄 유목민에게 상술(商術)을 전수해주었다. 751년 탈라스 전투 이후 전래된 이슬람은 아랍과 페르시아의 문화를 전파하고 알파라비와 같은 철학자, 호자 아흐메드 야사위와 같은 종교 지도자를 배출하며 카자흐인의 지적 수준을 높여주었다. 근세에 세계 최강대국의 하나였던 러시아는 카자흐스탄을 260년 동안 통치하며 선진 문화와 행정체계를 전수했다.

카자흐스탄은 아직 경제적으로 낙후되어 있고 정부도 권위주의적이지만 국민들은 국가에 대한 자부심이 매우 높다. 이는 무엇보다 온갖 역사적 시련에도 불구하고 광대한 영토를 지켜온 사실에 기인할 것이다. 카자흐스탄 국민은 이러한 큰 영토를 지켜 후손에게 물려준 조상에게 감사해하고, 이를 이룩하는 데 원동력이 된 카자흐인의 화합과 단결을 중시한다.

카자흐스탄은 경제발전 수준과 민주화 척도로 판단하면 우리나라와 비교가 안 된다. 2018년도 기준 1인당 국민소득은 약 8천 불로 우리나라의 1/4 수준이다. 언론자유 등 민주화 지표도 뒤떨어져 있다. 그러나 카자흐스탄 사람들은 문화와 의식 수준, 그리고 국가에 대한 자부심이 높아 단지 경제 수준 등으로만 이들을 판단하면 곤란한 상황에 빠질 수도 있다. 내면의 깊이가 없고 진정성이 결여된 사람으로 치부되어, 우호관계를 맺거나 비즈니스를 성사시키는 데 어려움을 겪을 수도 있는 것이다.

높은 문화 수준과 국가에 대한 자부심

카자흐인을 대할 때마다 놀라는 것이 이들의 문화 수준이다. 이들의 높은 문화 수준은 철학자, 시인, 음악가, 종교인 등 위인에 대한 존경, 전통음악과 의상 그리고 이들의 일상생활에서 알 수가 있다.

870년 오트라르에서 태어난 철학자이자 시인인 알파라비는 그의 이름이 대학교와 거리의 이름으로 명명되며 추앙받고 있고, 음악가이자 철학자인 코르크트 앗타에 대해서는 그가 만든 코브즈 악기의 대형 조형물을 건립하여 그의 업적을 기리고 있다. 11세기 말 사이람에서 태어난 호자 아흐메드 야사위는 종교 지도자로 존경을 받고 있다. 그는 야사위 수피 교단의 창시자이기도 한데 티무르가 투르키스탄 시에 있는 그의 성묘를 대대적으로 확장 보수하기도 했다. 그는 카자흐인뿐만 아니라 중앙아시아의 투르크인들로부터 성인으로 추앙받아 그의 성묘를 세 번 방문하는 것은 메카를 한 번 방문하는 것과 같은 것으로 여겨지고 있다.

앞에서 설명한 대로 카자흐스탄의 음악은 유목민 시대부터 내려온 돔브라, 코브즈 등 전통악기와 서양 악기가 어우러져 오케스트라 공연을 할 정도로 수준이 높다. 전통의상도 행사 종류와 장소에 따라 다양하며, 아름답고 세련되었다. 돔브라 반주에 맞추어 전통복장을 하고 춤을 추는 사람들을 보면 옛날 초원에서 유르트를 집으로 삼고 양과 말을 키우며 때때로 축제를 벌였을 카자흐인의 모습이 연상되는데, 이는 유목민에게는 높은 수준의 문화가 없을 것이라는 편견을 깨뜨린다.

카자흐인은 처음 만날 때 종종 책을 선물하곤 한다. 책은 자기가 지은 책, 카자흐스탄의 전통문화나 자연을 소개하는 책, 위인들을 소개하는 책 등 다양하다.

꽃을 주는 것도 흔히 볼 수 있다. 문화 공연, 학술 행사, 공로자 포상 행사, 생일기념 행사에서 꽃을 선물과 함께 축하의 의미로 준다. 그리고 전통복장을 한 사람들이 악기를 연주하며 행사의 흥을 돋운다. 이러한 행사에 가보면 격조 높은 문화가 이들의 일상생활에 녹아들어가 있음을 알게 된다.

국가에 대한 자부심 역시 매우 높다. 그 자부심은 무엇보다 영토가 크다는 사실에서 나온다. 몽골의 지배, 티무르의 침략, 우즈벡족과의 대결, 준가르의 위협, 러시아의 지배 등 온갖 역사적 굴곡에도 불구하고 단결하여 큰 국토를 지켜낸 것이다. 국민들은 이러한 드넓은 국토를 물려준 조상에 감사해하고 이를 지켜나가야 한다는 책임 의식을 갖고 있다.

카자흐스탄 국민들은 통합과 단결이 지금의 카자흐스탄을 만드는 데 가장 큰 원동력이 되었다고 생각하고 스스로도 솔선수범하고 있다. 어느 나라에게나 국민의 통합과 단결이 중요하겠지만, 1천8백만 명이라는 상대적으로 적은 인구에 130개가 넘는 소수민족이 살고 있으며, 러시아·중국 등 강대국에 둘러싸여 있는 카자흐스탄에게 국민의 통합과 단결은 그 어느 국가보다도 절실하고 중요한 것이다. 이들의 통합과 단결 정신을 잘 보여준 사건이 '데니스 텐'이라는 운동선수의 죽음이다. 그는 피겨스케이팅 국가대표로 아버지는 카자흐인, 어머니는 고려인이었는데, 2018년 7월 자기 차의 백미러를 훔치려는

괴한과 다투다가 사망하였다. 이 사건은 큰 공분을 불러일으켰다. 애도의 물결이 전국적으로 일어난 가운데 정부는 그의 장례를 문화부 장관과 알마티시 시장장으로 치렀으며, 시민들은 "지켜주지 못해 미안하다."며 눈물로 그의 죽음을 애도했다.

격조 높은 손님맞이와 융숭한 식사 접대

손님을 잘 접대하는 것은 카자흐인의 큰 미덕이다. 카자흐스탄에서는 손님맞이를 코나카시(Konakasy)라 한다. 손님은 보통 손님과 초대받은 손님으로 나누는데, 어떤 손님이든 잘 접대해야 하는 것은 옛날부터 내려오는 초원의 불문율이다. 이는 초원의 거친 환경에서 살아남기 위해서는 서로 도와야 한다는 삶의 지혜에 기반을 두고 있다. 그들은 찾아오는 손님을 거절하면 나쁜 일이 일어날 것이라고 생각한다.

카자흐스탄의 손님맞이 풍습에는 격조와 독특함이 있다. 전통복장을 한 여자가 장미꽃다발을 전달하며 손님을 환영하는데 특히 외국인은 그 아름다움에 큰 인상을 받는다.

독특한 손님맞이는 카자흐스탄의 지방을 방문할 때 경험하게 된다. 필자가 알마티 총영사 재직 시 관할 주의 주지사나 대학교 총장을 만나러 차량을 이용해서 갈 때면 주지사 사무실이나 대학 관계자가 그 지방의 초입까지 마중나와 대기하고 있다가 안내를 했다. 다른 나라에서는 비행기 타고 출장 갈 때도 공항에 사람이 나오는 것을 못 보았기에 공항도 아닌 길거리로 마중나온 사람을 보는 것은 특이한 일

▲ 필자가 2016년 2월 29일 부임인사 차 예방했을 때 바이벡 알마티 시장(왼쪽)이 필자에게 카자흐스탄 자연에 관한 책을 선물로 주며 설명하고 있다. (알마티시 제공)

이었다. 처음에는 필자가 외국 정부를 대표하는 사람이어서 특별히 대우하는 것으로 생각했는데 나중에 반드시 그런 것만은 아니라는 것을 알았다.

한번은 알마티에서 개최된 민간 실크로드회의에 참석하고 참석자(주로 현지인)들과 버스를 타고 실크로드 유적지 답사를 위해 지방을 방문한 적이 있었다. 그런데 우리 일행이 그 지방의 초입에 도착하자 안내인이 나왔는데 이번에는 안내인에 더해 그 지방의 대표가 악대를 대동하고 나와 환영해주고 다과도 베풀어주었다. 이렇듯 카자흐스탄에는 차량을 이용해 자기 지방을 방문해도 마을 입구에서부터 환영해주는 독특한 풍습이 있다. 비행기를 타고 지방을 방문할 때 안내인이 나오는 것은 두말할 나위가 없다.

▲ 손님들이 마을을 방문했을 때 마을의 대표가 악대를 대동하고 환영 나와 인사말을 하고 있다. (필자 촬영)

▲ 주민들이 마을의 대표와 함께 나와 손님들에게 다과를 접대하는 모습 (필자 촬영)

▲ 주빈이 손님들에게 양 머리를 나누어주는 모습 (필자 촬영)

음식 접대도 융숭하다. 양고기, 말고기, 과일, 빵, 보드카, 음료수 등이 산해진미로 나온다. 테이블 위에 놓인 음식은 통상 웨이터가 서브해준다. 그리고 식사를 할 때 전통음악이 연주된다.

술을 마실 때는 격식이 있다. 우리처럼 술을 서로 따라주는 것이 아니라 웨이터가 따라준다. 웨이터가 없는 경우에는 동석한 사람 중에서 제일 나이가 어리거나 지위가 낮은 사람이 따른다. 그리고 혼자 마시는 것이 아니라 덕담을 하고 건배를 제의한 후 함께 마신다. 통상 주최자가 제일 먼저 주빈에게, 그리고 참석자들의 서열 순서에 따라 시차를 두고 덕담을 해줄 것을 청한다.

주빈에 대한 경의 표시의 하나로 양머리 의식이 있다. 이는 주빈이 삶은 양고기 머리를 참석자들에게 덕담을 건네며 나누어주는 의식이다. 주빈 앞에 양머리를 놓고 전통의식을 요청하는 것은 그 주빈에게 최고의 경의를 표한다는 의미다.

엄격한 위계질서와 연장자 존중

카자흐스탄에서도 위계질서 기준은 사회적 지위와 나이이다. 조직생활에서는 지위가 나이에 우선하지만 사회생활에서는 연장자가 존중을 받는다.

보통 선진사회일수록 위계질서 문화가 약한 편이지만, 카자흐스탄에서는 아직 조직 내 서열 관계가 매우 엄격하다. 2인자가 1인자를 비서처럼 보좌한다. 시청에서는 부시장이 시장한테, 대학교에서는 부총장이 총장한테 그렇게 한다. 우리의 경우 외부 인사가 어떤 조직의 장을 만나러 오면 통상 중견 간부나 실무자가 배석을 하는데, 카자흐스탄에는 2인자가 배석하여 1인자를 보좌하는 경우를 종종 볼 수 있다. 조직의 2인자가 비서처럼 조직의 1인자를 보좌하는 것이 어색하게 보일 수도 있지만 이는 다른 구성원들에게 모범이 됨으로써 화목과 단합을 이루는 측면도 있다.

조직의 질서가 이렇게 수직적으로 엄격하다 보니 권한이 잘 분산되어 있지 않다. 어떤 사안에 대해 실무자들과 업무 협의 시 결정해야 할 사안이 발생한 경우 최상급자가 휴가나 외국에 나가 있으면 그가 돌아올 때까지 결정은 미루어진다.

이러한 엄격한 질서는 외부 인사를 맞이할 때도 적용된다. 손님을 환대는 하지만 자기와 격이 맞지 않을 경우 그 손님을 잘 만나려

하지 않는다. 그리고 고위 관료나 정치인은 카자흐스탄의 땅이 커서 그런지 작은 나라에서 오는 손님인 경우 지위가 비슷하더라도 자기가 더 높다고 생각한다. 상황이 이러니 작은 나라의 국장급 인사가 와서 카자흐스탄 국장급 인사를 만나는 것이 때로는 여의치 않을 경우가 있다. 우리의 경우 격이 안 맞더라도 예의 차원에서 손님을 만나주는데, 카자흐스탄은 의외로 이런 면에서 아직 융통성이 없어 보인다.

연장자는 가정이나 사회에서 존중을 받는다. 이는 유목민 생활에서 유래한 것으로 유목민 사회에서는 나이에 비례하여 경험과 지혜가 많은 사람으로 여겨지고 있다. 한 집안에서 며느리와 신랑이 제일 먼저 익혀야 할 것이 가족의 서열이다. 시골에서는 아직도 여러 가족 구성원이 모였을 때 며느리는 서열 순서대로 차(茶)를 대접해야 하고, 신랑은 손 씻을 물을 가져다주어야 한다고 한다. 이는 경직된 분위기를 만들 수도 있지만 혹시 일어날지도 모를 구성원 간의 불편함과 다툼을 미리 예방하는 순기능적인 역할도 한다. 『집사1 부족지』에 보면, 부족의 지파별로 고기의 먹는 부위가 정해져 있다는 얘기가 나오는데 이것도 구성원 간의 다툼을 사전에 방지하기 위함이었을 것이다.

버스에는 아직 노약자석이 표시되어 있지는 않지만 노인이 타면 젊은이들 대부분은 자리를 양보한다. 공항 등에서 차례를 기다릴 때는 노약자에게 우선권을 준다. 주빈에게 권하는 양머리 의식을 가족 모임에서는 최고 연장자가 하는데 이도 연장자 존중 문화의 하나이다.

뛰어난 상황 파악 능력과 신뢰 중시

카자흐스탄은 유목 세력이 몽골고원에서 남러시아 초원, 트란스옥시아나의 정주세계로 이동하는 중심지에 위치하여 고대부터 부족 간에 교류가 활발했다. 특히 카자흐스탄 남부지역은 소그드인의 주 무대인 트란스옥시아나와 인접해 있어 오트라르, 투르키스탄 시 같은 실크로드의 도시들이 세워져 중개무역을 통한 여러 부족 간에 교류가 왕성했다.

흉노, 돌궐, 몽골, 티무르제국이 유라시아 대륙에서 흥기할 때 부족 간 연합이 있었고, 그 반대로 제국이 붕괴할 때는 이해관계가 합치되는 부족들이 떨어져 나와 소왕국들을 만들었다. 카자흐스탄 초원도 이에 영향을 받아 카라한왕조, 킵차크, 카자흐, 노가이, 우즈벡, 시비르 칸국 등 여러 왕국들이 들어섰다. 카자흐 칸국이 우즈벡 칸국을 몰아내고 카자흐스탄 초원의 주인이 되었으나 서몽골에서 흥기한 준가르와 중앙아시아로 진출하려는 러시아의 위협에 노출되었다.

이와 같은 부족 간의 활발한 교류 및 카자흐스탄에 등장한 다양한 왕조의 부침과 외부 세력의 침입은 카자흐스탄인에게 뛰어난 상황 판단 능력을 키워주었다. 이 능력은 한 왕국이 무너지고 여러 부족으로 흩어졌을 때 어떤 부족과 연합해야 자기 부족이 생존할 수 있는가를 결정하기에, 주변 부족의 상황과 그 부족 지도자의 심리를 파악하는 것은 매우 중요한 것이었다. 카자흐인은 사업 협상 시 상황 판단과 교섭 능력이 뛰어난데, 이는 조상의 그런 능력이 후손에게 이어져 오고 있는 데 기인할 것이다.

어느 사회든 그렇겠지만 유목사회는 특히 사람 간의 신뢰를 중요시한다. 비즈니스 관계에서 돈이 없어 당장 사업을 같이 못 해도 신뢰가 형성되면 다음에 할 수 있는 여지가 있지만, 신뢰가 생기지 않으면 기약하기가 어렵다. 카자흐스탄에서 각광을 받는 투자 분야가 에너지와 광물 산업인데, 투자 조건은 까다롭지만 결국 친구와 같은 신뢰감이 형성된 사람에게 개발권을 준다는 이야기가 있다.

예가 적절한지 모르겠지만 필자가 알마티 총영사로 재직할 때 그곳에 소재한 투란대학교에서 역사학 명예박사 학위를 받은 것도 위의 이야기와 일맥상통할 수 있다. 명예박사라는 것이 물질적으로 기여했거나 사회 공헌도가 높은 저명인사에게 주는 것이 통례인데 그런 면에서 필자는 해당 사항이 없었다. 그러나 그 대학의 알샤노브라흐만 알샤노비치 총장은 필자가 외국인으로서 카자흐스탄 역사에 관심을 갖고 카자흐스탄에 대해 이해하려는 노력과 자세를 평가하고 고마워했다. 총장이 필자한테 직접 얘기하지는 않았지만 다른 사람들에게는 자기와 카자흐스탄 역사에 대해 몇 시간 동안 얘기할 정도라며 필자를 높이 평가해주었다. 필자는 투란대학교의 명예교수이기도 한데, 이 모두는 전적으로 필자에 대한 총장의 개인적 평가와 신뢰 덕분이었다.

▲ 2018년 6월 23일 타우 투란 리조트에서 개최된 투란대학교 개교 26주년 파티에 초청을 받아 알샤노브 라흐만 알샤노비치 총장(오른쪽에서 두 번째)과 우의를 나누었다. (필자 촬영)

제8장

우리나라와 카자흐스탄의 관계

1. 기본 관계

협력 현황

우리나라는 1991년 12월 30일 카자흐스탄의 국가 독립을 승인하고 1992년 1월 28일 외교관계를 수립했다. 외교관계 수립 후 우리나라는 1993년 당시 수도였던 알마티에, 카자흐스탄은 1995년 서울에 대사관을 각각 개설했다. 1997년 12월 카자흐스탄의 수도가 알마티에서 아스타나로 바뀜에 따라 우리나라의 대사관도 2008년 아스타나로 이전했고 동시에 알마티에는 분관이 설치되었다. 우리 정부는 알마티에 우리 동포와 기업인이 많이 거주하고 있는 상황을 고려하여 2015년 알마티 분관을 총영사관으로 승격시켰다.

외교관계 수립 후 우리나라와 카자흐스탄은 자유민주주의와 시장경제의 공동 가치를 바탕으로 정치·경제·문화 등 여러 분야에서 포괄적인 협력을 확대해나가고 있다.

정치 분야에서 양국은 무엇보다 정상을 비롯한 고위 인사의 상호 방문을 통해 우의와 신뢰를 쌓아가고 있다. 나자르바예프 전 대통령이 카자흐소비에트사회주의공화국 대통령 재임 시절인 1990년 11월 방한한 이후 2016년 11월까지 총 여섯 차례 방한했다. 한국도 2004년 9월 고 노무현 대통령이 처음으로 방문한 후 이명박, 박근혜, 문재인 등 후임 대통령들이 모두 카자흐스탄을 방문했다. 이러한 우의를 기반으로 두 나라는 국제무대에서도 긴밀한 협력을 하고 있다. 유엔 비상임이사국 등 각종 국제기구 이사국 입후보 시 상호 지지하고 있으며, 특히 카자흐스탄은 핵무기를 보유했다가 폐기한 경험을 바탕으로 국제평화를 위해 한반도의 비핵화에 대한 우리의 입장을 일관되게 지지하고 있다.

경제협력도 활발하다. 경제협력의 바로미터인 양국의 교역량은 1992년 1000만 달러에서 2017년 15억 달러를 기록하며 25년 만에 150배 증가했다. 삼성 스마트폰, 엘지 가전제품, 현대자동차, 화장품 등 각종 한국 제품들을 카자흐스탄에서 흔히 볼 수가 있다. 코트라, 중소기업진흥공단, 보건산업진흥원, 관광공사 같은 공공기관과 한국석유공사, 삼성전자, 엘지전자, 아시아나항공, 롯데, 신한은행, BNK 은행, SK건설 등 한국의 공사(公私) 기업들도 많이 진출해 있다.

한류도 뜨겁다. K-팝의 경우 수만 명의 회원을 거느린 K-팝 동호인 단체들이 자발적으로 생겨나 활동하고 있으며 이들의 인기는 한국의 K-팝 가수 못지않다. 김치, 불고기, 김밥, 잡채, 비빔밥 등 한국 음식도 사랑받고 있다. 특히 김치의 경우 양고기, 소고기를 비롯한 각종 육류에 잘 어울리고 건강식품이라는 인식이 확산되고 있다.

▲ 2017년 5월 27일 한국어 강좌 수료식에 참석한 카자흐스탄 학생과 일반인들 (필자 촬영).

한류 중 한국어 배우기 열풍은 단연 압권이다. 알마티에 있는 한국교육원이 운영하는 한국어 강좌에는 매년 2천 명 이상이 한국어를 배우기 위해 등록한다. 알파라비 카자흐스탄 국립대학교와 아블라이한 카자흐스탄 국제관계 세계언어대학교를 비롯하여 카자흐스탄 여러 대학교에서도 한국어와 한국학을 가르치고 있다.

양국의 유학생 교류도 활발하다. 한국으로 유학 가는 학생이 꾸준히 증가하고 있으며 국내의 다양한 대학에서 경제, 경영, IT 등을 공부하고 있다. 한국의 대학들은 그 우수성을 인정받아 카자흐스탄의 국비 장학생이 유학 갈 수 있도록 지정되어 있다. 우리나라 학생들도 카자흐스탄의 대학에 유학하며 카자흐스탄의 언어와 문화를 배우고 있다. 2018년 기준 약 1,000명의 카자흐스탄 학생이 한국에서, 그리고 약 200명의 한국 학생이 카자흐스탄에서 공부하고 있다. 이들은 한국과 카자흐스탄의 미래 협력을 짊어질 주역이 될 것이다.

우리나라와 카자흐스탄이 다양한 분야에서 활발한 협력을 하고 있다는 것을 상징적으로 보여주는 것이 직항기 운항 횟수다. 과거에는 두 나라 사이에 직항로가 없어 모스크바 등을 경유해야 했으나, 2018년도 기준 일주일에 10편 이상의 직항을 우리나라의 아시아나항공과 카자흐스탄의 에어아스타나항공이 운항하고 있다.

양국 협력의 동인(動因)과 협력 잠재력

두 나라가 수교한 지 얼마 안 되어 이렇게 여러 분야에서 협력 관계를 높일 수 있었던 것은 무엇보다 카자흐스탄에 거주하는 고려인과 양국 간의 친연성(親緣性) 덕분이다.

카자흐스탄에는 10만여 명의 고려인 동포가 살고 있다. 이들은 1937년 연해주에서 카자흐스탄으로 강제 이주 당한 후 온갖 고난과 역경을 근면과 성실함으로 극복하며 존경받고 신뢰할 수 있는 민족으로 성장했다. 고려인 동포의 근면과 성실함은 카자흐스탄에 널리 알려져 있고, 이는 수교 이후 대한민국에 대한 좋은 이미지를 형성하는 데 기여했다.

카자흐인과 한국인 간에 친연성이 있다는 것은 잘 알려져 있다. 친연성은 친척과 같은 친밀감을 느끼는 것을 말하는데 이는 한민족과 중앙아시아 사람들의 혈연관계에 기인할 것이다. DNA 분석과 화석 연구에 따르면 대부분의 한민족은 중앙아시아에서 왔다.[1] 물과 공기가 다른 환경에 살며 장구한 세월이 흐르고, 특히 중앙아시아 사람들의 경우는 투르크·몽골·페르시아·슬라브족 등 여러 민족 상호 간에 혼혈이 생겨 외모가 우리와 다르게 변했지만 한민족과 중앙아시아인의 상당 부분은 조상이 같다고 알려졌다.

우리나라와 카자흐스탄은 지금까지보다 미래의 협력 잠재력이 훨씬 크다. 카자흐스탄은 거대한 영토, 풍부한 자원, 그리고 실크로드 중심지에 위치하고 있어 발전 잠재력이 무궁한 나라이다. 그러나 이러한 잠재력을 실현시키는 데 필요한 기술과 자본이 부족하여 이를 갖춘 나라와의 협력이 필요한데 그 우선순위에 대한민국이 포함되어 있다.

카자흐스탄의 인구 증가 전망도 우리나라와 카자흐스탄의 미래 협력을 밝게 해준다. 넓은 국토를 효율적으로 활용하고 규모의 경제를 위해서는 인구 증가가 필수적이다. 늘어나는 인구를 수용하기 위해서는 특히 보건과 농업이 발전해야 하고, 병원·주택·도로 등 각종 인프라가 구축되어야 한다. 요컨대 인구 증가는 사회 각 분야에 대한 투자를 수반하는 것이다. 카자흐스탄의 인구 증가와 이에 따른 투자 확대는 양국의 협력 증대로 이어질 것이다.

국가발전을 위한 카자흐스탄 지도자들의 의지가 매우 높고, 그들은 기회가 있을 때마다 한국의 IT, 제조업, 교육 등 여러 분야를 언급하며 한국과의 협력을 강조하고 있다. 두 나라의 친연성을 바탕으로 우리의 발전 경험과 자본, 그리고 카자흐스탄의 발전 잠재력과 중

---

1 김석동, 『김석동의 한민족 DNA를 찾아서』(김영사, 2018), 201쪽.

점 개발 분야를 잘 접목시키게 되면 두 나라의 협력은 더욱 확대될 것이다.

직접 협력 증대 이외에 간접 협력이 증대될 가능성도 있다. 우리나라는 러시아·카자흐스탄·벨라루시·키르기스·아르메니아가 회원국으로 있는 유라시아경제연합(EAEU)과 FTA 체결을 검토 중이다. EAEU는 약 1억8천만 명의 인구와 2조 달러 이상의 시장을 갖고 있다. EAEU와 FTA를 체결하게 되면 EAEU 시장 진출이 용이해져 카자흐스탄과의 협력이 더욱 증대될 것이다.

2. 고려인

고려인의 유래

고려인(고려 사람)은 구소련 지역에 살고 있는 우리 동포를 말한다. 우리는 통상 '고려인'이라 부르는데 이들은 '고려 사람'이라는 명칭을 더 사용한다. 이들이 한국(Корея)에서 왔기에 러시아어로는 카레이츠(Корейцы)라 불리며 이는 영어의 Korean에 상응한다. Korean을 우리는 '한국인(한국 사람)'으로 번역하고 북한은 '조선인(조선 사람)'이라 번역한다.

고려인이란 용어의 발생 과정은 아직 명확하게 밝혀지지 않았다. 그러나 '고려'는 '조선'과 함께 연해주에 사는 우리 민족을 지칭할 때 사용하던 일반적 용어였음[2]에 비추어, 연해주 거주 한인 동포는

2 김필영, 『소비에트 중앙아시아 고려인 문학사(1937~1991)』(강남대학교출판부, 2004), 15쪽.

고려인 또는 조선인으로 혼용되어 불렀을 것으로 짐작된다. 그러나 1948년 북한에 조선민주주의인민공화국이 들어선 후 카자흐스탄의 경우 고려인보다는 조선인이라는 명칭이 일반적이었던 것 같다.《고려일보》의 전신인《레닌기치》(1938-1991)에 고려인 명칭은 사라지고 조선인, 조선극장, 조선어, 조선문학, 조선민요 같이 조선이라는 단어가 사용된 것이 이를 뒷받침한다. 아마도 카자흐스탄에 거주하는 동포들은 북한이 소련과 같은 공산국가여서 북한식으로 그렇게 불렀을 것이며, 이는 카자흐스탄 이외의 구소련에 거주하는 고려인들에게도 사정이 비슷했을 것이다.

그러나 이러한 상황은 88서울올림픽과 1991년 소련 소속의 공화국들이 독립하면서 변하기 시작했다. 이때부터 이들은 자신들을 고려 사람으로 부르기 시작했고, 이는 오늘날 이들을 칭하는 보편적인 용어가 되었다. 그동안 북한만 알았던 이들은 88서울올림픽을 통해 남한도 알게 되고, 남한이 카자흐스탄을 비롯한 구소련 내의 공화국들과 외교관계를 맺으며 이들이 거주하는 나라에 진출하자, 북한식 용어인 조선 사람으로 부르는 데 부담감을 느끼고 고려 사람이라는 중립적인 용어로 부르기 시작했을 것이라 생각된다.

카자흐스탄 고려인들은 사람뿐만 아니라 사물에 대해서도 '조선' 대신에 '고려'를 쓰고 있다. 조선어를 고려말로, 조선인연극단(극장)을 고려극장으로 바꿔 불렀다. 1990년 전후에 새로 등장한 단체들은 처음부터 '고려'라는 명칭을 사용했다. 고려인협회[3], 알마티고려문

3 미국이나 유럽 등지에서 우리 동포들이 결성한 한인회와 비슷한 것으로 1990년 결성

화중앙[4] 등이 그 예이다

1923년 연해주에서 《아방가르드(선봉)》라는 제호로 창간된 한인 신문은 고려인과 함께 카자흐스탄으로 왔다가 1938년 《레닌기치》로 이름이 바뀐 후 1991년 제호를 《고려일보》로 바꾸며 '고려'가 고려인 동포사회를 상징하는 명칭으로 자리잡는 데 기여했다.

러시아의 공식 기록에 따르면 고려인은 1864년 연해주로 이주해 온 것으로 되어 있다. 이주 초기에는 연해주 지역과 가까운 함경도 사람들이 주로 이주하여 농사를 지었다. 그러나 구한말 한반도 정세가 불안해지고 1910년 일제가 강제 합병한 후 이주자들이 늘어났다. 이들 중에는 일제의 식민지 정책으로 한반도에서 살기가 힘들어 이주한 사람도 있지만 독립운동을 위해 이주한 사람도 많았다.

러시아 정부는 이들을 동화시키는 정책을 폈다. 러시아 국적을 부여하고, 러시아 정교를 믿도록 했으며, 이름과 복장도 러시아식으로 바꾸도록 했다.[5]

연해주의 한인들은 1937년 강제 이주 전에도 새로운 삶을 개척하기 위해 자발적으로 카자흐스탄 등 중앙아시아 지역으로 이주하였다. 1897년 러시아의 인구조사 자료에 의하면 카자흐스탄의 세미레치예(제티수)주 등지에 18명, 1926년 자료에는 카자흐스탄에 42명, 우

되었으며, 한인회와 달리 카자흐스탄 정부로부터 협회 운영비 지원을 받고 있다.

4 1989년 설립된 문화단체로 설날 행사 이외에도 매년 8월 알마티 시내에 위치한 고리끼공원에서 8·15 광복절 행사를 개최한다. 이 행사에서는 우리의 전통 춤과 음악도 공연되는데, 이는 공원을 찾는 현지인에게 우리의 문화를 알리는 부수적인 효과도 거두고 있다.

5 강 게오르기, 『까자흐스딴의 조선 사람들의 력사』(인민대학습당, 2009), 42쪽.

즈베키스탄에 36명, 키르기스에 9명이 거주하고 있었다.

1928년에는 카자흐소비에트사회주의자치공화국의 초청을 받아 고려인들이 카자흐스탄으로 왔다. 당시 소련은 카자흐스탄을 벼농사 지대로 만들기 위해 대대적인 사업을 벌였다. 소련이 트란스옥시아나에서 벼농사를 짓던 지역을 고부가가치 품목인 목화 재배지로 바꾸자 벼 생산량이 부족해졌고, 이를 해소하기 위해 카자흐스탄 제티수와 남부지역에 벼농사 지대를 만들려 했던 것이다. 카자흐스탄에 초청받아 온 고려인들은 벼농사를 짓고 벼농사 경험을 전수해주었다.

1931년 카자흐스탄은 소련에서 벼 재배를 가장 많이 하는 지역으로 바뀌었는데 이는 상당 부분 고려인의 노력 덕분이었다. 이 당시에 자발적으로 온 고려인 숫자는 상세히 파악되지 않지만, 이들이 조직한 '카자흐스탄 리스'라는 농업협동조합에 70명이 있었다는 제티수 지역 공무원의 편지 기록[6]으로 볼 때 적지 않은 고려인들이 왔었을 것이다. 카자흐스탄의 벼농사 지역의 개발과 고려인 출신 벼 재배 전문가의 이주는 1937년 연해주의 고려인 상당수가 카자흐스탄으로 강제 이주하게 되는 하나의 배경이 되었다.

카자흐스탄으로 강제 이주

1937년 9월 1일부터 소련 정부는 연해주에 거주하던 약 18만 명의 고

6 위의 책, 69쪽.

려인을 8천km 이상 떨어진 중앙아시아로 강제 이주시키기 시작했다. 1397년 8월 21일 소련인민위원회 및 공산당중앙위원회가 연해주 고려인의 이주 계획을 결정한 지 10일 만에 단행한 것이다. 강제 이주의 이유는 이들이 일본의 간첩 역할을 하며 기회가 되면 일본군과 합세하여 소비에트 군대에 대항할지도 모른다는 두려움 때문이었다. 일본은 1931년 9월 만주를 점령하고 1937년 7월 중국 본토를 침략했는데, 1905년 러일전쟁에서 패한 경험이 있는 러시아에게 일본의 중국 침략 행위는 현실적으로 큰 위협이었다.

좋지 않은 이유로 이주가 결정되었기에 이주 과정에서 겪은 고려인의 고난은 이루 말할 수 없었다. 강제 이주 계획이 비밀리에 진행되었고 이주 명령이 갑자기 떨어져 준비할 시간이 없었다. 장기간 이동을 위한 먹을거리를 준비하지도 못했고, 처분하지 못한 가재도구와 가축도 많았다. 처분하지 못하거나 가져가지 못한 가재도구 등에 대한 변변한 보상이 이루어지지 않아 재산상의 손실도 컸다.

고려인은 시베리아횡단철도(TSR)와 Turkestan-Siberia Railway 철도에 실려 이동했다. 한 개의 화물칸에 몇 가구가 빼곡하게 들어갔다. 대소변은 잠시 정차할 때 주위에서 적당히 해결해야 하는 경우도 많았다. 이런 열악한 환경 속에 이동하다보니 환자가 많이 발생했고 치료를 받지 못해 죽는 사람도 많았다. 열차 사고가 일어나 사망자가 발생하기도 했다. 고려인들의 증언에 의하면 기차가 달리는 중에 애들이 차량 사이를 이동하다가 떨어져 사망한 경우도 있었다.

1937년 9월 말, 고려인을 실은 최초의 열차가 카자흐스탄의 우슈토베에 도착했다. 고려인의 이주는 1938년 봄까지 이어졌다. 연해주에서 약 18만 명이 이주해 왔는데 이 중 카자흐스탄으로 20,789세대 98,454명이 왔다.[7] 이들은 알마티주, 크즐오르다주, 악튜빈스크주, 카라칸다주 등지에 배치되었다. 카자흐스탄에 배치된 고려인은 우즈베키스탄보다 다소 많았다. 그러나 카자흐스탄에 도착한 후 살기가 어려워지자 상대적으로 농사를 많이 짓던 우즈베키스탄으로 넘어간 고려인이 생겨났고 이 때문에 우즈베키스탄의 고려인이 더 많게 되었다.

이러한 상황은 나중에 또 바뀐다. 우즈베키스탄이 독립한 후 고려인이 한국으로 취업을 나가고, 또 카자흐스탄이 우즈베키스탄보다 경제력이 높아져 우즈베키스탄 고려인이 카자흐스탄으로 이주해 옴에 따라 지금은 두 나라에 거주하는 고려인 동포의 숫자는 비슷한 것으로 보고 있다.

카자흐스탄에서의 정착 생활

고려인들이 카자흐스탄에 도착했을 때 이들에게 마주친 환경은 너무 열악했다. 이주가 갑자기 이루어진 탓에 이들을 수용할 주택, 병원, 대중목욕탕 같은 시설이 턱없이 부족했다. 더구나 1930년대 카자흐스탄은 기아가 휩쓸어 많은 사람들이 죽은 데다, 외국에 있던 카자흐인의 귀환 사업이 이루어져 이들을 위한 주택도 부족한 실정이었다. 사정이 이러다 보니 고려인에게 지급할 식량이 부족했고, 고려인은

7 위의 책, 130쪽.

토굴을 파고 살거나 창고, 마구간, 돼지우리 같은 곳에서 살아야 했다. 목욕도 잘 못 해 위생 상태가 최악이었다. 영양 부실과 열악한 위생 상태는 전염병 환자를 양산하여 이때 많은 고려인이 또 죽어갔다. 이들이 처음 도착했던 우슈토베 벌판에는 아직도 토굴 흔적이 있고, 당시의 무덤이 그대로 남아 있다.

그러나 고려인들은 온갖 역경 속에서도 절망하지 않고 생존해나갔다. 맨손으로 수로를 파고 물을 댔다. 황무지를 개간하여 논밭을 만들며 경작 면적을 넓혀나갔다. 이러한 피나는 노력 덕분에 고려인은 근면하고 성실한 민족이라 인정받아, 인구 비중이 0.6% 정도임에도 상원과 하원, 사법부, 정부의 각 부처 등 카자흐스탄 주류 사회에 활발하게 진출해 있다. 경제적으로도 성공한 인물이 많아 《포브스》(러시아판)에서 발표하는 카자흐스탄 부호 명단에 고려인 기업가가 상위에 포진해 있다.

고려인의 직업은 다양하다. 시골에서는 주로 농업에 종사하지만 도시에서는 식당업, 상업, 서비스업, 제조업 등 여러 분야에서 일한다. 특히 수교 이후 우리나라 기업이 활발히 진출하여 이들 기업에서 일하는 고려인이 많다.

고려인은 멀리 이국땅에 와서 살지만 우리의 언어와 문화를 유지하고 있다. 고려인 1세대가 사라져 한국말을 하는 고려인이 점점 줄어들고 있는 반면, 한국과의 관계가 증진됨에 따라 한국어를 배우려는 열기가 젊은 고려인들 사이에서 높아지고 있다. 전통춤과 사물놀이 같은 전통문화도 고려극장과 고려인 문화단체를 통해서 유지, 전수되고 있다. 가정에서는 아직까지 대부분 한국식으로 식사를

▲ 2016년 2월 6일 고려인 동포 설날 행사 (필자 촬영)

▲ 설날 행사장 입장을 기다리다 춤추는 고려인 동포들 (필자 촬영)

한다.

우리의 명절도 이어져 내려오고 있는데 대표적인 것이 한식과 설날이다. 고려인은 한식에는 조상의 묘소를 꼭 찾는다. 이들은 강제 이주당하면서 조상의 뿌리를 잃어버린 1세대의 아픔을 안타깝게 여겨 2, 3세대 자식이나 후손들은 부모의 묘소를 찾아 성묘하는 것을 뜻 깊게 생각하고 있다.

설날 행사는 고려인 단체가 각 지역별로 개최한다. 알마티에는 4만여 명의 동포가 거주하며 가장 큰 고려인 동포사회를 이루고 있어 이곳의 설날 행사 규모가 제일 크다. 필자가 알마티 총영사로 재직 시 알마티고려문화중앙이 2천 명 이상을 수용하는 카자흐스탄 국립대학교 학생궁전에서 이 행사를 개최했는데 빈자리가 거의 없었다. 고려극장 단원과 알마티고려문화중앙 소속 예술단원들이 다채로운 공연을 펼치고 동포사회의 과거와 현재를 영상으로 보여준다.

고려인 동포의 설날 행사는 축제일뿐만 아니라 이를 통해 고려인 동포사회의 역량을 결집시키고 고려인의 위상을 현지 사회에 널리 알리는 데 기여를 하고 있다.

명예 회복

중앙아시아로 쫓겨난 고려인들은 생존을 위해 온갖 고난을 이겨냈다. 그러나 그 어떤 고난보다도 이들을 힘들게 한 것은 이들이 일본군의 앞잡이가 될지도 모른다는 혐의를 받고 강제 이주를 당한 것이었다. 따라서 오명을 벗고 명예를 회복하는 것은 고려인 모두에게 무엇보다 절실한 과제였다.

강제 이주당한 지 20년이 채 안 된 1953년, 고려인은 카자흐스탄의 지방소비에트에 385명이 진출하여 그 존재를 인정받고 그동안 제한되었던 거주이전의 자유도 허용되었다.[8] 고려인은 이러한 지위 개선과 함께 흐루쇼프[9] 시대의 반스탈린 정책에 힘입어 1957-1958년 명예 회복을 위한 청원을 시작했다. 강제 이주가 인간적인 모욕과 정치·경제적 손실을 주었음을 주장하고, 연해주로 돌려보내줄 것과 민족문화자치권을 보장해줄 것을 소비에트연방정부에 요청했다. 이러한 청원은 부분적 성과를 거두어 한국어 방송과 한국어로 된 책, 문학작품 등의 발간이 허용되었다.

고려인에 대한 명예 회복 조치가 정식으로 이루진 것은 고르바초프가 페레스트로이카를 주창하던 무렵이었다. 1989년 11월 14일, 소련 정부는 강제 이주를 강요당한 민족들에 대한 탄압 행위가 비합법적이고 범죄적이었다는 것을 인정하고 그들의 권리를 보장한다는 결의를 채택했다. 더 나아가 1991년 4월 26일, 탄압당한 민족들의 권리를 회복시켜야 한다는 것을 법으로 제정했다.[10]이렇게 하여 고려인은 근거 없이 덧씌어진 오명에서 벗어나 50여 년 만에 명예를 회복하게 되었다.

1991년 12월 소련이 해체된 후 소련을 법적으로 승계한 러시아

---

8 위의 책, 288쪽.

9 1953년부터 1964년까지 소련의 국가원수 겸 공산당서기장을 지냈으며, 국내적으로는 스탈린주의를 비판하고 대외적으로는 미국을 비롯한 서방 국가와 공존을 모색했다.

10 강 게오르기, 앞의 책, 94쪽.

연방의 최고회의는 1993년 4월 '러시아 고려인의 명예 회복에 관한 법'을 제정했다. 이 법은 "1937년에 시행된 고려인의 강제 이주와 정치적 탄압은 불법적인 것이었고", "고려인들에게 정치적 복권을 단행하여 자유로운 민족문화의 발전과 정치적 권리를 다른 민족과 동등하게 갖게 하며", "과거 소련을 형성했던 여러 공화국에 거주하고 있는 고려인들이 러시아로 이주할 경우 희망하는 사람들에게는 러시아 국적을 부여하고…" 같은 내용들을 규정함으로써 고려인의 명예를 완전히 회복시켰다.

남·북한과의 교류

1992년 우리나라와 카자흐스탄이 국교수립을 하기 전까지 고려인은 북한하고만 교류했다. 이는 카자흐스탄이 소련을 구성하는 공화국이었고, 또 북한이 공산주의 국가라서 일어난 자연스러운 현상이었다. 더구나 고려인 대부분은 원래 고향이 북한 지역이어서 이들은 북한을 방문했고, 당연히 북한에 대해서는 친숙했다.

1960년 일제로부터의 해방 15주년 기념행사가 카자흐스탄에서 개최되어 북한의 경제와 문화 발전 및 대내외 정책들이 소개되었고, 1967년에는 10월혁명(볼셰비키혁명) 승리 50주년을 맞아 '카자흐스탄에서의 조선문화의 날', '조선민주주의인민공화국에서의 카자흐스탄의 날' 같은 행사가 각각 개최되었다.[11] 조국이 없어 강제 이주를 당한

11 위의 책, 340쪽.

설움을 겪었던 고려인은 카자흐스탄에서 개최된 이러한 북한의 행사에 대해 민족적 자긍심을 느꼈다.

자유민주주의 국가가 된 카자흐스탄에 거주하는 고려인은 카자흐스탄에서의 삶, 남한과의 교류, 해외여행 등을 통해 그동안 자유세계를 많이 경험했음에도 북한에 대해 여전히 호의적인 감정을 갖고 있다. 잘사는 남한이 북한을 도와주어야 한다고 생각하고, 심지어 북한이 핵무기를 갖는 것에 대해서도 그리 큰 거부감이 없다. 이는 이들이 북한 체제를 선호하기 때문이라기보다는 과거부터 북한과 꾸준히 교류를 이어왔고, 조상의 고향이 대부분 북한이어서 그에 대한 애정 때문일 것이다. 한국말을 하는 고려인이 많지 않지만 그나마 구사하는 경우는 대부분 북한말을 쓰는데, 남한 사람과 대화할 때는 러시아어를 사용한다. 비록 서툴고 억양이 센 북한 사투리이기는 하지만 우리말로 대화하면 좋을 것 같아 우리말로 대화하자고 하여도 굳이 러시아어로 얘기하기에, 한번은 고려인 원로한테 북한에서 온 사람하고도 러시아어로 대화하느냐고 물었더니 그들하고는 북한말로 대화한다고 했다. 남한 사람에 대해서는 아직 거리를 두고 있는 듯한 느낌이었다.

고려인과 남한의 본격적인 만남은 1992년 우리나라와 카자흐스탄이 외교관계를 수립한 이후부터이다. 정치계·경제계·문화계·학계 등 각계의 우리나라 인사들이 카자흐스탄을 방문했다가, 이들은 우리에게 생소했던 카자흐스탄이라는 나라에 동포가 살고 있다는 사실에 놀라며, 어떻게 여기에 와 살게 되었는지 궁금해했다. 그리고 강제 이주를 당한 아픈 역사를 알고 나서 같은 동포로서 도와주어야 한다고 생각했다.

고려인의 존재는 이제 한국 사회에도 널리 알려져 있으며 정부는 물론 여러 민간단체에서 이들을 지원하고 있다. 지원은 크게 정체성 회복과 자립을 위한 분야이다. 정체성 회복을 위해서는 한글교사와 사물놀이, 판소리 등 전통문화를 가르치는 전문가를 파견하고 고려인한글학교, 예술단체 등에 재정 지원을 하고 있다. 또한 독립 유공자 후손을 비롯한 원로 고려인들을 한국에 초청하여 조국의 발전상을 소개하고 그 의미를 되새기게 하고 있다.

고려인이 현지 사회에서 자립할 수 있도록 도와주는 것은 정체성 회복 못지않게 중요하다. 우리 정부에서는 우선 젊은 학생들에 대한 교육이 중요하다고 보고 장학금을 지원하거나 한국 유학 장학생으로 초청한다. 카자흐스탄에 진출한 우리 기업은 고려인 동포들을 우선적으로 채용해 선진 비즈니스 기법을 익히는 기회를 제공해 준다.

고려인 동포사회는 한-고려인협력센터 같은 것이 만들어지기를 희망하고 있다. 이 협력센터에서 카자흐스탄에 진출하고자 하는 우리 기업과 정보를 공유하고, 카자흐스탄 개발 프로젝트에 공동 진출하는 방안에 대해 논의해보자는 것이다. 협력센터 건립은 구상 단계에 불과하지만, 고려인 동포들이 현지 사정을 잘 알고 있으므로 효과적인 카자흐스탄 진출과 동포들의 자립을 지원하는 차원에서 적극적으로 검토해볼 필요가 있다.

고려인은 국가관에서 특이한 인식을 갖고 있다. 이들은 남북한

▲ 2016년 6월 17일 고려인협회 간부회의 후, 참석자들과 만찬을 함께했다. 첫줄 좌측부터 김로만 하원의원겸 고려인협회 회장, 박이반 『과학』 명예회장, 채유리 전 상원의원, 필자, 니 류보비 고려극장장, 신브로니슬라브 알마티고려문화중앙 회장 (필자 촬영)

을 '역사적 조국'이라 부른다. 다른 지역의 동포처럼 모국이라 부르면 좋을 텐데 약간의 거리감이 느껴지는 용어로 부르는 것이다. 이는 1937년 당시 자신들을 보호해줄 조국이 있었다면 강제 이주의 설움을 당하지 않았을 수도 있었다는 생각에, 현재 자기들이 속한 국가(카자흐스탄)가 가장 중요하다는 표현일지도 모른다.

《고려일보》와 고려극장

《고려일보》와 고려극장은 연해주에서부터 한민족의 정체성 보전을 위해 노력하며 동포 사회의 등불 역할을 해왔으며, 오늘날 카자흐스탄 고려인 동포사회의 아이콘일 뿐만 아니라 우리나라에도 잘 알려져 있다.

《고려일보》는 1923년 연해주에서 '아방가르드'(선봉)로 창간되었다. 1937년 카자흐스탄의 크즐오르다로 이전한 다음 해인 1938년 '레닌기치'로 이름이 바뀌었다. 처음에는 시르다리야 구역 신문으로 출발했으나 1940 크즐오르다주 신문, 1954년에는 카자흐스탄공화국 신문으로 점차 지위가 격상되었다. 이후《고려일보》는 전 소련 내 고려인과 북한에도 배포되었다.《고려일보》는 카자흐스탄공화국 신문이 되며 공산당 기관지 역할도 하는 한편, 우리의 언어와 문화를 보존하기 위해 노력하고, 동포사회의 소식과 생활 정보를 전하며 동포사회의 구심점 역할을 해왔다. 1956년 알마티로 이전했으며 카자흐스탄이 독립한 해인 1991년 제호가《고려일보》로 바뀌며 오늘에 이르고 있다.

《고려일보》는 2000년 1월부터 고려인협회 소속으로 되어 있으며, 고려인협회는 카자흐스탄 정부로부터 받는 지원금의 일부를《고려일보》운영비로 사용하고 있다.

《고려일보》는 현재 대부분의 지면이 러시아어로 작성되고 일부 지면만 한글이다. 이는 한글을 이해하는 독자층이 많지 않고, 한글로 기사를 쓸 수 있는 기자가 부족하기 때문이다. 그러나 카자흐스탄에 한국어 배우기 열기가 높아 현지인들이《고려일보》독자층이 될 수 있고, 아울러 고려인 동포에게 한글을 보급한다는 차원에서 한글로 기사를 작성할 수 있는 인적 자원을 확보하는 일이《고려일보》와 고

▲ 《고려일보》(위)와 2018년 4월 24일 관저를 방문한 콘스탄틴 편집장과 《고려일보》 직원들(아래, 필자 촬영)

려인 동포사회의 시급한 과제이다.

고려극장은 1932년 '원동변강조선인연극단'이라는 명칭으로 블라디보스토크에서 창단되었다. 이 연극단은 1948년 사할린에서 조선인 연극단이 창설되기 전까지만 해도 소련 내 유일한 조선인 연극단이었으며,[12] 88서울올림픽을 전후해 고려극장으로 바뀌어 불리기 시작했다.

1937년 강제 이주 시에 가재도구조차 챙기기 힘든 상황이었음에도 불구하고 단원들이 연극 소품과 악기를 직접 운반하며 연극단을 보존하려는 강한 의지를 보였다. 강제 이주할 때 단원 대부분은 카자흐스탄의 크즐오르다로 왔으나 일부는 타슈켄트로 갔다.

조선인연극단은 1942년 우슈토베로 옮겨졌고, 명칭도 '딸디 꾸르간주 연극단'으로 바뀌었다. 1950년 타슈켄트에 있는 연극단이 딸디 꾸르간주 연극단과 통합되었다. 연극단은 1959년에 다시 크즐오르다로 돌아왔고, 1964년부터는 소속이 크즐오르다주에서 카자흐스탄공화국으로 변경되어 지위가 격상되었다. 1968년 알마티로 이전했고, 알마티에서도 몇 차례 옮겼다.[13]

이러한 어려운 여건 하에서도 단원들은 '춘향전', '심청전', '흥부와 놀부' 등 우리의 고전을 무대에 올리며 우리의 문화 보존을 위해 노력하고 다른 한편으로는 러시아 작품들을 번역하여 무대에 올렸다.

---

12 위의 책, 31쪽.

13 위의 책, 323, 333, 335쪽.

▲ 2018년 1월 19일 관저를 방문한 리류보비 고려극장장과 단원들 (필자 촬영)

▲ 2016년 9월 29일 국경일 리셉션에서 고려극장 단원들의 공연 (필자 촬영)

▲ 2018년 10월 25일 〈홍범도〉연극 공연 후 홍범도장군기념사업회 관계자와 단원들 (필자 촬영)

고려극장은 카자흐스탄 문화와 예술 증진에 기여한 공로를 인정받아 2016년 국립아카데미극장으로 승격했다. 아카데미(Academicheskiy) 지위는 카자흐스탄 정부가 극장에 수여하는 최고의 지위이다.

알마티에는 우리나라를 비롯하여 미국, 러시아, 중국, 터키 등 20개가 넘는 상주 총영사관이 있다. 각 나라의 총영사관에서는 매년 자국의 국경일을 기념하는 리셉션을 개최하는데, 특이한 것은 문화 공연을 한다는 점이다. 이는 카자흐스탄 이외의 국가에서는 흔히 볼 수 있는 현상은 아니었다. 다른 나라들 총영사관이 그렇게 하니 우리도 해야만 했는데, 공연자 섭외나 초청 비용 등 많은 어려움이 있었다. 그런데 이러한 문제를 한 번에 해결해준 곳이 바로 고려극장이었다. 멀리 한국에서 예술단을 초청할 필요 없이 고려극장 단원들을 초청하여 전통공연을 펼친 것이다. 리셉션에 참석한 외교단과 주재국 인사들은 부채춤, 사물놀이 같은 공연에 감탄했고 필자는 물론 고려인 동포들도 큰 자부심을 느꼈다.

고려극장은 2018년에는 홍범도장군기념사업회와 함께 홍범도 장군 순국 75주기를 맞아 연극 〈홍범도〉를 공연하며 장군의 업적을 기렸다.

고려인의 미래 역할

우리나라와 카자흐스탄은 외교관계를 맺고 교류를 시작한 지 30여 년밖에 안 되었음에도 불구하고 여러 분야에서 긴밀한 협력을 해오고 있다. 이는 1937년 카자흐스탄에 와서 뿌리를 내리고 사는 고려인이 좋은 이미지를 구축해놓은 것에 힘입은 바가 크다. 앞으로 신실크로드 시대, 유라시아 협력 시대를 맞이하여 이 지역 국가들과의 협력 증대가 예상됨에 따라, 현지의 법과 제도, 문화를 잘 아는 고려인의 역할은 더 커질 것이다. 그중에서도 카자흐스탄의 고려인은 카자흐스탄이 자원 부국일 뿐만 아니라 발전 잠재력이 크고, 유라시아 중심지에 위치한 지정학적 특성으로 인해 앞으로 더 큰 역할을 하게 될 것이다.

고려인 동포사회는 세대교체기에 직면해 있다. 이곳에 온 지 80년이 지나면서 1세대 중 생존자가 많지 않고 2세대도 60세가 넘어 은퇴를 하고 있다. 지금은 우리나라와 카자흐스탄이 외교관계를 수립한 이후 등장한 3, 4세대가 고려인 사회의 주축이 되어가고 있다.

부모 세대와 달리 이들은 자신들의 미래를 위해서는 남한의 발전 모델을 따라야 한다고 생각한다. 이들은 한국 유학, 한국 기업 근무, 카자흐스탄을 방문한 다양한 NGO 단체와의 교류, 인터넷 등을 통해 한국에 대해 잘 알고 있다. 이들의 한국에 대한 지식과 이들이 살고 있는 국가에 대한 지식은 한국이 유라시아 지역에 진출할 때 큰 자산이 되리라 본다.

이들 고려인 젊은 세대가 앞으로 한국과 카자흐스탄의 협력 증진을 위해 큰 역할을 할 수 있을 것이라는 예를 하나 소개한다.

매년 5월 K-팝 경연대회가 알마티시의 중심에 위치한 대형 쇼핑몰 야외 공연장에서 열린다. 경연대회에는 K-팝을 사랑하는 카자흐스탄 청소년들이 20개 정도의 팀을 구성하여 참가하는데, 관중이 2천 명 이상 몰리고 참가자들은 한국의 K-팝 가수 못지않은 인기를 얻고 있다. K-팝 경연대회는 이렇게 카자흐스탄 젊은이들 사이에 뿌리를 내리며 한국을 알리는 데 크게 기여하고 있는데, K-팝의 유용성을 깨닫고 대회를 주최하는 사람들이 바로 알마티고려문화중앙에 소속된 고려인 젊은이들이다. 이들은 자신들이 거주하는 국가에서 한국의 장점을 살려나가는 방법에 대해 잘 알고 있는 것이다.

앞으로 카자흐스탄에 진출하려는 우리 기업인들이 고려인 젊은이들과 협력하여 물류, 자원 개발, 에너지, IT, 의료, 농업, 건설, 자동차 등 다양한 산업 분야에서 성과를 이루기를 기대해 본다.

멀리 눈 덮인 천산을 배경으로 2017년 5월 14일 개최된 K팝 경연대회를 관람하는 관중들 (필자 촬영)

2017년 5월 14일 K–팝 경연대회 참가자 (알마티고려문화중앙 제공)

3. 우리나라와 카자흐스탄의 친연성

친연성

공원이나 등산길에서 카자흐스탄 사람을 만나면 어느 나라에서 왔냐며 영어나 러시아어로 물으며 친근하게 말을 건넨다. 한국에서 왔다고 하면 한국말로 "안녕하세요!"라고 인사를 하는데, 억양이 하나도 없는 한국말 그대로다. 한국어와 카자흐스탄에서 쓰는 투르크 언어는 같은 알타이어족에 속해서 그런지 카자흐스탄 사람들은 놀랄 정도로 한국말을 정확하게 발음한다.

외모도 비슷한 사람이 많다. 카자흐스탄에는 130여 민족이 살고 있는데 오손 같은 인도유럽어계 종족도 섞여 있어 외모는 다양하지만 이 중에는 우리와 비슷하게 생긴 사람들도 많다.

문화도 공통점이 많다. 연장자를 존중하고 서열이 중시된다. 알트바칸은 우리의 그네타기와 거의 똑같고 카자흐샤 쿠레스는 씨름과 비슷하다. 국민 대다수가 무슬림이지만 이슬람이 도래하기 전부터 믿고 있던 악박(oboo)[14]은 우리의 서낭당 문화와 유사하다.

음식 문화도 비슷한 점이 많다. 양고기와 빵이 주식이기는 하지만 파, 마늘과 같은 채소를 즐겨 먹으며, 김치·불고기·잡채·떡볶이 같은 한국 음식을 좋아한다.

이처럼 우리나라와 카자흐스탄 국민 간에는 언어, 외모, 문화, 음식 등 많은 분야에서 친연성이 있다. 이는 두 나라 국민 모두가 공감하는 것으로 양국 협력의 동인이 된다.

이러한 친연성은 서양 사람, 일본 사람, 중국 사람들은 느끼지 못하고 한민족과 카자흐스탄을 포함한 중앙아시아 국민들만이 갖는 것으로, 우리나라와 이 지역 간에 미래 협력을 위한 큰 자산이다.

그런데 두 나라의 국민이 느끼는 친연성은 어디서 오는 것일까? 우리가 카자흐스탄과 본격적으로 교류를 시작한 것은 1992년 1월 외교관계를 수립한 이후부터이다. 30여 년밖에 안 된 짧은 교류 기간을 통해 친연성을 갖게 되었다고 말하는 것은 무언가 이상하다. 친연성은 말 그대로 친척과 같은 친밀감을 느끼는 것을 말하는데, 이는 혈연관계가 아니고는 설명하기가 어렵다. 인류의 이동에 관한 최근의 연구에 의하면 한민족은 중앙아시아에서 왔다는 것이 정설이다. 이는 한민족과 중앙아시아인이 혈연관계에 있다는 가능성을 강하게 시사해준다.

DNA 분석과 화석 연구에 따르면, 현생인류는 20만 년 전에 아프

14 돌탑과 오색천이 감싼 나무기둥으로 이루어진 구조물로 중앙아시아, 몽골, 시베리아 등지에 퍼져 있으며 복과 안전을 비는 장소이다.

리카에서 나타나서 후기 구석기시대를 만들어낸 사람들이다. 그들은 5-6만 년 전에 아프리카를 떠나 세계 곳곳으로 퍼져 나간 것으로 밝혀졌다. 이들은 아프리카를 떠나,

> ① 중동 → 카스피해 남부 → 중앙아시아 → 몽골고원 → 바이칼 호수 → 만주(→ 한반도), 베링해(→ 아메리카),
> ② 아라비아 해안 → 인도 해안 → 인도차이나반도 → 중국 → 인도네시아 및 남태평양의 여러 섬,
> ③ 중동 → 아나톨리아반도, 캅카스 지역 → 동부 유럽 → 서부 유럽으로 이동했다.[15]

언어도 인류의 이동경로 추정에 도움을 준다. 한국어가 속한 알타이어군은 현생인류의 이동경로①과 비슷하게 분포해 있다.

DNA 분석과 알타이어군 분포는 우리 민족이 중앙아시아에서 왔음을 알려주고 있는데, 이는 단재 신채호 선생 같은 역사학자들의 주장을 뒷받침해준다.

이들은 동쪽으로 이동하면서 자연스럽게 한반도의 관문인 요하[16]와 만주 지역에 정착하여 여러 부족국가들을 세웠다. 고조선은 이들이 세운 부족국가 중 하나였을 것이다. 이렇듯 한민족과 중앙아시아인

---

15 김석동, 앞의 책, 201쪽.

16 랴오허강으로도 불리며 서요하와 동요하로 나뉜다. 서요하는 대싱안링산맥에서 발원하여 동으로 흐르는 강을 말하고, 동요하는 길림성(지린성) 남서부에서 발원하여 서쪽으로 흐르는 강을 말하는데, 이 두 강이 요녕성(랴오닝성)에서 만나 요하가 되어 발해(渤海)로 흘러 들어간다.

▲ 알마티시에 위치한 해발 약 3,500m의 천산 푸르마나 봉 정상에 있는 악박 (필자 촬영)

들은 뿌리가 같기에 오랫동안 멀리 떨어져 살아왔어도 비슷한 풍습을 공유하며 친연성을 느끼게 되는 것이다.

고조선

고조선은 기원전 4-5세기경에 대동강 중심의 한반도 북부에 세워진 국가라는 것이 주류 사학계의 입장이다. 그러나 새로운 연구와 유적과 유물의 발굴을 통해 고조선의 건국 시기는, 『삼국유사』에 나오는 대로, 기원전 24세기로 올라가며 영토는 한반도 북부에서 요하 지역과 만주 일대에 달했다는 주장이 강력하게 대두되고 있다.

고조선의 영토가 요하와 만주 일대까지 미쳤다는 주장은, 중국의 여러 사서에 고조선이 한반도에 세워졌다는 명시적 언급이 없고, 오히려 지금의 요하 지역에 있었을 것이라 추론케 하는 설명에 근거를 둔다. 한 예가 『산해경(山海經)』에 이렇게 나와 있다.

"東海之內, 北海之隅, 有國名曰朝鮮"

(동해의 안쪽 그리고 북해 부근에 조선이라는 나라가 있다)[17]

동해와 북해는 중국 쪽에서 바라본 것이므로 동해는 황해에 해당하고, 북해는 산동반도와 요동반도에 둘러싸인 보하이해(발해)를 뜻한다고 보아야 할 것이다. 『산해경』은 최소 기원전 4세기 전후에 나온 지리책이고 '조선(朝鮮)'은 고조선의 원래 이름이며 고조선으로 이름이 바뀐 것은 고려시대[18]이므로 여기서 언급된 조선은 고조선을 가리킨다 할 것이다. 고조선의 영토가 요하 지역과 만주 일대까지 포함하였다고 주장하는 학자들은, 고조선 시대의 대표적 유물인 비파형동검이 한반도뿐만 아니라 요하 지역과 만주 일대에서 출토된 사실도 그 증거로 제시한다.

홍산문화(紅山文化) 역시 고조선의 역사와 불가분의 관계에 있다. 요하문명이라 부르기도 하는 홍산문화는 기원전 7000년~기원전 1500년 사이에 내몽골과 요하 지역에서 형성된 신석기-청동기시대

---

17 황순종, 『동북아 대륙에서 펼쳐진 우리 고대사』(지식산업사, 2012), 387쪽.

18 고려 시대의 승려이자 『삼국유사』를 저술한 일연이 위만조선과 혼동을 피하기 위해 고조선이라는 이름을 최초로 사용하고, 이후 이성계가 세운 조선과 구별하기 위해 고조선이라는 용어가 널리 사용되었다.

의 문화복합체이다. 이 일대에서 옥(玉) 유물, 적석총, 빗살무늬토기, 비파형동검, 복골(卜骨)[19] 등의 유물이 대량 출토되었다. 이들 유물이 모두 한반도에서 발견되는 반면, 적석총, 빗살무늬토기, 비파형동검은 중국 본토에서는 발견되지 않고 있다. 전문가들은 이와 같은 사실에 근거하여 홍산문화는 중국의 고대 문화와는 다른, 만주와 한반도로 연결되는 문화로 보고 있다.[20]

요하와 만주 일대에는 고조선 이외에도 예맥, 동호, 숙신, 말갈로 불리는 다양한 부족이 있었다. 이들 부족의 역사는 남겨진 기록이 미미해 자세히 알 수 없지만, 한민족이 요하와 만주 지역을 거쳐 한반도로 이동한 사실에 비추어 한민족은 이들과 관계가 있었을 것이다. 실제로 동호, 예맥, 숙신은 고조선의 후예이고 동호는 오환과 선비로 나뉘었다는 견해가 있다[21].

요하와 만주 일대의 부족들은 내몽골에서 외몽골을 통해 카자흐스탄과 중앙아시아로 진출하거나, 또는 내몽골에서 오르도스를 거쳐 하서회랑으로 진출한 후 타림분지와 티베트로 향했다.

요하와 만주, 한반도 북부에 걸쳐 세력을 형성한 고구려도 이와 비슷한 루트로 중앙아시아와 교류를 했다. 고구려가 중앙아시아 지역과 교류했다는 대표적인 증거가 7세기 전후의 것으로 추정되는 아프라시압(Afrasiyab) 궁전벽화에 보이는 고구려 사신이다. 아프라시압은 사마르칸트 교외에 위치한 언덕으로, 과거 실크로드 중개무역을

19 점을 치는 데 사용하는 동물의 뼈.

20 김석동, 앞의 책, 298쪽.

21 위의 책, 226쪽.

담당한 소그드인의 중심 거주지였다. 이 궁전벽화에 '사신도'(使臣圖)가 그려져 있는데 이 사신도 맨 마지막에 조우관(鳥羽冠)을 쓰고 환두대도(環頭大刀)를 차고 서 있는 두 사람을 학계에서는 고구려 사신으로 보고 있다.

흉노, 돌궐, 거란, 몽골 등 많은 유목국가가 유라시아 초원에 등장했다. 이 국가들은 정도의 차이는 있지만 중국의 동북부(요하와 만주 지역)에서 몽골고원, 천산 북방과 타림분지, 중앙아시아와 카자흐스탄, 남러시아 초원에 걸쳐 세력을 형성했다. 중국 북방을 수시로 공격한 것은 말할 나위가 없다. 이 유목국가들은 단일 부족 세력이 아니라 거대한 부족 연합체였음에 비추어 고조선, 동호, 말갈 등의 부족과 그 후예들은 이 유목국가의 일원으로 활약했을 것이다.

고조선의 영역은 오늘날 대부분 중국의 영토가 되고 말았다. 요하 지역은 요녕성, 만주 지역은 길림성과 흑룡강성에 편입되었다. 하지만 고조선의 영역은 고대에는 한민족을 비롯한 동방의 민족들이 초원의 유목 세력, 타림분지의 실크로드 도시들, 그리고 카자흐스탄을 포함한 중앙아시아의 여러 지역과 교류하는 중심지이자 관문이었다.

맺음말

카자흐스탄은 우리에게 에너지와 광물자원이 많은 나라, 실크로드 국가, 미녀의 나라, 고려인이 사는 나라, 우리와 친연성이 있는 나라, 영토가 큰 나라 등으로 알려져 있다. 하지만 실상 이 나라에 대해 종합적으로 정리된 것은 많지 않다. 이는 카자흐스탄에 대해 소개된 자료가 우리나라에 많지 않고, 아울러 체계적으로 접근해본 일이 드물기 때문일 것이다.

카자흐스탄을 좀더 체계적으로 알리기 위해 진작부터 책을 써볼 생각은 했지만 지식과 역량이 부족해 엄두를 내지 못했다. 그러나 공직 생활에서 퇴임한 후 아제르바이잔과 카자흐스탄에서 각각 3년씩 근무하며 유라시아 지역에 대해 쌓은 지식과 경험한 것들이 기억에서 사라지기 전에 정리해보아야겠다는 결의가 생겼다.

외교관들은 외국에서 근무할 때 그 나라의 역사와 문화를 익히려고 노력한다. 근무하는 국가의 역사와 문화에 대한 이해는 상대방에게 호감을 주어 소통하는 데 유익하고 외교 업무를 수행하는 데 큰 도움이 되기 때문이다.

아제르바이잔에서 근무하기 전에는 주로 독일이나 미국 각 지역의 공관에서 근무했기에 별다른 걱정은 없었으나, 2010년 생소한 나라인 아제르바이잔으로 발령이 났을 때 걱정이 앞섰다. 무엇보다 아제르바이잔이 이슬람 국가라는 점이었다. 과격한 이슬람 단체들의 테러 활동으로 무질서한 상황이 난무하지 않을까 하는 염려였다. 그러나 아제르바이잔에 부임한 후 얼마 지나지 않아 이러한 걱정은 기우가 되었다. 과격 이슬람 세력이 거의 없었을 뿐만 아니라 아제르바이잔 국민은 이슬람을 믿고 의지하며 진실하고 성실하게 사는 사람들이었다. 처음으로 접해본 이 사람들의 음악, 춤, 음식 등의 문화도 친밀하게 다가왔다. 같이 있으면 왠지 모르게 마음이 편안해지고 즐거웠다. 이러한 호감은 업무적 필요성과 더불어 아제르바이잔의 문화와 역사, 더 나아가 유라시아의 역사 속으로 나를 이끌었다.

카자흐스탄이라는 나라도 아제르바이잔에 근무하면서 처음으로 알게 되었다. 거대한 땅에 살고 있는 이들은 과연 누구인지, 어떻게 유목민인 이들이 광활한 영토를 갖게되었는지, 늘 호기심으로 다가왔다.

아제르바이잔에서 근무하고 알래스카 앵커리지 소장으로 발령이 났다. 아제르바이잔을 떠날 때 이 지역으로 다시 오게 되리라 생각을 못했는데, 2년 후 알마티 총영사로 발령받아 카자흐스탄에 오게 되었다. 묘한 숙명감을 느끼고 카자흐스탄과 유라시아의 역사에 다시 관심을 갖기 시작했다.

과거 활쏘기 기술과 기마술이 전쟁에서 우위를 보이던 시대에 유라시아의 주인공은 유목민들이었다. 그러나 이들이 자신들에 대해 기록해놓은 자료가 별로 없기 때문에 이들의 삶은 중국, 페르시아, 로마, 러시아 등 주변 정주민들이 지엽적으로 기록한 것들을 퍼즐처럼 맞추어 이해해야 한다.

카자흐스탄도 유목민의 나라이기에 정황이 이와 비슷하다. 이 지역에 등장했던 스키타이와 투르크족, 흉노·돌궐·몽골제국 등에 대한 정주민들의 기록을 통해 간접적으로 카자흐스탄의 역사를 알 수밖에 없는 것이다. 이러한 사정과 더불어 필자가 유라시아나 카자흐스탄 역사를 전문적으로 연구해본 적이 없고, 새로운 관련 자료를 발굴할 역량이 부족하기에 책의 내용에 미비한 점이 많이 있을 것으로 생각한다.

이런 미비함 때문에 이 책의 초안을 마련하고 나서 과연 낼 만한 가치가 있는 것인지, 많은 고민을 했다. 카자흐스탄에 대해 체계적으로 정리해보겠다는 의도는 좋을 수 있지만, 부족한 가운데서도 과연 이러한 목적을 이 책이 조금이나마 채워낼 수 있느냐, 하는 것이 가장 큰 고민이었다. 모쪼록 독자 여러분의 이해를 바라며, 부족한 부분은 카자흐스탄에 더 큰 관심과 열정을 가진 분들이 보완해주기를 기대한다.

미비한 책이지만 빛을 보기까지 들녘출판사 박성규 주간님과 아이필드 유연식 대표님이 늘 곁에 있었다. 고민과 갈등을 할 때마다 낯선 분야의 이야기에 관심을 갖고 용기를 준 두 분에게 감사의 말씀을 드린다.

유라시아 연대표

연대	일어난 일
기원전	
60000경	현생인류가 아프리카를 떠나 세계 각지로 이동(~50000)
7000경	홍산문화(~1500)
3500경	서아시아에서 수레바퀴가 발명됨
3000경	카자흐스탄 북부 보타이 부락지(다량의 말뼈 출토)
2400경	단군, 고조선 건국
2000경	인도유럽어족, 남러시아 초원에서 중앙아시아 등지로 이동
1700경	안드로노보 문화, 남시베리아와 중앙아시아로 퍼짐
750경	스키타이, 킴메르인을 몰아내고 흑해 북안 진출(~700)
628경	스키타이, 메디아왕국 일시 정복
559	키루스 2세, 아케메네스왕조 건국(~330)
530경	키루스 2세, 맛사게태와의 전투에서 사망
519	다리우스 대제, 피지배 부족의 반란을 평정하고 비시툰에 비문을 세움
5세기경	카자흐스탄 이슥 지역의 쿠르간(스키타이인의 무덤)
330	알렉산드로스 대왕, 페르시아(아케메네스왕조) 정복
318	흉노, 사마천의 『사기』에 최초로 등장
221	진시황, 진(秦)나라 건국(~206)
215	몽염, 오르도스에서 흉노를 쫓아냄
3세기 말	흉노의 묵특 선우, 동호와 월지 제압
	스키타이, 사르마트에게 패해 흑해 북안에서 크리미아로 쫓겨남

202	유방, 한나라(전한) 건국(~기원후 8)
200	흉노, 백등산에서 한나라 고조(유방) 포위
176	흉노의 묵특 선우, 한나라 문제에게 서한을 보내 서역을 평정한 사실을 알림
139	한나라 무제, 장건을 대월지에 파견
126	장건, 대월지에서 귀국
121	곽거병, 기련산에서 흉노 토벌
119	한나라 무제, 장건을 오손에 파견
115경	한나라, 하서회랑에 하서사군 설치 시작
100경	이광리, 대완 점령
77	한나라, 누란 정복
60	흉노의 일축왕, 한나라에 투항
	한나라, 타림분지에 서역도호부 설치
44경	흉노 동,서 분열 및 서흉노 카자흐스탄(강거 땅)으로 이주
36	서역도호 김연수, 강거 땅에서 서흉노의 질지 살해
기원후	
25	유수(광무제), 한나라(후한) 건국(~220)
48	흉노, 남북으로 분열
91	북흉노, 오손의 땅으로 이주
	후한의 반초, 서역도호에 임명됨
2세기 중반	선비의 단석괴, 북흉노를 오손의 땅에서 쫓아냄
170경	훈족, 프톨레마이오스의 『지리학』에서 돈강 부근에 거주하고 있다고 언급됨

220	후한 멸망 및 위진남북조시대 시작(~589)
224	아르다시르 1세, 페르시아의 사산왕조 건국(~651)
265	사마염, 진(晉)나라 건국(~316)
280	진(晉)나라, 삼국통일
291	팔왕의 난(~306)
3세기	선비, 중국 북부로 이주
304	흉노의 유연이 북한(전조)을 세우고 5호16국 시대 시작(~439)
316	진(晉)나라, 유연이 세운 전조(前趙)에 망하고 남경으로 쫓겨남
317	진(晉)나라 일족, 남경에 서진(西晉) 건국(~419)
4세기 전반	유연 등장
4세기 중엽	선비족 일파, 토욕혼 건국(~663)
375	훈족, 알란족과 고트족을 남러시아 초원에서 밀어내기 시작함
380	테오도시우스 황제, 기독교를 로마의 국교로 선포
386	탁발, 북위 건국(~534)
395	로마제국, 동로마와 서로마로 분열
402	유연의 사륜, 구두벌 카간을 칭하며 유연 건국(552)
415	알라리크, 서고트왕국 건국(~711)
434	아틸라, 훈족의 지도자가 되고, 이후 로마제국 침략
439	북위, 북중국 통일(5호16국 시대 마감)
444	아틸라, 형 사망 후 훈족 전체를 통솔하고 동로마제국 침공
453	아틸라 사망 및 훈제국 분열
476	서로마제국 멸망
481	클로비스, 프랑크왕국 건국(~843)

493	테오도리쿠스, 라벤나에 동고트왕국 건국(~553)
5세기 말	클로비스, 프랑크왕국 건국(~843)
552	토문, 돌궐제국 건국(~630)
6세기 중반	아바르, 남러시아 초원에 등장하여 훈족 잔여세력과 헝가리의 게피대 격파
565경	서돌궐, 사산왕조와 에프탈을 공격하여 멸망시킴
567	서돌궐의 이스테미, 소그드인 마니악을 동로마에 사신으로 파견
570경	무함마드, 메카에서 탄생
581	수 문제, 수나라 건국(~618)
582	돌궐제국, 동돌궐과 서돌궐로 분열
589	수 문제, 남조의 진(陳) 정복(위진남북조시대 마감)
603	사산왕조와 로마의 25년 전쟁(~628)
618	이연, 당나라 건국(~907)
7세기 초	송첸 감포, 티베트왕국 건국(~9세기 중반)
	아바르, 사산왕조와 동로마 공격
627	동로마, 하자르와 동맹을 맺고 니네베 전투에서 사산왕조에 승리
630	당나라, 동돌궐 정복
632	무함마드 사망 및 라시둔 시대 시작(~661)
635	당나라, 토욕혼에 친당 정권을 세움
638	이슬람 군대, 예루살렘 점령
640	당나라, 투르판(고창왕국)을 점령하고 안서도호부 설치
642	이슬람 군대, 니하반드 전투에서 사산왕조에 승리
648	당나라, 쿠처를 점령하고 안서도호부를 투르판에서 쿠처로 옮김

7세기 중반	하자르, 캅카스 서북방에 있는 불가르 공격
657	당나라, 서돌궐 정복
661	우마이야 가문, 우마이야왕조 건국(~750)
663	티베트, 토욕혼 정복
670	당나라, 티베트의 공격을 받고 안서도호부를 쿠처에서 투르판으로 옮김
7세기 말	불가르 일파, 모이시아로 이주하여 불가리아인의 조상이 됨
682	쿠틀룩, 돌궐제국(제2돌궐제국) 건국(~744)
690	이슬람 군대, 카르타고를 함락시키며 동로마를 북아프리카에서 쫓아냄
692	당나라, 티베트로부터 쿠처를 탈환하고 안서도호부를 부활시킴
696	돌궐, 당나라를 도와 당나라에 반기를 든 거란 공격
698	대조영, 발해 건국(~926)
702	당나라, 베쉬발릭에 북정도호부 설치
705	쿠타이바 이븐 무슬림, 호라산 총독에 임명됨
711	이슬람 군대, 서고트를 멸하고 스페인 남부 진출
712	이슬람 군대, 사마르칸트 점령
744	돌궐제국 멸망 및 위구르제국 건국(~840)
8세기 중엽	오구즈, 야브구왕조 건국(~11세기 중엽)
	킵차크, 알타이 방면에서 카자흐스탄 북부로 이주
747	고선지 장군, 파미르를 원정하여 티베트 세력 축출
	메르브에서 반우마이야왕조 세력의 봉기
750	아바스 가문, 아바스왕조 건국(~1258)
751	탈라스 전투

755	안사의 난(~763)
762경	위구르 뵈귀 카간, 마니교로 개종
766	카를룩, 야브구왕조 건국(~9세기 말)
780경	티베트, 당나라로부터 돈황 탈취
790	티베트, 안서도호부와 북정도호부 함락시킴
9세기	아프가니스탄 중앙부에 구르왕조 등장
9세기 초	아바르, 프랑크왕국의 지배하에 들어감
821경	티베트, 당나라와 평화협정을 맺고 당번회맹비를 조캉 사원에 세움
843	서고트왕국, 베르됭 조약에 의해 동.서.중 프랑크왕국으로 분리
848	티베트, 돈황을 토착 호족 장의조에게 빼앗김
9세기 중반	오구즈, 하자르와 연합하여 볼가강 인근의 페체넥을 흑해 방면으로 쫓아냄
874	나스르 이븐 아흐마드, 사만왕조 건국(~999)
9세기 말	위구르, 코초 위구르왕조 건국(~1209)
	카를룩, 카라한왕조 건국(~1134)
	마자르, 헝가리로 들어가 헝가리인의 조상이 됨
893	사만왕조, 카자흐스탄 탈라스에 원정하여 투르크인들을 이슬람으로 개종시킴
10세기	아프가니스탄 중앙부에 구르왕조 등장
907	당나라, 황소의 부하였던 주전충에 의해 망함
909	사이드 빈 후세인, 파티마왕조 건국(~1171)
915경	돈황에서 조씨(曺氏)가 장의조의 뒤를 이음
916	야율아보기, 요나라(거란) 건국(~1125)

924	거란, 몽골고원에서 키르키스를 쫓아냄
936	거란, 석경당의 반란을 지원하고 그 대가로 연운 16주를 할양받음
10세기 중반	카라한왕조의 사툭 부그라 칸, 이슬람으로 개종
	셀주크, 오구즈로부터 떨어져 나와 트란스옥시아나로 이동
960	조광윤, 송나라 건국(~1279)
962	알프 테긴, 가즈나왕조 건국(~1187)
965	하자르, 오구즈 야브구왕조와 키예프 루시의 연합공격을 받고 붕괴
969	파티마왕조, 이집트 정복
999	아르슬란 일릭 나스르, 사만왕조를 멸하고 트란스옥시아나를 차지
1001	가즈나왕조의 마흐무드 술탄, 인도 원정 시작
1004	거란, 송나라와 평화협정을 맺음
1017	카라한왕조, 발라사군으로 진격해 오는 카라키타이 군대 격퇴
1026경	탕구트, 하서 위구르왕조를 멸망시킴
1036경	탕구트, 조씨 정권으로부터 돈황 탈취
1038	이원호, 탕구트왕조 건국(~1227)
	토그릴, 셀주크왕조 건국(~1194)
11세기 초	오구즈, 킵차크의 공격을 받고 트란스옥시아나 및 남러시아 초원으로 이주
1040	셀주크왕조, 단다나칸 전투에서 가즈나왕조에 승리
11세기 중반	카라한왕조, 동. 서로 분열
1055	셀주크왕조, 바그다드 정복
1071	트르크멘 족장 아트시즈, 예루살렘 점령
	셀주크왕조, 만지케르트 전투에서 동로마 군대에 승리

1077	술레이만 이븐 쿠틀미쉬, 터키(아나톨리아) 셀주크왕조 건국(~1308)
	아누쉬 테긴, 호라즘왕조 건국(~1220)
1078	셀주크 왕조의 투투쉬, 시리아 셀주크왕조 건국(~1128)
1089	셀주크 왕조의 말릭 샤, 서카라한왕조 원정
1099	제1차 십자군, 파티마왕조로부터 예루살렘을 빼앗음
1115	아골타, 금나라 건국(~1234)
1118	산자르, 대셀주크왕조의 술탄임을 선포
1127	이마드 앗 딘 장기, 장기왕조 건국(~1222)
1131경	야율대석, 카라키타이 건국(~1218)
1141	카라키타이, 카트완 전투에서 셀주크왕조의 산자르에 승리
1169	살라딘, 아윱왕조 건국(~ 1250)
1186	가즈나왕조 멸망
1187	살라딘, 예루살렘 탈환
1203	칭기즈칸, 케레이트의 왕 칸에 승리
1204	칭기즈칸, 나이만의 타양 칸에 승리
1206	칭기즈칸, 최고 지도자로 선출된 후 나이만의 부이룩 칸에 승리
1210	호라즘왕조, 타라즈에서 카라키타이 군대 격파
1211	나이만 왕자 쿠쉴룩, 카라키타이 군주 자리를 빼앗음
	칭기즈칸, 금나라 침공
1215	호라즘왕조, 구르왕조 제압
1218	쿠쉴룩, 제베의 부하에게 살해됨
	호라즘왕조, 칭기즈칸의 사신과 상인단 살해
1219	칭기즈칸, 중앙아시아 원정

1220	몽골군, 오트라르·부하라·사마르칸트 등 정복
1222	제베와 수베에테이, 칼카강 전투에서 킵차크와 키예프 루시 연합군 격파
1225	칭기즈칸 몽골고원으로 귀환
1226	칭기즈칸, 탕구트 원정
1227	주치 및 칭기즈칸 사망
	바투, 킵차크 칸국 건국(~1502)
1234	금나라 멸망
1236	몽골군의 유럽원정(~1242)
	몽골군, 볼가 불가르 칸국 정복
1243	몽골군 사령관 바이주, 쾨세다그 전투에서 터키 셀주크왕조에 승리
1250	맘룩 장군 아이박, 맘룩왕조 건국(~1517)
1258	훌레구, 바그다드 칼리프 살해
1260	훌레구, 알렙포와 다마스쿠스 점령
	맘룩왕조의 바이바르스, 아인 잘루트 전투에서 몽골군에 승리
1262	훌레구, 데르벤드 고개를 넘어 킵차크 칸국 공격
1271	몽골, 중국에 원나라를 세움(~1368)
1299	오스만, 오스만제국 건국(~1922)
1301	카이두, 우구데이 가문의 부흥을 위해 대칸에 도전하다가 사망
1336	일 칸국 멸망
	잘라이르 하산, 잘라이르왕조 건국(~1432)
14세기 중반	바이람 호자, 카라코윤루왕조 건국(~1467)
	카라 우트만, 아크코윤루왕조 건국(~1501)
1347	차가다이 칸국, 동.서로 분열

1359	베르디벡 칸이 살해되며 금장 칸국 혼란에 빠짐
1360	동차가다이 칸국의 투글룩 티무르, 트란스옥시아나 원정
1368	원나라, 명나라에 의해 중국에서 쫓겨남
1370	티무르, 서투르키스탄을 통일하고 티무르제국 건국(~1507)
1372경	백장 칸국의 우루스 칸, 금장 칸국의 칸이라 선언
1378	톡타미쉬, 티무르의 지원하에 백장 칸국의 군주에 오름
	톡타미쉬, 사라이 점령
1380	모스크바대공국의 돈스코이, 쿨리코보 전투에서 금장 칸국의 마마이에 승리
1381	톡타미쉬, 칼카강 전투에서 금장 칸국의 마마이에 승리
1382	톡타미쉬, 모스크바를 원정하여 파괴시킴
1391	티무르, 1차 킵차크 칸국 원정
1392	티무르, 5년 전쟁(이란 중서부 지역과 바그다드 등 정복 전쟁) 시작(~1396)
1395	티무르, 2차 킵차크 칸국 원정
	티무르, 모스크바까지 진격
1396	티무르, 데르벤드를 경유 모스크바에서 페르시아로 돌아옴
1397경	동차가다이 칸국의 히즈르 호자, 딸을 티무르에게 시집 보냄
1398	티무르, 인도 원정(~1399)
1399	톡타미쉬, 보르스쿨라강 전투에서 티무르 쿠틀룩과 에디구에게 패배
1400	티무르, 알렙포 입성
1401	티무르, 다마스쿠스 입성
1402	티무르, 앙카라 전투에서 오스만왕조의 술탄 바야지드 생포

1405	티무르, 중국 원정 준비 중 오트라르에서 사망
1408	카라코윤루왕조, 아제르바이잔에서 벌어진 전투에서 미란샤를 패사시킴
1411	킵차크 칸국의 티무르 칸, 에디구를 쫓아냄
15세기	타이부가 베키계 후손, 시비르 칸국 건설(~1598)
1419	울루 무함마드, 크리미아 차지
1422	백장 칸국의 바락 칸, 울루 무함마드를 공격하여 크리미아에서 쫓아냄
1427	울루 무함마드 크리미아로 복귀
1428	바락 칸, 우즈벡족의 음모로 살해됨
1428	아불 하이르, 카자흐 초원에서 우즈벡 칸국 건국(~1468)
1430	아불 하이르, 티무르제국 영역인 호라즘 원정
1434경	토곤, 제1차 오이라트제국 건국(~1453)
1445	마흐무덱, 카잔 칸국 건국(~1552)
1449	핫지 기레이, 크리미아 칸국 건국(~1783)
	오이라트의 에센 타이시, 토목보에서 명나라 황제를 생포
1451	아부 사이드, 아불 하이르의 도움으로 사마르칸트의 권좌를 차지
1453	동로마제국 멸망
1456	아불 하이르, 오이라트에 패배
1465	케레이와 자니벡, 카자흐 칸국 건국(~1847)
1466	카심, 아스트라한 칸국 건국(~1556)
1467	아크코윤루왕조, 카라코윤루왕조를 멸망시킴
1469	아크코윤루왕조, 아부 사이드를 카라바흐 인근에서 생포하여 처형시킴
1472	이반 3세, 동로마 마지막 황제의 조카딸과 결혼
1480	이반 3세, 타타르의 굴레에서 벗어남

1484	모굴 칸국의 유누스, 티무르 후예들의 분쟁을 중재하며 타슈켄트 차지
1500	샤이바니, 트란스옥시아나에 우즈벡 칸국 건국(~1920)
1501	사파비왕조, 아크코윤루왕조를 멸망시킴
1502	샤 이스마일, 사파비왕조 건국(~1736)
1503	샤이바니, 유누스 아들들과의 전투에서 승리하며 타슈켄트와 사이람 차지
1507	샤이바니, 티무르제국을 멸망시킴
1510	샤이바니, 샤 이스마일과의 전투에서 패사함
1511	바부르, 샤 이스마일의 지원하에 사마르칸트 탈환
1512	우즈벡 군대, 사마르칸트에서 바부르 축출
	일바르스, 히바 칸국 건국(~1920)
1526	바부르, 무굴제국 건국(~1857)
1552	모스크바 이반 4세, 카잔 칸국 병합
1556	모스크바 이반 4세, 아스트라한 칸국 병합
16세기 중반	카자흐 칸국의 학나자르 칸, 발하슈호 동부와 천산 북방의 일리로 진출
1568	카자흐 칸국의 학나자르 칸, 엠바강 전투에서 노가이 칸국에 승리
1578경	동몽골의 알탄 칸, 티베트 승려 소남 갸초와 코코노르에서 회견
1582	우즈벡 칸국의 압둘라 2세, 카자흐 칸국의 투르가이 지역 원정
1598	러시아, 시비르 칸국 병합
1600	영국, 동인도회사 설립
17세기 초	오이라트, 동몽골에 의해 호브도에서 타르바가타이와 일리 방면으로 밀려남
1616	토르구트, 준가리아를 떠나 카스피해 북부 방면으로 이주 누루하치, 후금(後金)건국

17세기 초	바아투르 홍타이지, 제2차 오이라트(준가르)제국 건국(~1757)
1635	동몽골, 청나라에 복속 후금, 청나라(대청)로 개칭(~1911)
1636	구시 칸, 호쇼트부의 일부를 이끌고 코코노르로 이주
1639경	토르구트, 망기쉴락반도 정복
1642	제5대 달라이 라마, 호쇼트부 구시 칸의 도움으로 홍교를 제압
1644	청나라, 명나라를 멸망시키고 중국 정복
17세기 중반	러시아 원정대, 오호츠크해 도달
1680경	준가르의 갈단, 카쉬가리아(모굴 칸국) 정복
1682	제5대 달라이 라마 사망
1688	준가르의 갈단, 외몽골 침입
1689	러시아, 청나라와 네르친스크조약 체결
1697	갈단, 청나라 군대에 패하고 도주하다 사망
1698	카자흐 칸국의 테우켄 칸, 준가르의 사신단 살해
1700	스웨덴, 러시아 등과 북방전쟁을 벌임(~1721)
1705	호쇼트의 라창 칸, 라사에 침입하여 달라이 라마 교체
1710	샤 루흐, 코칸드 칸국 건국(~1876)
1717	준가르, 티베트를 침공하여 라창 칸 살해
	러시아, 히바 칸국 1차 원정
1720	청나라, 티베트에서 준가르를 몰아내고 티베트 점령
1723	준가르의 체왕 랍탄, 카자흐 칸국을 공격하여 주즈 연맹을 와해시킴
1731	카자흐 칸국의 소주즈, 러시아에 복속
1740	카자흐 칸국의 중주즈. 러시아에 복속

1742	카자흐 칸국의 대주즈, 러시아에 복속
1743	러시아, 오렌부르크 요새 건설
1757	청나라, 준가르 정복
1759	청나라, 카쉬가리아 정복
1771	토르구트, 카스피해 북부를 떠나 일리로 귀환
1783	러시아, 크리미아 칸국 병합
1808	코칸드 칸국, 타슈켄트 점령
1839	러시아, 히바 칸국 2차 원정
1840	아편전쟁(~1842)
1842	부하라의 아미르 나술라, 코칸드 칸국을 침공하여 무함마드 알리 칸 살해
1853	러시아, 시르다리야 중류에 페트로프스크 요새 건설
	크리미아전쟁(~1856)
1854	러시아, 베르느이(알마티) 요새 건설
1856	애로호 사건 발생
	애로전쟁(~1860)
1858	러시아, 청나라와 아이훈 조약을 체결하고 흑룡강 북부 지역을 할양받음
1860	러시아, 청나라와 베이징 조약을 체결하고 연해주 지역 할양을 받음
1864	러시아, 청나라와 타르바가타이조약 체결
	쿠처에서 청나라에 반대하는 무슬림들이 봉기
1865	야쿱 벡, 타림분지에서 무슬림 정권을 세움(~1877)
	러시아, 타슈켄트 점령
1867	러시아, 타슈켄트에 투르키스탄 총독부 설치
1868	러시아, 사마르칸트 점령

1871	러시아, 일리 점령
1873	러시아, 히바 점령
1877	청나라, 야쿱 벡 정권을 무너뜨리고 야쿱 벡은 자살함
1881	러시아, 게옥테페 점령
	러시아, 청나라와 일리조약을 체결하고 호르고스 일부 지역 차지
1884	러시아, 메르브 점령
1899	Trans-Caspian Railway(중앙아시아철도) 완공
1904	Trans Aral Railway(오렌부르크-타슈켄트철도) 완공
1916	TSR(시베리아횡단철도) 완공
1917	2월 혁명으로 제정러시아 붕괴
	10월 혁명으로 소비에트 정권이 들어섬
1918	투르키스탄소비에트사회주의자치공화국 설립(투르키스탄ASSR)
1920	키르기스소비에트사회주의자치공화국 설립(키르기스ASSR)
1922	소비에트사회주의공화국연방(소련, USSR) 탄생
1924	투르키스탄ASSR이 해체되고 우즈베크소비에트사회주의공화국 등이 들어섬
1925	키르기스ASSR, 카자흐ASSR로 이름이 바뀜
1930	Turkestan-Siberia Railway(노보시비르스크-알마티-타슈켄트) 완공
1936	카자흐ASSR, 카자흐SSR로 격상
1937	연해주 거주 고려인 중앙아시아로 강제 이주
1947	중국, 내몽골을 자치구로 지정
1949	러시아, 카자흐스탄 세미팔라틴스크에서 핵실험 실시
1955	중국, 타림분지와 준가르분지를 신장위구르자치구로 지정

1965	중국, 티베트를 자치구로 지정
1991	소련의 해체 및 카자흐ASSR 등 중앙아시아 소비에트 사회주의 공화국 독립
	고려인 동포 신문 《레닌기치》, 《고려일보》로 제호가 바뀜
1992	우리나라와 카자흐스탄의 외교관계 수립
	카자흐스탄, 유엔 가입
	TCR(중국횡단철도), 카자흐스탄 도스틱을 통과하여 TSR에 연결됨
1997	카자흐스탄 수도, 알마티에서 아스타나로 바뀜
2006	BTC 송유관 개통
2007	BTE 가스관 개통
2012	TCR, 호르고스를 통과하여 Turkestan-Siberia Railway에 연결됨
2017	BTK(바쿠-트빌리시-카르스) 철도 개통
2018	WEWC(서유럽-서중국고속도로) 개통

참고 도서

강 게오르기 와씰리예비치, 『까자흐스딴의 조선사람들의 력사』(인민대학습당, 2009).

게오르기 베르낫스키 저, 김세웅 역, 『몽골제국과 러시아』(선인, 2016).

고마츠 히사오 외 저, 이평래 역, 『중앙 유라시아의 역사』(소나무, 2005).

김병호, 『유럽변방으로 가는 길』(한울엠플러스, 2017).

김석동, 『김석동의 한민족 DNA를 찾아서』(김영사, 2018).

김정위, 『이슬람 사전』(학문사, 2002).

김필영, 『소비에트 중앙아시아 고려인 문학사(1937~1991)』(강남대학교출판부, 2004).

김학준, 『러시아 혁명사』(문학과지성사, 1999).

김호동, 『아틀라스 중앙유라시아사』(사계절, 2016).

데이비드 리버링 루이스 저, 이종인 역, 『신의 용광로: 유럽을 만든 이슬람 문명, 570~1265』(책과함께, 2010).

라시드 앗 딘 저, 김호동 역, 『라시드 앗 딘의 집사 1 부족지』(사계절, 2002).

라시드 앗 딘 저, 김호동 역, 『라시드 앗 딘의 집사 2 칭기스칸기』(사계절,

2003).
라시드 앗 딘 저, 김호동 역, 『라시드 앗 딘의 집사 3 칸의 후예들』(사계절, 2005).
류광철, 『아제르바이잔』(21세기북스, 2009).
르네 그루쎄 저, 김호동·유원수·정재훈 역, 『유라시아 유목제국사』(사계절, 1998).
미야자키 마사카츠 저, 오근영 역, 허부문 감수, 『하룻밤에 읽는 중국사』(알에이치코리아, 2001).
백준기, 『유라시아 제국의 탄생: 유라시아 외교의 기원』(홍문관, 2014).
사마천 저, 김원중 역, 『사기열전 2』(민음사, 2007).
사와다 이사오 저, 김숙경 역, 『흉노: 지금은 사라진 고대 유목국가 이야기』(아이필드, 2007).
쉴레이만 세이디 저, 곽영완 역, 『터키 민족 2천년사』(애플미디어, 2012).
앨버트 후라니 저, 김정명·홍미정 역, 『아랍인의 역사』(심산출판사, 2010).
오다니 나카오 저, 민혜홍 역, 『대월지: 중앙아시아의 수수께끼 민족을 찾아서』(아이필드, 2008).
유원수, 『몽골 비사』(사계절, 2004).
이희수, 『터키사』(대한교과서, 2005).
정수일, 『실크로드 사전』(창비, 2013).
정재훈, 『돌궐 유목제국사 552~745』(사계절, 2016).
제임스 A. 밀워드 저, 김찬영·이광태 역, 『신장의 역사: 유라시아의 교차로』(사계절, 2013).
찰스 핼퍼린 저, 권용철 역, 『킵차크 칸국: 중세 러시아를 강타한 몽골의 충격』(글항아리, 2020).
크리스토퍼 벡위드 저, 이강한·류형식 역, 『중앙유라시아 세계사: 프랑스에서 고구려까지』(소와당, 2014).
피터 홉커크 저, 정영목 역, 『그레이트 게임: 중앙아시아를 둘러싼 숨겨진 전쟁』(사계절, 2017).
황순종, 『동북아 대륙에서 펼쳐진 우리 고대사』(지식산업사, 2012).
황영삼, "부족 갈등에서 통합에 이르는 과정과 잠재적 문제: 투르크멘 민족의 경우", 『러시아 연구』 제28권 제2호 (서울대학교 러시아연구소, 2018).
시오노 나나미 저, 김석희 역, 『로마인의 이야기 15: 로마 세계의 종언』(한길사, 2007).
최성권, 『중동의 재조명: 역사』(한울아카데미, 2011).
이무열, 『러시아 역사 다이제스트100』(가람기획, 2009).
이문영, 『하룻밤에 읽는 한국 고대사』(페이퍼로드, 2021).
가쓰라 노리오 저, 이만옥 역, 『이슬람 환상 세계』(들녘, 2002).
고려문화인협회, 『고려문화』(황금두뇌, 2011).
정병조, 『인도사』(대한교과서, 2005).
김정위, 『중동사』(대한교과서, 2005).
함규진, 『조약의 세계사: 역사의 흐름을 바꾼 결정적 조약 64』, (미래의창, 2014).
시오노 나나미 저, 김석희 역, 『로마멸망 이후의 지중해 세계 (상), (하)』(한길사, 2009).

Translated by Col. Miles, 『Genealogical Tree of the Turks and Tatars』(Wm, H.

Allen, and Co., 1838).

Cornell, Svante E., *SmallNationsandGreatPowers* (RoutledgeCurzon, 2003)

Cornell, Svante E., *Azerbaijan since Independence* (M. E. Sharpe, Inc., 2011)

de Waal, Thomas, *Black garden* (New York University Press, 2004).

Howorth, Henry H., *History of the Mongols, From the 9th to the 10th Century* (Forgotten Books, 2012).

Tourism Industry Committee of the Industry and New Technologies Ministry of the Republic of Kazakhstan, *Kazakhstan Travel Guide* (Saryarka, 2013).

Kazakh Academy of Sport and Tourism 외 저, *100 Experiences of Modern Kazakhstan* (Hertfordshire Press, 2017).

History of Kazakhstan from Wikipedia

Borjigin from Wikipedia

Kazakh Khanate from Wikipedia

Turkic People from Wikipedia

Timurid dynasty from Wikipedia

Qazaqstan Tarihy(https://e-history.kz/en/contacts/)

Kazakhstan Encyclopedia

(http://en.encyclopedia.kz/index.php/Main_Page)

Kazakhstan from Britannica

(https://www.britannica.com/place/Kazakhstan#598979.hook)

Treaty on the Creation of the USSR from Wikipedia

Dzungar Khanate from Wikipedia

Bulgars from Wikipedia

Pechenegs from Wikipedia

Zhuz from Wikipedia

List of khans of the Golden Horde from Wikipedia

찾아보기

ㄴ

ㄷ

ㄹ

ㅁ

ㅂ

ㅅ

ㅇ

ㅈ

ㅊ

ㅋ

ㅌ

ㅍ

ㅎ